지배와 협력

일본제국주의와
식민지 조선에서의 정치참여

김동명 지음

지배와 협력

일본제국주의와
식민지 조선에서의 정치참여

역사공간

책머리에

이 책은 저자가 『지배와 저항, 그리고 협력 – 식민지 조선에서의 일본제국주의와 조선인의 정치운동 – 』(2006) 발간 이후 발표해 온 「일본제국주의와 식민지 조선에서의 정치참여」에 관한 논문을 중심으로 수정·보완한 것이다. 앞의 책에서 저자는 중앙레벨의 정치과정만 주요 대상으로 한 것이 한계임을 스스로 인정하고 조선에서 일반 주민의 실제 생활과 밀착해서 전개된 일본제국주의(이하 일제)의 실태를 밝히기 위해서 지방레벨의 정치과정을 분석해야 할 것을 과제로 제시했다.

동화주의를 지배이념으로 표방한 일제는 조선에서 동화주의에 입각한 정치 참여를 온전하게 실시하지 못했다. 특히 참정권을 통한 중앙레벨의 정치참여는 거의 허용하지 않았고 지방레벨에서 매우 제한된 형태로 실시하였을 뿐이다. 따라서 일제강점기 조선에서 참정권의 형태로 실제 행해진 정치참여는 주로 지방행정기관의 자문 또는 의결기관을 통해서 이루어졌다. 구체적으로는 부(협의)회, 도(평의)회, 면협의회 등이다. 특히 이들 기관에 극히 한정된 선거제도가 도입되면서 지배 당국과 자문·의결기관 의원, 그리고 지역주민을 주요 행위자로 하는 정치과정이 생겨났다.

실제로 전개된 정치과정에서 삼자가 각각 설정한 목표를 달성하는 것은 용이하지 않았다. 압도적인 물리력을 배경으로 자문·의결기관 의원의 일방적 협력을 끌어내어 안정적으로 지역주민을 지배하려는 지배 당국, 부·도 당국과 지역주민 사이에서 전자의 신망을 얻어 분점 받은 권력으로 지역주민의 요구를 해결함으로써 더 많은 정치력을 확장하려 하는 자문·의결기관 의원, 그리고 자문·의결기관 의원에 대한 지지를 대가로 지역의 각종 이익을 실현하려는 지역주민 모두 제각기 모순과 난점을 안고 있었기 때문이다. 이 책에서는 바로 이들이 다양한 문제점을 안고 복잡하게 전개되는 정치과정에 초점을 맞추어 분석했다.

책 제목인 『지배와 협력』은 앞의 책이 『지배와 저항, 그리고 협력』이었기에 지방레벨의 정치참여를 다루려고 오래 전에 생각했을 때 이미 구상한 것이었다. 그런데 얼마 전 일제강점기에 경상북도회 의원을 지낸 유명 정치인 부친의 친일논쟁을 지켜보며 망설임 없이 마음을 굳혔다. 일제의 조선에 대한 식민지 지배를 인정하고 권력을 분점 받은 도회의원을 비롯한 조선인이 지방참정기관에 참여하는 것은 마땅히 협력의 틀 속에서 이해되어야 한다. 이 책의 곳곳에서 발견되는 조선인 의원이 지역사회의 지지를 얻기 위해 지배 권력을 향해 보이는 저항적인 모습도 기존 연구에서 종종 주장하는 일방적인 협력은 아닐지라도 결코 협력(친일)의 틀을 벗어난 것은 아니기 때문이다.

'도덕적 판단moral judgment은 매우 쉬우나 기능적 분석functional analysis은 정말 어렵다'는 어느 서양 역사학자의 말을 기억한다. 전자에는 주관적 판단이 작동하기 쉽고 후자에는 객관적 분석이 반드시 필요하기 때문일 것이다. 자칫 도덕적 판단이 선행하여 기능적 분석이 저해될 수 있는 주제를 다룬다는 생각에 가끔 이 말을 되새기곤 한다. 저자의 부족한 기능적 분석이 식민지 현실을 제대로 이해하고 올바른 도덕적 판단을 하는 데 작은 도움이 되었으면 하는 바람이다.

한편, 각 논문은 초출 시의 문제의식에서 출발해 구체적인 개별 시각에서 서술되었기 때문에 문제의식과 논리 전개가 다소 어긋나거나 서술 내용이 약간 중첩되는 경우가 있어 수록하면서 가능한 한 문제의식과 논리를 통일하고 내용의 중첩을 피하려 했다. 또한 여전히 표면적인 분석에 머물러 과연 기능적인 분석에 이르렀는가 하는 의구심도 지울 수 없다. 이는 순전히 필자의 능력 부족으로 독자의 질정을 기대하며 이미 시작된 지역 정치의 측면에서 행해진 연구에서 충족했으면 한다.

  이 책이 나오기까지 많은 사람들과 기관으로부터 도움을 받았으나 특별히 두 곳에 깊이 감사드린다. 우선 매년 교내연구비를 제공해준 국민대학교이다. 교육과 행정으로 바쁜 시기에도 거의 의무적으로 신청하는 교내연구비는 연구를 지속할 수 있는 원동력이었다. 또 하나는 한일관계사학회이다. 특히 학회 월례발표회는 연구 시기와 주제를 달리하는 많은 연구자들이 참석해 귀중한 토론과 발표의 장을 제공해 주었다. 마지막으로 온 정성을 다해 깔끔한 책으로 만들어준 역사공간에도 마음으로부터 고마움을 전한다.

2018년 3월
3·1독립운동 100주년을 앞두고 봄기운이 밀려오는 북악 기슭에서
김 동 명

차례

책머리에 _04
서언: 일본제국주의와 조선에서의 정치참여 _14

제1부 중앙참정제도 실시 논의 및 공포

제1장 1920년대 중앙참정제도 논의
조선재주자의 국정 및 지방행정참여에 관한 의견 _27
조선에서의 참정에 관한 제도의 방책 _32

제2장 아시아·태평양 전쟁기 중앙참정제도 논의
제도개정에 관한 제자료 _38
조선에서의 참정제도 방책안 _44

제3장 1945년 중앙참정제도 공포
조선 및 대만 재주민 정치처우조사회에서의 심의 _52
추밀원에서의 심의 _56
제국의회에서의 심의 _59
귀족원령중개정 및 중의원의원선거법중개정법률의 공포 _61

제2부 지방참정제도와 실제

제1장 지방참정제도
관선 자문기관: 부군참사자문회 및 부협의회(1910년대) _70
관·민선 자문기관: 부협의회와 도평의회(1920년대) _75
관·민선 의결기관: 부회와 도회(1930년대) _77
추천선 의결기관: 부회와 도회(1943년 이후) _80

제2장 지방참정기관의 선거과정
1931년 경성부회 선거 _87
1943년 경성부회 추천선거 _102

제3장 지방참정기관의 선거결과
유권자 수 및 당선자 수 _119
투표율 및 득표율 _130
경쟁률 _135

제4장 경기도회의 구성과 회의
도회 선거와 구성 _143
도회 회의의 진행 _148
도회 회의의 논의 _156

제5장 경상남도회의 구성과 회의
도회 선거와 구성 _185
도회 회의의 진행 _200
도회 회의의 심의 _211

제3부 부(협의)회·도(평의)회의 정치적 전개

제1장 전남도평의회의 '조선인과 일본인의 알력 사건'

야마노의 조선인 무시 발언과 조선인 도평의원의 반발 _231
야마노의 진사에 대한 일본인 도평의원의 반격 _235
도당국의 중재 _237
도당국의 일방적 화해 추진과 조선인 도평의원의 사직 _242

제2장 경남도평의회의 '김기정 징토 시민대회 사건'

김기정 언행의 문제화 _253
김기정 징토 시민대회와 도당국의 탄압 _255
시민들의 항의 시위와 실형 언도 _262

제3장 경남도평의회의 '예산안 반상 사건'

도평의회의 예산안 반상 결의 _271
도지사의 도평의원 해임 _280
해임의원의 반발과 보궐선거 출마 _284
해임의원의 당선과 재임명 _291

제4장 경성부협의회의 '신당리 토지 문제'

부당국의 토지 매각과 부협의회의 문제 제기 _297
부윤의 해명과 계약 재협상 결렬 _302
부협의회 내의 대립 _307
반대파 부협의원의 사직 _312
부윤의 사과와 부협의원의 사직 철회 _318

제5장 부산부회의 '조선인 의원 총사직 사건'
  조선인 의원의 조선인 이익 관철 요구   _325
  부회 부결과 조선인 의원 총사직   _331
  부회 및 부당국의 대응과 조선인 의원의 사직 철회   _335

참고문헌   _345
찾아보기   _352

그림 차례

[그림 1] 일제의 조선에 대한 참정권 계획 및 실태 _19
[그림 2] 부(협의)회 및 도(평의)회의 정치적 전개 _228

표 차례

〈표 1〉 도평의회·부협의회·지정면협의회·
      보통면협의회 의원수(1920년) _18
〈표 2〉 도·부·읍회 및 면협의회 의원수(1941년) _18
〈표 3〉 경성부회 당선자 신상명세(1931년) _99
〈표 4〉 경성부회의원 후보자 추천회 의원의 신상 명세(1943년)) _105
〈표 5〉 부회당선자 신상명세(1943년) _114
〈표 6〉 부(협의)회 인구대비 유권자 수 및 당선자 수 _120
〈표 7〉 부(협의)회 유권자 수 및 당선자 수 _123
〈표 8〉 도(평의)회 유권자 수 _129
〈표 9〉 도(평의)회 당선자 수 _129
〈표 10〉 경성부회 투표율 및 득표율 _133
〈표 11〉 도(평의)회 투표율 _135
〈표 12〉 부(협의)회 선거 경쟁률 _136
〈표 13〉 경성·부산부(협의)회 선거 경쟁률 _137
〈표 14〉 도회 선거 전체 경쟁률 _139
〈표 15〉 도회 선거 도별 경쟁률(1933년) _139
〈표 16〉 충남도회 선거 선거구별 경쟁률 _140
〈표 17〉 경기도회 관선의원 신상명세(1933년) _144
〈표 18〉 경기도회 민선의원 선거결과 및 당선자의 신상명세(1933년) _146

〈표 19〉 경기도회 회의 일정 _149
〈표 20〉 경기도회의원 회의 출결표 _152
〈표 21〉 경기도회 회의 발언자 _155
〈표 22〉 경기도회 회의 안건 _157
〈표 23〉 경기도회에 제출된 의견서 _177
〈표 24〉 도회 선거 경쟁률(1937년) _186
〈표 25〉 경남도회 선거 결과(1937년) _187
〈표 26〉 경남도회 민선의원 신상명세(1937년) _189
〈표 27〉 도회 선거 경쟁률(1941년) _192
〈표 28〉 경남도회 선거 결과(1941년) _193
〈표 29〉 경남도회 민선의원 신상명세(1941년) _196
〈표 30〉 경남도회의 주요 회의 일정 _204
〈표 31〉 경남도회의원 회의 출결표 _206
〈표 32〉 경남도회의 질의자 _209
〈표 33〉 경남도회의 세출입예산 주요 항목 _215
〈표 34〉 경남도회의 세출입예산 증액 및 신규 사업(1942년) _217
〈표 35〉 경남도회에 제출된 건의안 _220
〈표 36〉 성명서 발표위원 및 사직서 제출 의원의 신상명세 _250
〈표 37〉 김기정 징토 시민대회 관련 구속자의 신상명세 _269
〈표 38〉 경남도평의회 해임 의원의 신상명세 _285
〈표 39〉 경남도평의원 보궐선거 결과 _294
〈표 40〉 부산부회 사직의원의 신상명세 _343

서언
일본제국주의와
조선에서의 정치참여

제국주의 지배하 식민지에서의 정치생활은 제한적이지만 존재했다. 그것은 한편으로는 이민족인 지배자가 추진하는 '통치·통합'에 피지배민족의 일부 세력이 참여하고 있고(협력), 다른 한편으로는 피지배자에 의한 민족해방을 위한 투쟁이 있는(저항) 양극 사이에서 여러 형태로 전개되었다. 이 때문에 지배자가 식민지에서 피지배자의 '민의'를 획득하는 일은 매우 어려웠다. 왜냐하면 지배자와 피지배자와의 사이에는 '첨예한 민족적 대항관계'가 생겨나 지배의 불안정이 증폭되었기 때문이다. 따라서 지배자는 안정된 지배를 지속하기 위해 '탄압·동화·회유' 등을 통해서 합의를 조달하려 하지만 그것은 극히 곤란한 일이었다. 또한 민족해방을 획득하려는 세력도 자신들의 '민족적 심정·신념'을 구체적인 행동에 반영하는 것은 쉽지 않았다. 그들이 심정적으로는 피지배자의 합의를 조달할 수 있었더라도 실제로는 압도적인 물리력을 가진 지배 권력과의 직·간접적인 충돌을 회피할 수 없었기 때문이다. 따라서 식민지에서의 정치사는 이처럼 지배 측과 운동세력 측이 각각 안고 있는 문제 상황 속에서 전개되는 복잡한

정치과정을 연구대상으로 설정해야 한다.¹

이와 같은 관점에서 보면 제국주의 지배 아래 식민지민의 정치참여는 제국주의 지배에 대한 식민지민의 다양한 대응 전체, 즉 민족해방운동에의 참가(저항)와 식민지 지배기구에의 참여(협력)를 모두 포함하는 넓은 의미로 파악할 수 있다. 그러나 실제로 행해진 정치참여는 주로 후자에 집중되었다. 제국주의 지배 측은 전자를 지배체제를 전복하려는 위협으로 간주하고 압도적인 물리력으로 탄압했으며 지배체제를 인정하는 후자와의 협력적 관계를 통해 안정된 지배를 도모했기 때문이다. 따라서 좁은 의미의 정치참여는 당시 제국주의 권력이 인정하는 협력에 한정되었으며 이는 주로 참정권 정책을 통해 실행되었다. 식민지민에게 선거권과 피선거권을 부여하는 참정권 문제가 제국주의 지배하에서 식민지민의 정치참여 실태를 파악하는 핵심적인 사항이 되는 것은 바로 이 때문이다. 제국주의에게 참정권은 식민지 지배에 대한 최소한의 정당성을 확보하고 식민지 주민을 용이하게 동원하기 위한 도구였다.²

일제강점기 조선에서도 정치참여는 다양한 형태로 전개되었다. 그

---

1 이에 관해서는, 並木眞人, 「植民地期朝鮮人の政治參加について―解放後史との關連について」朝鮮史硏究會, 『朝鮮史硏究會論文集』 No.31, 東京: 綠蔭書房, 1993年(「식민지 시기 조선인의 정치 참여-해방후사와 관련해서」, 박지향 외 엮음, 『해방전후사의 재인식』, 책세상, 2006년), 30-31쪽; Robinson, Ronald, "Non-European Foundations of European Imperialism: Sketch for a Theory of Collaborations", R. Owen and B. Sutcliffe, eds., Studies in the Theory of Imperialism. London; Longman, 1972, pp.117-142. WM. Roger Louis ed., Imperialism: The Robinson and Gallagher Controversy. New York; New Viewpoints, 1976, pp.128-148.
2 변은진 외, 「식민지인의 '정치참여'가 갖는 이중성」, 『제국주의시기 식민지인의 '정치참여' 비교』, 선인, 2007년, 25-26쪽.

것은 크게 민족해방운동에의 참가(저항)와 식민지 지배기구에의 참여(협력)로 양분하여 파악할 수 있다. 그리고 식민지 지배기구에의 참여는 다시 관리=비선출 부문과 의원=선출 부문으로 나눌 수 있다. 전자는 행정·사법 업무를 통해서, 후자는 자문기관 또는 의결기관에 참여함으로써 각각 이루어졌다.[3] 참정권 문제와 관련된 것은 주로 선출 부문에서의 식민지 지배기구에의 참여이다. 주지하는 바와 같이 제국주의가 식민지에 부여하는 참정권의 형태에는 두 가지가 있다. 하나는 동화주의에 의한 것으로 제국주의 본국 의회에 식민지 주민의 대표를 선출해서 파견하는 것이다. 다른 하나는 자치주의에 입각해서 식민지에 자치의회를 설치하는 것이다. 일제는 지배이념으로 동화주의를 채택했다. 조선인을 일본인에 동화시키는 것을 궁극적인 지배목표로 내걸은 일제는 지배정책이 실시되어 식민지에서 동화가 진행되면 그에 따라 식민지 주민에게 점차 참정권을 확대하여 최종적으로는 일본 본국과 동일한 참정권을 부여한다는 계획을 상정하고 있었다. 구체적으로는 조선의 '민도' 향상에 상응해서 우선 지방레벨의 참정제도를 확립하고 나아가 동화가 더욱 진전되면 중앙레벨의 참정제도를 실시하

---

[3] 並木眞人, 앞의 논문, 34쪽. 한편, 이와 같이 일제강점기 조선에서의 정치참여를 광의로 파악하는 것은 당시 정치운동에 관여했던 사람들의 공통된 견해였다(김동명, 「일본제국주의에 대한 저항과 협력의 경계와 논리」, 이창훈 외 편, 『한국근대정치와 일본 I』, 선인, 2010년 참조). 이에 비해 당시의 관헌은 협의로 정치참여를 파악했다. 즉, 「지방자치의 상황, 지방의회의 단속 상황, 국민협회(國民協會)의 참정권 운동, 갑자구락부(甲子俱樂部)의 조선평의회설치운동, 지원병제도실시 요망운동」 등 지배체제 내의 또는 지배체제를 적극 인정하는 활동만을 「정치운동」으로 파악하고 있다(朝鮮總督府警務局編, 『最近における朝鮮治安狀況』, 1938年, 復刊本, 東京: 巖南堂書店, 1967年, 34-51쪽). 이에 관한 논의는, 변은진, 앞의 논문, 21-22쪽.

여 조선의 대표를 제국의회에 참가시킨다는 것이었다.[4]

하지만 이러한 일제의 참정권 부여 계획은 조선에서 완전히 실시되지 않았다. 특히 최종 목표인 중앙레벨의 참정권 부여인 조선 선출 의원의 제국의회에의 참여는 거의 이루어지지 않았다고 할 수 있다. 1910년 병합 이후 중앙레벨의 참정제도를 보류해왔던 일제는 1920년대 중반을 지나면서 지배가 불안을 더해가자 1927년과 1929년경에 중앙참정제도 실시안을 각각 검토했으나 채택하지 않았다. 그리고 중앙정치 참여가 좌절된 데 대한 불만세력을 회유하기 위해 동화주의를 부분적으로 실현한다는 미명 아래 1932년 12월 조선 선출 의원으로 박영효朴泳孝를 귀족원에 칙임할 뿐이었다.

이후 일제는 아시아·태평양전쟁이 총력전의 형태로 전개되자 식민지민을 동원하기 위해 병역의무 부가에 대한 반대급부로 중앙참정제도 실시안을 1939년과 1943년경에 다시 검토했으나 역시 채택하지 않았다. 결국 일제는 전쟁 말기인 1945년 4월 각각 칙령과 법률로 '귀족원령중개정' 및 '중의원의원선거법중개정법률'을 공포함으로써 매우 제한된 형태이지만 조선에서 동화주의에 의한 중앙참정제도 실시를 결정했다. 귀족원령이 공포 즉일 시행됨으로써 조선인 7명이 귀족원 의원에 칙임되었다. 그러나 조선에서 총 23명을 선출하는 중의원 선거법은 다음 해 9월 본국의 총선거와 함께 시행될 예정이었으나 일제의 패전으로 실시되지 않았다.

이와 같이 일제는 조선에서 동화주의에 의한 참정제도의 실시 계

---

4   若林正丈, 『臺灣抗日運動史研究』, 東京: 研文出版, 1983年, 60-62쪽.

〈표 1〉 도평의회 · 부협의회 · 지정면협의회 · 보통면협의회 의원수(1920)

기관	도평의회		부협의회		지정면협의회		보통면협의회		합계	
	조선인	일본인	조선인	일본인	조선인	일본인	조선인	일본인	조선인	일본인
인원수	257	87	57	133	126	130	23,380	526	23,820	876

출처: 朝鮮總督府內務局, 『改正地方制度實施槪要』, 1922年(이하 『改正地方制度實施槪要』), 12, 17, 33, 43–44쪽.

〈표 2〉 도 · 부 · 읍회 및 면협의회 의원수(1941)

기관	도회		부회		읍회		면협의회		합계	
	조선인	일본인	조선인	일본인	조선인	일본인	조선인	일본인	조선인	일본인
인원수	300	122	337	353	597	341	22,320	1,045	23,554	1861

출처: 並木眞人, 앞의 논문, 38쪽에서 재작성.

획을 내세웠지만 지배 기간 동안 중앙레벨에서는 거의 실행하지 않았고 주로 지방레벨에서만 실시하였다. 그것은 지방행정기관의 자문 또는 의결기관으로서 매우 제한된 형태였다. 구체적으로 살펴보면 1910년대의 부군참사자문회와 부협의회, 1920년대의 부협의회 · 도평의회 · 지정면협의회 · 보통면협의회, 1930년대 이후의 부회 · 도회 · 읍회 · 면협의회 등이다. 초기 단계였던 1910년대를 제외하고 1920년대 이후 지방참정제도를 통해 대략 한 번에 선출되는 인원은 2만 5,000여 명이었다. 이 중 조선인은 〈표 1〉과 〈표 2〉에서 볼 수 있는 것처럼 2만 3,000~2만 4,000명 정도로 일본인보다 압도적으로 많았다. 첫 선거 해인 1920년과 일제강점기 말인 1941년 사이에 큰 변화는 없다. 이는 보통면협의회와 면협의회가 대다수를 점하고 있으며 나머지는 소수이기 때문이다. 1941년에 부회와 읍회 의원 수가 크게 늘어났는데, 그 이유는 행정구역 개편과 세금의 개념 변화에 따른 것이다.

[그림 1] 일제의 조선에 대한 참정권 계획 및 실태

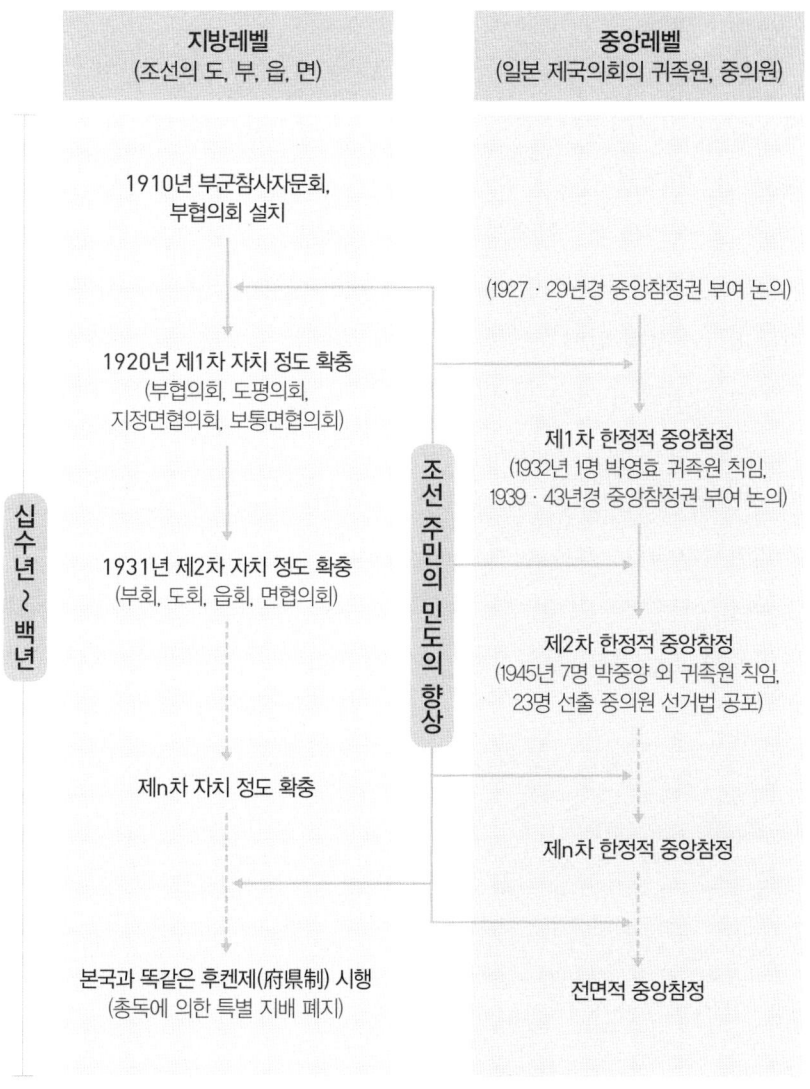

출처: 若林正丈, 앞의 책 61쪽을 참조, 수정·보완하여 재작성.

일제의 조선에 대한 참정권 부여 계획 및 참정권 부여 실태를 그림으로 표시하면 [그림 1]과 같다.

한편, 일제강점기 조선에서의 정치참여에 관해서는 지금까지 다양한 연구가 이루어졌다.

우선, 일제의 중앙참정권 부여 논의 및 공포에 관해서는 일제의 '외지' 참정권문제,[5] 일제의 다민족국가체제의 구상[6]이나 일제의 '자기 개혁',[7] 그리고 조선인 정치운동에 대한 대응책,[8] 총독부 내부의 권력구조,[9] 징병제 실시[10] 등과 관련해서 논의한 연구가 있다. 이들은 총독부의 참정권 부여 논의 및 공포가 조선에서 지배에 대한 저항세력이 강해지자 그것을 억압, 회유하고 '협력' 세력을 창출, 확대하기 위한 정책의 일환으로 이루어졌다는 주장이다. 나아가 조선에서 실제 전개된 일제의 성격을 현지 식민지민과의 상호작용 속에서 밝히려는 것이다. 이는 기존의 일제의 만능적인 힘을 단죄하려는 시각으로부터 탈피해서 조선에서 강한 저항에 부딪혀 모순을 노출하며 고민하는 일

---

[5] 楠精一郎, 「外地參政權問題」手塚豊, 『近代日本史の新研究 Ⅸ』, 東京: 北樹出版, 1991年, 274-280쪽.
[6] 駒込武, 『植民地帝國日本の文化統合』, 東京: 岩波書店, 1996年, 214-219쪽.
[7] 小熊英二, 『〈日本人〉の境界 沖縄・アイヌ・臺灣・朝鮮 植民地支配から復歸運動まで』, 東京: 新曜社, 1998年, 262-277쪽.
[8] 박찬승, 『한국근대정치사상사연구-민족주의우파의 실력양성운동론-』, 1992년, 320-322, 339, 352쪽; 趙聖九, 『朝鮮民族運動と副島道正』, 東京: 硏文出版, 1998년, 제2부; 김동명, 『지배와 저항, 그리고 협력-식민지 조선에서의 일본제국주의와 조선인의 정치운동-』, 경인문화사, 2006년, 362-375, 438-454쪽.
[9] 李炯植, 『朝鮮總督府官僚の統治構想』, 東京: 吉川弘文館, 2013年.
[10] 田中宏, 「日本の植民地支配下における國籍關係の經緯-臺灣・朝鮮に關する參政權と兵役義務をめぐって-」地域硏究・關連諸科學編『紀要』第9号, 名古屋: 愛知縣立大學外國語學部, 1974年; 최유리, 『일제말기 식민지지배정책연구』, 국학자료원, 1997년.

제의 모습을 파악하려는 시도라고 할 수 있다.

다음에, 조선에서 행해진 지방참정제도의 실제 및 전개에 관해서는 제도사적 연구[11] 이래, 최근 지방에서의 정치참여에 관해서 본격적인 실증 연구가 진행되고 있다. 기존의 연구[12]가 주로 지배자의 '기만성'과 제도의 '불완전성', 그리고 조선인의 일방적인 협력만을 강조하여 매우 정태적으로 분석해온 데 대해, 새로운 연구[13]는 실제로 지방참정기관을 통해 행해진 조선인의 지방정치참여를 그들과 지배권력 및 지역주민과의 상호작용에 초점을 맞춰 구체적이고 동태적으로 파악하고 있다. 특히 주민들의 삶과 직접 관련된 문제들을 둘러싸고 지배당국과 대립하거나 타협하는 지역정치의 관점에 선 연구로까지 나아가고 있다.

이 책은 이러한 새로운 연구에 시사 받아 다음과 같은 문제들을

---

[11] 손정목,『한국지방제도·자치사연구(상)』, 일지사, 1992년; 姜再鎬,『植民地朝鮮の地方制度』, 東京: 東京大学出版会, 2001年.

[12] 손정목, 앞의 책, 188-197쪽; 강동진,『일제의 한국침략정책사』, 한길사, 1980년, 329-331쪽; 박찬승,「일제하 '지방자치제도'의 실상」『역사비평』통권 15호, 역사비평사, 1991년 등.

[13] 지수걸,「일제하 공주지역 유지집단의 도청이전 반대운동(1930.11~1932.10)」,『역사와 현실』제20권, 1996년; 동,「일제하의 지방통치시스템과 군 단위 '관료-유지체제'」,『역사와 현실』제63호, 2007년; 김제정,「1930년대 초반 경성지역 전기사업의 부영화 운동」『한국사론』43집. 서울대학교 인문대학 국사학과, 2000년; 기유정,「1920년대 경성의 '유지정치'와 경성부협의회」『서울학연구』ⅩⅩⅧ, 서울시립대학교 서울학연구소, 2007년; 홍순권,『근대도시와 지방권력 - 한말·일제하 부산의 도시발전과 지방세력의 형성』, 선인, 2010년; 동선희,『식민권력과 조선인 지역유력자 - 도평의회·도회의원을 중심으로 -』, 선인, 2011년; 허영란,「일제시기 읍·면 협의회와 지역정치 - 1931년 읍·면제 실시를 중심으로」, 역사문제연구소,『역사문제연구』No. 31, 역사비평사, 2014년; 전성현,「일제시기 도평의회와 지역 - 경상남도평의회를 통해 본 지역의 위계관계와 지역정치」, 한일민족문제학회,『한일민족문제연구』제27호, 2014년 등

다루려 한다. 우선, 일제가 조선에서 논의하고 공포한 중앙참정제도를 분석했다. 일제는 중앙참정제도를 조선에 실시하기 위해 네 차례에 걸쳐 논의하다가 1945년 식민지 지배 말기에 그것을 공포하였으나 결국 거의 실시하지 않은 채 퇴각했다. 이러한 중앙참정제도 실시안의 논의 과정과 내용, 그리고 심의 및 공포 과정을 밝혔다(제1부). 다음에, 조선에서 실제 실시된 지방참정제도와 그 실제를 분석했다. 중앙 레벨의 참정제도 대신 지방참정제도가 매우 제한된 형태의 지방행정기관의 자문 또는 의결기관으로 실시되었다. 지방참정제도의 변천과정과 지방행정기관의 자문·지방행정기관의 의결기관의 선거과정 및 선거결과, 그리고 구성과 회의의 실제를 파악했다(제2부). 마지막으로 부(협의)회과 도(평의)회의 정치적 전개를 분석했다. 당시 크게 이슈화되었던 사건들을 분석함으로써 실제 전개된 부(협의)회과 도(평의)회의 협력의 양상을 드러냈다. 여기서는 특히 일방적인 협력이 아니라 지배 권력과 대립과 갈등을 동반하며 지역사회의 지지를 획득하기 위해 매개적인 입장에서 전개된 식민지기 협력의 모습을 밝혔다(제3부).

한편, 이 책에서는 조선, 조선인 등 당시의 용어는 기술의 편의상 그대로 사용했으며, 고어 중 어색한 표현은 본래의 의미를 손상하지 않는 범위에서 필자가 현대어로 바꾸었음을 미리 말해둔다.

제1부

중앙참정제도 실시 논의 및 공포

1910년 조선을 강제 병합하여 식민지화한 일제는 조선인을 일본인에게 동화시키는 것을 궁극적인 목표로 하는 동화주의를 식민지 지배 방침으로 내걸었다. 하지만 조선총독부(이하 총독부)는 식민지민의 정치참여를 전면 금지하는 억압일변도의 '무단정치'를 실시했기 때문에 조선 선출 의원의 제국의회 참여라는 동화주의에 입각한 중앙참정권은 병합 당시 조선에서 실시되지 않았다. 그 대신 총독부는 1910년대에는 총독 및 지방행정기관의 자문기관을 설치하여 극히 소수의 정치참여를 허용할 뿐이었다. 우선 '총독의 자문에 응하는 것'을 주목적으로 중추원이 설치되었다. 중추원은 총독부 정무총감을 의장으로 부의장 1명, 고문 15명, 참의 20명, 부참의 35명 등으로 구성되었는데 의장을 제외한 전원을 조선인 중에서 총독이 임명했다.[1] 다음에 지방행정기관에는 나중에 자세히 살펴보는 바와 같이 도장관의 자문기관으로 부군참사자문회를 부윤의 자문기관으로 부협의회를 각각 설치했다.

이후 총독부는 1919년 대규모 조선인의 지배 반대운동인 3·1운동의 충격을 받아 소위 '문화정치'로 전환하면서 앞에서 살펴본 참정권 계획을 실행하려했다. 즉 여러 정책을 성공적으로 실행해서 조선의 '민도'가 높아지면 우선 지방참정권을 확립하고 이어 동화가 더욱 진전되면 점차 중앙참정권을 부여하려 한 것이다. 그러나 일제는 1945년 조선에서 퇴각하기까지 중앙참정권을 거의 부여하지 않았고 지배가 불안정해질 때마다 네 차례 논의하였을 뿐 구체적인 안을 확정하지 못했다. 결국 전쟁 말기에 주로 식민지 주민의 전시동원을 위해 매우 제한된 형태의 중앙참정제도 실시를 결정하였지만 그것마저 중의원의 경우 패전으로 실행할 수 없었다.

우선 1920년대에는 1920년부터 지방참정권이 부여되어 부·도·면협의회 등이 관선(임명)과 민선(선거)에 의해 매우 제한된 형태의 지방행정 자문기관으로 설치되었다. 그러나 1920년대 후반에 이르러 지배의 불안정이 높아지자 총독부는 1927년과 1929년으로 추정되는 시기에 중앙참정권 부여를 검토했는데, 이 때 동화주의에 의한 조선 선출 의원의 본국의회에의 참여와 함께 자치주의로의 전환이라고 볼 수 있는 '조선지방의회' 설치를 모색했다. 하지만 어떤 형태의 중앙참정

1 김윤정, 『조선총독부 중추원 연구』, 경인문화사, 2011, 21-25쪽.

권도 부여하지 않았고 지방자문기관을 의결기관으로 전환하는 데 머물렀다(제1장).

다음에 1930년대 이후에도 일제의 조선에 대한 식민지 지배가 여전히 안정되지 못하고 특히 아시아·태평양 전쟁기에 전시 동원을 위한 병역부가에 대한 대가로서 참정권 부여의 필요성이 대두되자 총독부는 1939년과 1943년경에 중앙참정권 부여를 다시 검토하게 되었다. 이때도 총독부는 동화주의에 의한 제국의회에의 조선 주민의 참여를 특정하지 못한 채 역시 실시에 들어가지 못했다(제2장).

그리고 패전 직전인 1945년 4월, 일본 본국 정부가 구체적인 실시 방법을 강구하여 추밀원과 제국의회의 심의를 거쳐 동화주의에 입각한 극히 제한된 형태의 중앙참정권을 조선에 부여했다. 그 결과 조선에서 7명의 제국의회 귀족원의원을 칙임했다. 그리고 다음해 9월에 23명의 중의원의원을 조선에서 선출할 예정이었으나 패전에 의해 이루어지지 않았다(제3장).

이와 같이 제1부에서는 일제가 조선에서 지배가 불안정해짐에 따라 총독부가 중앙참정권을 부여하기 위해 네 차례 논의한 중앙참정제도 실시안의 내용을 분석하고 이어 본국에서 중앙참정제도를 실행하기 위해 심의, 공포하는 과정을 밝혔다.

제1장

1920년대 중앙참정제도 논의

3·1운동 이후 일제가 일정한 제한하에서 조선에서 정치운동을 허용하자 다양한 세력들이 정치활동을 시작했다. 그 중에서 국민협회 등이 조선 선출 의원의 제국의회에의 참가를 요구하는 중앙참정권 청원운동을 전개했다. 그러나 일본인도 가세한 이 운동은 크게 확대하지 못하고 쇠퇴하였다. 그리고 식민지 의회 설치를 주장하는 자치운동은 표면화조차 되지 못하고 약체였다. 이에 비해 1927년 민족협동전선운동인 신간회 등의 저항운동이 확대하는 양상을 보였다. 이러한 불안정한 지배 상황을 타개하기 위해 총독부는 1920년대 후반이 되면 저항운동을 억누르고 협력세력을 확대하기 위해서 중앙참정제도 실시를 모색하게 된다. 1927년과 1929년경에 각각 작성된 것으로 보이는 조선 재주자의 국정 및 지방행정참여에 관한 의견과「조선에서의 참정에 관한 제도의 방책」이 그것이다. 이에 관해서는 이미 졸저[2]에서 자세히 다루고 있으므로 여기서는 책의 구성상 간단히 언급하는 데 머문다.

조선재주자의 국정 및
지방행정참여에 관한 의견[3]

작성 연월 불명의「조선 재주자의 국정 및 지방행정참여에 관한 의견 (朝鮮在住者の國政並地方行政參與に關する意見)」(이하「참여의견」)은 1927년 2월에 당시 총독부 관방문서과장 겸 심의실 사무관이었던 나카무라 도라노스케中村寅之助가 총독 사이토 마코토齋藤実의 지시를 받아 작성한 것으로 추정된다. 같은 해 6월 사이토는 이 안을 가지고 본국 정부와 교섭하려 했으나 12월 총독을 사임하면서 크게 논의되지 못한 것으로 보인다.[4]

「참여의견」은 조선에서 일본제국의회의 귀족원 및 중의원의원을 선출하는 제도 설치의 이상과 현실에 대해 다음과 같이 말하고 있다.

> 한국병합 이래 여러 차례 정부가 성명한 내선동치의 이상, 즉 장래 조선인의 문화의 발달과 민력의 충실에 따라 조선인의 정치상 및 사회상의 대우를 내지인과 동일하게 한다는 이상에서 보면… 단지 남은 것은 실현 시기의 빠르고 늦음의 문제에 불과하다.… 의원의 정원 및 선임 방법에 적당한 제한을 두어 소수의 의원을 선출하면 오늘 당장 실행해도 아무런 지장이 없을 뿐 아니라, 오히려 조선 통치에 좋

2　김동명, 앞의 책, 362－375쪽, 438－454쪽.
3　「朝鮮在住者の國政竝地方行政參與に關する意見」(『齋藤實關係文書』71－13, 日本國立國會圖書館 憲政資料室 소장, 영인본, 2卷, 高麗書林, 1990년, 이하, 『齋藤實關係文書』), 427－480쪽.
4　김동명, 앞의 책, 364－365쪽.

은 결과를 가져오리라 믿는다. …

지배정책이 효과를 거두어 조선인의 '민도'가 일본인과 대등하게 되면 거기에 맞추어 일본인과 동일한 참정권을 부여하는 것이 일제의 이상임에도 불구하고, 현실적으로 그것이 이루어지지 않았기 때문에 제한된 형태의 참정제도를 조선에서 실시할 수밖에 없음을 전제로 해서 논의를 시작하고 있다.

이어 「참여의견」은 지금까지의 지배이념인 동화주의에 의한 「조선 선출 의원의 제국의회 참가안」과 실질적으로 동화주의를 부정하고 자치주의로의 전환을 의미하는 「조선지방의회 설치안」을 병렬적으로 검토하고 있다. 구체적으로 각각에 대한 일반인들의 찬성 및 반대 이유, 반대 의견에 대한 작성자의 반론, 그리고 참정기관의 구성과 운영에 관해 설명하고 있다.

「조선 선출 의원의 제국의회 참가안」의 내용은 다음과 같다. 첫째로, 이 안에 대해 일반인들이 찬성하는 이유는, ①조선과 일본 사이에 경제와 교통 등의 관계가 긴밀해져 상호 일체감이 형성되어 있다, ②조선인의 국정에 대한 책임감과 모국(일본)에 대한 신뢰를 증진시킬 수 있다, ③병합 이래 지배방침인 '내지연장주의'에 대한 조선인의 국정 참여 기대에 부합한다, ④교통·통신 기관의 발달과 신문 등 출판물의 보급, 학교·사회 교육의 진보 등에 의해서 조선인은 지식이 향상되어 정치능력을 갖고 있다 등이다.

둘째로, 반대 이유는, ①조선 선출 의원수가 필연적으로 증가하면 그들의 향배에 따라 국정이 좌우된다, ②조선인은 병역 의무를 이행하고 있지 않다, ③조선인은 교육을 충분히 받지 않아 '민도'가 낮기 때문에 정치능력을 갖고 있지 않다. ④조선인과 일본인과의 국민적 의식이 서로 다르다 등이다.

셋째로, 위의 반대 이유에 대한 반론은 다음과 같다. ①조선 선출 의원수를 계속 제한할 수 있으며 조선인은 단결력이 약하므로 통제하기 쉽다. ②병역의무와 제국의회에의 참정권과는 본질적으로 병행할 바가 아니다. ③조선인의 교육 및 '민도'가 낮더라도 납세액과 조선어 필기 능력에 의해서 선거 자격을 정하면 선거권 행사는 가능하다. ④조선 선출 의원이 소수이기 때문에 국민적 의식이 달라도 국정을 혼란키지 않으며 참정권이 부여되면 점차 양자의 국민적 의식이 같아질 것이다.

마지막으로, 중의원 및 귀족원 구성 방법은 다음과 같다. 중의원은 총 31명(13개 도 및 경성부에서 각각 2명, 3개 부에서 각각 1명)을 선출하고, 선거권자는 도선거구에서는 지방자문기관인 부 및 면의 협의회원, 부 선거구에서는 연간 10원 이상의 세금을 내는 25세 이상의 남자로 한다. 귀족원 의원은 33명 이내를 선임하고, 그 대상은 왕 및 왕족 4명, 조선귀족 8명, 국가에 수훈 또는 학식이 있는 자 8명 이내, 다액납세자 13명(각도 1명)으로 한다.

이와 같이 「조선 선출 의원의 제국의회 참가안」은, 형식상으로는 지금까지 총독부가 추진한 지배 정책의 실적을 적극 평가하고 동화주의에 입각해 중앙참정권을 부여할 것을 주장한 것이다. 그러나 실제로는 반대 이유에서 알 수 있는 바와 같이 동화주의가 순조롭게 실현되어 '민도' 향상되고 동화가 진전된 데 따른 것이 아니라 저항세력이 확대되고 지배가 불안정해지자 더 이상 중앙참정권 부여를 보류할 수 없는 상황에서 실시를 검토한 것이다. 이 때문에 의원수 및 선거권자를 제한하지 않을 수 없었고 조선인 다수 거주 지역인 도에서는 간접선거를 일본인이 다수 거주하는 부 지역에서는 직접 선거를 실시하는 등 조선인과 일본인과의 차별도 존치할 수밖에 없었다. 즉 매우 불완전한 동화주의에 의한 중앙참정권 실시안이었던 것이다.

다음에, 「조선지방의회 설치안」의 내용은 아래와 같다. 첫째로, 이 안에 대한 일반인들의 찬성 이유는, ①민의에 기초해서 조선의 실정에 적절한 시정을 실시한다, ②사무를 빠르게 한다, ③민심을 완화한다, ④조선인의 자중과 향상의 관념을 진작한다, ⑤조선인에게는 광범하지 않은 자치를 운용할 충분한 교육과 '민도'가 존재한다 등이다.

둘째로, 반대 이유는, ①조선으로 하여금 제국으로부터 분리, 독립의 기운을 조성할 염려가 있다, ②대다수의 조선인에 의한 '조선지방의회'의 지배는 조선 주재 일본인의 이익 실현과 발전을 저해한다 등이다.

그리고 반대 이유에 대한 반론은, ①제한된 자치제 실시는 조선이 제국으로부터 분리되려는 것을 막을 수 있고 조선인의 반항적 기운을 억제할 수 있다. ②조선인이 부당하게 일본인의 이익을 침해하면 감독권을 발동해서 저지할 수 있다 등이다.

마지막으로 조선지방의회의 구성과 운영에 관해 다음과 같이 제시했다. 의원 수는 총 119명으로 총독이 임명하는 관선의원 40명과 민선의원 79명으로 한다. 의원 선출은 4개 부에서는 부협의회 선거를 참조한 직접선거로, 각 도에서는 도평의회 선거를 참조한 간접선거로 한다. 또한 조선지방의회에 토목·산업·교육·위생·구제에 관한 결의권을 부여하는 한편, 총독에게는 조선지방의회의 결의를 취소하거나 재의再議를 명령할 수 있고 원안을 집행할 수 있으며 조선지방의회의 회의를 정지하거나 조선지방의회를 해산할 수 있는 감독권을 부여한다.

결국, 조선지방의회 설치 주장은 당시의 동화주의에 반대하고 실질적으로 자치주의로의 전환을 요구한 것이다. 그러나 반대론에 보이는 바와 같이 그것은 당시 저항세력이 강하고 동화가 진전되지 않는 조선의 현실에서 결코 용이한 것이 아니었다. 더욱이 일제가 표방해 온 동화주의에 정면으로 반하는 것이었다. 이 때문에 선거권자, 의원수, 선거방법, 권한 등에 대해서 상당한 제한을 가한 것이다. 또한 형식에 있어서도 조선을 구역으로 해서 홋카이도北海道 및 각 후켄의 지방자치단체와 같은 좁은 범위의 자치를 주장함으로써 동화주의에 반하지 않도록 배려했던 것이다.

이상과 같이, 「참여의견」은 지금까지의 일제의 조선 지배의 실적을 적극적으로 인정하는 관점에서 조선에 중앙참정권을 부여할 것을 요구한 것이다. 그러나 이것은 표면상의 이유였다. 실제로는 일제의 조선 지배가 더 이상 중앙참정권 부여문제를 보류해 두어서는 안 될 정도로 불안정한 상황에 빠졌기 때문에 「참여의견」이 작성된 것이다. 바로 그렇기 때문에 「참여의견」은 참정권 부여의 형식에서 지극히 당연하다고 할 수 있는 동화주의에 의한 제국의회에의 참가만을 제시하지 않고, 이에 더해서 실질적인 자치주의로의 전환을 의미하는 조선지방의회 설치까지 검토했다. 더구나 부여된 중앙참정권에 관해서도 각종 제한을 가하지 않을 수 없었던 것이다.

조선에서의 참정에 관한 제도의 방책[5]

1929년 12월에 작성된 것으로 추정되는 「조선에서의 참정에 관한 제도의 방책(朝鮮ニ於ケル参政ニ関スル方策)」(이하 「참정방책」)은 같은 해 9월 조선총독을 사직한 지 약 2년 후에 다시 부임한 사이토가 작성을 지시한 것이다. 그가 재임할 즈음 조선인의 정치운동은 신간회의 민족협동전선운동을 중심으로 저항운동이 급격히 세력을 확대하고 자치운동이나 참정권청원운동 등의 '협력' 운동은 쇠퇴하고 있었다. 특히 총독 취임 직전에는 신간회가 복대표회의에 의해 새로이 집행부를 구성하고 구체적인 행동을 시작했으며, 재임 직후인 11월에는 광주학생운동이 발발해 각지로 퍼져나갔다. 이러한 조선의 정치상황에 대처하기 위해 사이토는 중앙참정권 부여를 또 다시 모색했는데, 1927년 때보다 더욱 적극적으로 동화주의에서 자치주의로의 전환을 추구했다. 이 안을 가지고 사이토는 1929년 12월과 다음해 2월에 도쿄東京를 방문해 본국 정부와 비밀리에 중앙참정권 부여를 협의했으나 실패한 것으로 추측된다. 결국 그는 지방레벨의 참정권 확장에 만족해야 했다.[6]

우선 「참정방책」은 총설에서 참정제도 실시의 필요성에 대해 다음과 같이 말하고 있다.

일한병합이 이루어진 지 이미 20성상을 경과하여, 그 사이에 조선통

---
5 「朝鮮ニ於ケル参政ニ關スル方策」, 『齋藤實關係文書』 75-7, 487-539쪽.
6 김동명, 앞의 책, 439-454쪽.

치는 현저한 실적을 올려 백반의 사물이 그 면목을 일신하고, 교육·산업·교통·위생 그 외의 각 방면에 걸쳐서 드물게 발전을 이루어, 인문의 발달, 민복의 증진이 정말로 놀랄만한 것임은 국내외 모두 인정하는 바이다. 그렇지만 일시동인의 성지(聖旨)에 따라 내선일가의 이념을 실현하는 궁극의 목적에서 보면 전도 아직 요원해서 특히 그 정치상의 제도에 있어서는 여전히 매우 유치한 수준을 벗어나지 못하고 있다.…특히 최근 시세의 변천이 급격해서 민력의 충실과 문화의 보급에 따라 민중이 정치에 관여하려고 하는 욕구가 점차 왕성해졌다. 이 기회에 이에 맞는 제도를 확립하는 것이 가장 적절한 조치라고 생각한다.

조선에서 일제의 지배가 지속되어 실적을 거두어 소위 '민도'가 높아지고 그에 따라 정치참여 요구가 강해져 거기에 상응하는 참정제도를 실시할 것을 주장하고 있다. 물론 이는 동화주의의 이념을 실현하는 과정임을 명시하고 있다.

이어 「참정방책」은 앞에서 말한 조선에서 참정권을 실시할 필요성에 의거해서 우선 「조선 참정심의회 관제안」을 제정한 다음, 내각총리대신의 자문기관으로 '조선 재주 제국신민'의 참정에 관한 중요 사항을 조사 심의하는 '조선참정심의회'를 설치할 것을 제안했다. 심의회는 총재와 부총재(탁무대신)를 비롯해 15명의 위원으로 구성되는데, 위원은 법제국장관, 추밀樞密고문관 2명, 오쿠라大藏대신, 조선총독부의 정무총감 및 중추원 부의장, 귀족원의원 4명, 중의원의원 4명, 기타 1명 등이다.

다음에 구체적인 「조선 재주 제국신민의 참정에 관한 제도안」으로서 두 가지를 제안했다. 하나는 「소수의 조선 재주 제국신민을 제국의회의 귀·중 양 원에 참가시키는 제도」이며, 다른 하나는 「내지연장주의 아래 적당히 제한한 일정 범위의 자치를 인정하고 또한 소수의 의원을 제국의회의 귀족원에만 참가시키는 제도」이다. 첫 번째 안은 앞의 「참여의견」에서 말한 조선 선출 의원의 제국의회 참가안이며 총독부의 기존 정책대로 동화주의에 의해 제국의회 중의원의원선거법을 조선에서 실시할 것을 주장한 것이다. 이에 대해서 두 번째 안은 앞의 「참여의견」에서의 '조선지방의회' 설치로 '내지연장주의(동화주의 – 필자) 아래'라는 전제가 있지만 실질적으로는 자치주의로의 전환을 뜻하는 것이다.

「참정방책」은 첫 번째 안을 동화주의의 '이상'에 적합하다고 하면서도 당시의 실정에 맞지 않는다며 아예 검토 대상에서 제외했다. 그 이유는 다음의 두 가지이다. 하나는, 소수이지만 '조선 대표자'가 제국의회에 가세하면 경우에 따라서는 그들의 향배 여하에 의해 제국의회의 형세가 좌우되고 '내정 정치상' 우려하지 않을 수 없다는 것이다. 또 다른 이유는, 바로 소수이기 때문에 조선인이 '참정의 실질'을 충분히 느끼지 못하고 오히려 불만을 갖게 된다는 것이다. 이는 참정권 부여에 의해 선출되는 협력적인 조선인마저도 반드시 일본제국의 입장에 서리라는 보장이 없다는 것으로 결국 지금까지의 총독부의 동화주의 지배의 성과를 부정하는 것이다.

그래서 「참정방책」은 두 번째 안(조선지방의회 설치와 귀족원 참여)을 적극 검토했다. 우선, 귀족원 참여에 관해서는, 가까운 장래에 국가에 훈로勳勞 있고 학식 있는 만 30세 이상의 남자 조선인 중에서 5명 이내, 7년 임기의 귀족원 의원을 칙임할 것을 제안했다. 그 근거로는

①첫 번째 안의 중의원의원 선출과 같은 '폐해'가 없으며, ②'일시동인'의 취지에 맞고, ③조선인에게 제국신민임을 자각하게 하며, ④일본 본국과의 정치적 연결을 원활하게 하는 효과가 있다는 점 등을 들었다.

다음, 조선지방의회 설치는 조선 전역을 일본제국의 '하나의 지방'으로 하고 일정한 범위에서 '자치권'을 인정하는 것이다. 구체적인 내용은 다음과 같다. ①의원 임기는 4년이며 의원 수는 대략 100명(각 도는 20만 명 당 1명, 각 부는 10만 명 당 1명)이다. 의원의 3분의 1 이내는 조선총독이 임명하는 의원(관선)이고, 나머지 3분의 2는 선거에 의한 의원(민선)이다. ②선거권은 직접 국세와 지방세를 합쳐 연간 5원 이상을 내는 25세 이상의 남자에, 피선거권은 같은 세금을 연간 10원 이상 납부하는 만 30세 이상의 남자에 한한다. ③직무 권한은 토목비·교육비·권업비·구제비 등의 조선지방비에 관한 사항을 의결한다. ④조선지방의회가 의결한 것을 취소하거나 재의再議를 명할 수 있는 권한을 총독에게 부여한다.

한편, 「참정방책」은 조선지방의회 설치가 '현저한 개혁'이므로 실시 시기를 10년 후로 하고, 조서詔書를 발표해서 조선 주민들에게 '앞으로의 정치상의 목표에 한 줄기 광명'을 주어 민심을 안정시킬 것을 제안했다.

말하자면 조선지방의회 설치와 귀족원 참여안은 약간의 조선 선출 귀족원의원을 칙임함으로써 형식상으로는 동화주의에 의해 중앙참정권을 부여하고, 실질적으로는 자치주의로의 전환을 의미하는 조선지방의회를 설치할 것을 주장한 것이다. 그러나 귀족원의원의 경우 매우 소수이고 조선지방의회의 선출방법, 선거권과 피선거권, 그리고 직무 권한, 총독의 권한 등을 엄격히 제한했으며 그것도 10년 후에 실시하기로 하였다. 이는 결국 그 동안 총독부가 추진해온 동화주의의 실적을 스스로 인정하지 않은 것이다. 즉, 당시 조선에서 저항세력이 강하고 '협력' 세력이 약해 동화가 계획대로 진전되지 않는 불안정한 지배 상황에서 더 이상 중앙참정권 실시를 보류할 수 없게 되자 궁여지책으로 그것을 해결하려 한 것이다.

이처럼 1920년대 후반이 되면서 조선에서 일제의 동화주의 지배정책이 성과를 거두지 못하고 조선인의 저항세력이 확대하는 가운데 식민지 지배가 불안정을 더해갔다. 이에 총독부는 중앙참정권 실시를 위해 「참여의견」과 「참정방책」을 작성했다. 이 때문에 두 안은 당시 지배이념인 동화주의에 의한 조선 선출 의원의 제국의회 참여안만을 검토했어야 함에도 불구하고 실질적으로 자치주의로의 전환을 의미하는 조선지방의회 설치안을 함께 다루었다. 특히 「참정방책」은 아예 동화주의에 의한 제국의회의 중의원에의 참가를 검토 대상에서 제외하고 귀족원에의 소수 참가와 동화주의에 반하는 조선지방의회 설치만을 모색했다. 더구나 그것도 매우 제한적인 형태였던 것이다.

제2장

아시아·태평양 전쟁기 중앙참정제도 논의

일제의 조선에서의 식민지 지배는 1930년대 이후에도 여전히 안정되지 못하고 더욱이 아시아·태평양전쟁이 본격화되면서 식민지 주민의 전시 동원이 긴요해졌다. 이에 총독부는 1938년에 지원병제도를 실시하고 1944년에는 징병제를 도입하는 등 조선인에게 병역 의무를 부가했다. 그에 대한 대가로 다시 중앙참정제도 실시를 논의했는데, 1939년 말「제도 개정에 관한 제자료」에 이어 1943년경에는「조선에서의 참정제도 방책안」을 각각 작성했다. 그런데 이때도 1920년대와 마찬가지로 동화주의에 의한 조선 선출 의원의 제국의회 참여를 특정하지 못하고 자치주의로의 실질적 전환을 의미하는 조선지방의회 설치를 함께 검토하고 있었다.

제도 개정에 관한 제자료[7]

총독부가 아시아·태평양전쟁 중 처음으로 작성한 중앙참정제도 실시안은 1939년 11월 27일 내무국이 정리를 마친 「제도 개정에 관한 제자료(制度改正ニ関スル諸資料)」이다. 이 안은 당시의 조선총독 미나미 지로南次郎가 학자나 정치가에게 '은밀히' 의견을 구하고,[8] 총독부 정무총감이었던 오노 로쿠이치로大野綠一郎가 경성제국대학 교수 기요미야 시로淸宮四郎에게 의뢰하여 작성한 것으로 추정된다. 오노의 회고담에 의하면 의뢰받은 기요미야는 매우 기뻐하며 알제리 등 각 국의 입법사례를 조사하였다고 한다.[9] 이 때 총독부가 다시 중앙참정권 실시 문제를 검토하게 된 주된 이유는, 잘 알려진 대로 전쟁의 확대와 지속에 따른 식민지 주민을 전시동원하기 위해서였다. 즉, 1938년 2월 조선에서 '육군특별지원병령'이 공포됨에 따라 의무 수행에 상응하는 반대급부로서 정치적 권리를 부여할 필요가 생겨났기 때문이다.

「제도 개정에 관한 제자료」는 크게 세 부분, ①참정의 순서, ②각국 식민지와 본국과의 관계, ③참정에 관한 연구로 구성되어 있다. 이 중 ①은 일본 본토와 홋카이도, 오키나와켄沖繩縣, 그리고 조선에서 실시해 온 참정권의 연혁에 관해 간단하게 설명하고 있다. ②는 프랑스와

---

7 朝鮮總督府內務局, 「制度改正ニ関スル諸資料」(『大野文書』 1256, 日本國立國會圖書館 憲政資料室 소장, 民族問題硏究所編, 『日帝下 戰時體制期 政策史料叢書 第37卷 皇國臣民化政策 8』, 영인본, 한국학술정보(주), 2000년, 이하 『皇國臣民化政策 8』, 5-98쪽 수록), 이하 「制度改正ニ関スル諸資料」.
8 御手洗辰雄, 『南次郎』, 東京: 南次郎傳記刊行會, 1957年, 473쪽.
9 「未公開資料 朝鮮總督府關係者 錄音記錄 (1) 十五年戰爭下の朝鮮統治」 『東洋文化硏究』 第2号 拔刷, 東京: 學習院大學東洋文化硏究所, 2000年 3月, 74쪽.

미국에서의 본국의회와 식민지와의 관계를 설명하고 있는데 거의 대부분을 전자에 할애하고 있다. 특히「프랑스의 식민지에서의 토인(土人)의 참정권」이라는 장문의 보고서를 첨부하고 있다. ③은 아래에서 자세히 검토하는 바와 같이 조선에서 실시할 참정안에 관해 기술하고 있다. 여기서 ①과 ②는 ③을 주장하기 위한 보조 자료임을 쉽게 알 수 있다. ①의 의도는 일본 국내의 '식민지'라고도 할 수 있는 홋카이도와 오키나와켄에서 점진적으로 참정권이 확대된 것과 같이 국외 식민지에 참정권을 부여해야 한다는 주장을 나타낸 것이다. ②의 경우는 일본과 같이 동화주의를 표방했던 프랑스의 예를 통해서 조선에서 실시해야 할 바람직한 참정권의 모습을 제시하고 있다. ③의 구체적 내용은 다음과 같다.

우선 '참정에 관한 연구'의 제목 하에 다음과 같이 5개의 안이 제시되었다.[10]

1. 귀족원에 대해서 내지와 똑같은 방법에 의해 의원을 보내는 안
2. 중의원에 대해서 우선 대도시로부터 시작해서 순차로 선거법을 시행하는 안
3. 이상의 1, 2안을 동시에 시행하는 안, 본 안에 의하면 총독의 제령(制令) 제정권에 변혁이 있어야 한다.
4. (제1안과 함께)[11] 중추원을 개조해 여기서 예산과 제령의 자순(諮詢) 및 보고하는 안

---

10 「制度改正ニ関スル諸資料」, 15쪽.
11 (제1안과 함께) 부분에 삭제한 듯 두 개의 선이 그어져 있음.

5. 제1안과 함께 조선지방비제도를 두어서 소(小)범위의 자치를 인정하고 중추원을 폐지하는 안

이어서 각 안의 구체적인 내용을 적고 있다. 제1안은 우선, 귀족원의 구성방법으로서, ①조선 왕족 중 성년남자, ②조선공족 중 성년남자, ③조선 귀족 중 만 30세 이상의 유작자 가운데 호선에 의해 5명(임기 7년), ④국가에 훈노 또는 학식 있는 만30세 이상의 조선인 남자 중에서 칙임에 의해 5명(임기 종신), ⑤조선에서 다액의 직접 국세를 납부하는 자 중에서 호선에 의해 각 도당 2명(충북·함북은 각 1명), 총 24명(임기 7년) 등을 들고 있다. 다음에 이 안의 특징에 관해, ①칙령의 개정에 의해 가능한 점, ②내선인內鮮人 거의 같은 수를 선출할 수 있는 점, ③선거인 수가 소수이므로 간단한 점, ④제2안에 비해 의원이 각 도에 분포하는 것 등을 들고 있다. 이는 1932년부터 이미 귀족원에 조선 선출의원 1명을 보내고 있어 이를 확대하여 동화주의를 부분적으로 실현한다는 것이다.

제2안은 제1안과 마찬가지로 동화주의를 점진적이고 부분적으로 실행하는 것이다. 하지만 특별히 문장으로 된 설명이 없고, 1938년도 대도시(경성·평양·부산·대구·인천)의 인구조사·취학인원, 1937년 조선인 남자 국어 해독률 조사가 도표로 소개되어 있을 뿐인 것은[12] 이 안에 대한 작성자의 관심이 희박함을 암시하는 것이다.

제3안은 제1, 2안을 포괄하는 형태로 동화주의 실현에 가장 근접한 안이다. 그럼에도 불구하고 이 안을 특정하지 않고 구체적으로 설

---

12 「制度改正ニ関スル諸資料」, 21-24쪽.

명조차 하고 있지 않은 것은 이미 앞에서 언급하고 있기 때문이기도 하지만 총독의 제령 제정권에 변혁이 불가피함을 명기하고 있는 점을 감안하면 이 안에 대한 부정적 인식을 엿볼 수 있다. 주지하는 바와 같이 조선총독의 제령 제정권은 일본 본국과 법 영역을 달리하는 강력한 권한이었다. 이는 적어도 논리상 동화주의가 실행됨에 따라 약화되고 마침내 폐지되는 데에 귀결하는 것이다. 그러나 당시 불안정한 지배 상황에서 그것을 단숨에 변혁하는 것은 사실상 쉬운 일이 아니었다.

제4안은 ①중추원의 정원을 고문 5명으로 하고 참의를 65명에서 88명으로 늘릴 것, ②반 수는 임명, 반 수는 부·읍회의원 및 면협의회원으로 하여금 선거하게 할 것, ③대략 증원한 수까지 일본인을 참가시킬 것, ④제령의 제정과 개폐 및 예산의 대강을 자문할 것, ⑤건의권을 부여할 것 등이다.[13] 이는 '제1안과 함께'를 넣어서 생각할 경우, 우선 조선 선출 의원을 귀족원에 파견함으로써 동화주의의 실현을 꾀하려 한 것이다. 그러나 조선인만으로 구성된 총독 자문기구였던 기존의 중추원의 존재 자체가 동화주의에서 벗어날 소지가 다분했기 때문에 증원을 통해 일본인을 참가시킴으로써 동화주의에 충실하려는 시도라고 할 수 있다.

제5안은 '조선지방비제도요강'이라는 제목 하에 조선지방비에 관한 사안을 의결할 기관으로서 '조선참의원(朝鮮參議院 ; 가칭)'을 설치할 것을 제안하고, 조선지방비의 범위·기관·총독의 권한 등을 다음

---

[13] 「制度改正ニ關スル諸資料」, 25쪽.

과 같이 제시하고 있다.[14]

먼저 조선지방비로 지변支辨할 항목으로서 토목비, 위생 및 병원비, 권업비, 사회사업비, 참의원비, 보조비, 지방비취급비 등을 들고 있다.

다음에 '조선참의원'의 구성 및 운영에 대해서 다음과 같이 기술하고 있다. ①조직은 의장 및 의원으로 이루어지며 의장은 조선총독부 정무총감이 맡고, 의원은 임명과 선거에 의해 결정하며 임기는 4년으로 한다. 임명은 조선총독이 학식 있고 덕망 있는 자 중에서 의원의 2분의 1 이내를 선정한다. 선거는 부·읍회의원 및 면협 의회원에게 선거권을 부여해 각 도에서 2명 내지 5명, 합계 44명을 선출한다. 피선거권은 독립된 생계를 영위하는 30세 이상인 자로서 조선에 1년 이상 주소를 두고 1년 이상 총독이 지정한 국세 및 지방비세를 10원 이상 납부한 자에 한한다. ②직무 권한은 조선지방비에 관한 사항을 의결하고, 그에 대해서 총독에게 의견서를 제출할 수 있고, 총독의 자문에 답신해야 한다. ③회의는 매년 1회 회기 20일 이내의 통상회를 열며, 필요에 따라 임시회를 열 수 있다.

마지막으로 총독은 '조선참의원'에 의결안을 발안하고 '조선참의원'이 의결한 것을 취소하거나 재의결을 명할 수 있다. 또한 선거를 취소하거나 재선거를 명할 수 있으며, 원안을 집행할 수도 있고 회의를 정회하거나 해산할 수 있는 권한을 갖고 있다.

이 안은 소수의 조선 선출 의원의 귀족원 참여를 통해 동화주의를 부분적으로 실현하고 1920년대에 검토되었던 '조선지방의회' 설치안과 마찬가지로 실질으로 자치주의로의 전환을 의미하는 '조선참의

---

14 「制度改正ニ関スル諸資料」, 34-40쪽.

원'을 설치할 것을 제안한 것이다. 그렇기 때문에 '조선참의원'의 선거방법, 선거권과 피선거권, 직무권한 등을 크게 제한하고 총독에게 강대한 권한을 부여했던 것이다. 특히 이 안은 5개의 안 중 가장 상세한 설명을 담고 있다. 이는 새로운 제도를 도입하는 것이기 때문이기도 하지만 작성자의 관심이 가장 높다는 것을 말해준다.

이상 본 바와 같이 「제도 개정에 관한 제자료」는 중앙참정권의 형태로서 당시의 일제의 지배방침에서 보면 당연하다고 할 수 있는 동화주의에 입각한 제국의회에의 조선 선출 의원의 참여를 특정하고 있지 않다는 점에 주목할 필요가 있다. 이 안의 작성을 지시한 조선총독 미나미가 조선자치의회 방식에는 반대하고 동화주의에 의해 조선 선출 의원을 점진적으로 제국의회에 참가시킬 것을 구상하고 있었다고는 하지만,[15] 여전히 이 안에서도 총독부는 동화주의에 의한 중앙참정권 실시를 확정하지 못하고 자치주의에 의한 그것을 함께 검토하고 있었던 것이다. 따라서 이 안을 가지고 총독부가 동화주의에 의해 조선인 의원을 본국의회에 참가시키는 경우를 대비하는 쪽으로 변화하고 있다고 보는 최유리의 추측[16]에는 무리가 있다.

이처럼 일제가 스스로 내걸은 동화주의에 의한 중앙참정제도를 실시하는 데 주저한 이유는 식민지 지배에 대한 조선인의 저항이 여전히 강하여, 기대한 대로 조선인의 일본인에의 동화가 진행되고 있지

---

[15] 御手洗辰雄, 앞의 책, 473쪽.
[16] 최유리, 앞의 책, 225-226쪽. 최유리는 그 근거로 앞의 「참정방책」과 달리 조선 선출 의원의 제국의회 중의원에의 참가를 제외하지 않은 것과 프랑스령 식민지의 본국의회 참가형식을 참고자료로서 집중적으로 다루고 있는 점을 들고 있다. 그러나 여기서 설명하고 있는 프랑스 식민정책의 내용을 잘 들여다보면 식민지 주민에게 참정권을 부여하지 않고 있다는 점을 부각시키고 있다.

않는 데에 연유한다. 예를 들면 이 자료에 첨부한 조사에서도 1937년 말 조선인 남자 일본어 해독율의 경우, 5대도시는 평균 약 37%를, 조선 전체의 경우는 약 20%를 나타내고 있다. 조선인의 협력이 잘 이루어지지 않고 동화가 미진한 상태에서 지원병제도의 실시라는 식민지 주민에 대한 의무가 부여되자 그에 따른 권리 부여의 필요성이 강력히 대두된 것이다. 그러나 그 실시방법에 있어서 동화주의에 의한 조선 선출 의원의 제국의회에의 참가를 특정하는 것은 이때도 결코 쉬운 일이 아니었다.

조선에서의 참정제도 방책안[17]

총독부가 1939년에 이어 또 다시 조선에 대한 중앙참정권 실시안을 작성한 것은 1943년경인데 「조선에서의 참정제도 방책안(朝鮮ニ於ケル參政制度方策案)」(이하 「참정제도 방책안」)이 그것이다. 이 안은 이미 쿠스노기 세이치로楠精一郞가 지적하고 있는 바와 같이,[18] 1943년 3월 현재의 취학통계가 첨부되어 있는 것으로 보아 고이소 쿠니아키小磯國昭 총독 시절에 작성된 것으로 추정된다. 이에 관해서 고이소 자신이 자전 중에서 다음과 같이 밝히고 있다.

17　朝鮮總督府內務局, 「朝鮮ニ於ケル參政制度方策案」 『大野文書』 1281(『皇國臣民化政策 8』, 147-201쪽 수록), 이하 「朝鮮ニ於ケル參政制度方策案」.
18　楠精一郞, 앞의 글, 281쪽.

필자는 귀족원에 칙선을 1명 보냈다는 일시적인 호도 조치에 만족할 수 없었다. 평소의 생각을 관철하려고 정부에 희망 의견을 자세히 전하고 정부가 받아들였을 경우를 대비해 선거법 등에 관해서 계속 조사 연구시켰던 것이다. 이 일은 필자가 총독 취임 당시부터의 염원이었는데 사무적 연구가 진행된 것은 1943년 말부터였다.[19]

이에 앞서 고이소는 같은 해 4월 당시의 수상 도조 히데키東條英機가 중국을 시찰하고 돌아오다가 서울에 잠깐 들렀을 때 조선에서의 중앙참정제도 실시에 관해 그의 의향을 떠보았다. 도조는 고이소의 취지에는 찬성하면서도 의회와의 '귀찮은 절충'을 이유로 실시에는 소극적이었다. 그러나 이처럼 고이소는 중앙참정권 부여에 적극적이었다. 그는 일제의 조선 지배의 '대본大本'은 조선인을 '근본적으로 일본인화하는 것', '조선인을 명실공히 진정한 일본인으로 만드는 것'이라고 생각했다. 따라서 그는 조선인에게 의무와 더불어 참정권 등의 여러 권리가 부여되고 그들이 일본 본국에 자유로이 도항할 수 있어야 하며 일본 국내의 호적법 등이 조선에 실시되는 등 모든 면에서 조선인이 일본인과 똑같이 되어야 한다고 믿었다. 특히 고이소는 1938년의 지원병제도 실시와 1944년 징병제 도입으로 조선인이 일본인과 똑같은 국가 의무를 부담하게 된 이상 권리 부여는 더 이상 억제할 수 없다고 생각했다.[20]

이러한 고이소의 동화주의 실현에 대한 신념과 전쟁 수행을 위한

---

19 小磯國昭 『葛山鴻爪』, 東京: 丸ノ內出版, 1968年, 765-766쪽.
20 小磯國昭, 앞의 책, 750-766쪽.

식민지 주민의 동원 필요성이 그 동안 보류되어왔던 식민지 중앙참정권 문제를 다시금 수면 위로 떠올린 것이다.

한편, 「참정제도 방책안」은 '조선참정심의회안'과 '참정의 방책' 그리고 '참고자료'로 구성되어 있다. '조선참정심의회안'에서는 내각총리대신의 자문에 응해 '조선 재주 제국신민'의 참정에 관한 방책 및 제도를 확립하기 위한 주요 사항에 관해 조사 심의할 것을 목적으로 하는 '조선참정심의회'를 설치할 것을 제안했다. 이 심의회의 구성은 총재, 부총재(탁무대신)를 비롯해 15명의 위원으로 되어 있다. 위원으로는 법제국장관, 추밀樞密고문관 2명, 대장大藏대신, 조선총독부의 정무총감 및 중추원 부의장, 학식과 경험을 갖춘 자로서 귀족원의원 4명, 중의원의원 4명, 그 외에 1명을 들고 있다.[21]

'참정의 방책'에서는 중의원과 귀족원에 각각 10명 내외의 공선의원과 칙선의원을 각각 보낼 것을 제안하고, '부附'로서 '조선지방의회 설치방책안'을 덧붙이고 있는데, 그 내용은 다음과 같다.

중의원의원의 공선방식으로는 다음과 같은 두 개의 안이 제시되었다. 제①안은 경성·인천·대구·부산·평양 및 청진의 6개 부를 선거구로 해서 의원 정수를 경성부 3명, 그 외의 부는 1명으로 하고 직접선거에 의한다. 선거권의 요건은 제국신민으로 25세 이상의 남자로서 독립의 생계를 영위하고 6개월 이상 부주민인 자와 조선총독이 지정하는 직접국세 연액 5원 이상을 납부하는 자 등이며, 피선거권의 요건은 30세 이상의 선거권을 가진 자 등이다.[22]

---

[21] 「朝鮮ニ於ケル參政制度方策案」, 148-149쪽. 한편, 이 안은 앞에서 언급한 「참정방책」에서 제정을 제안한 '조선참정심의회'의 내용과 거의 일치한다.
[22] 「朝鮮ニ於ケル參政制度方策案」, 150-155쪽. 이 안에 의하면 지세·영업세·소득

제②안은 각 도의 구역을 선거구로 해서 도회의원이나 도·부·읍회의원 및 면협의회원, 또는 부·읍회의원 및 면협의회원 중에서 각 1명을 배당한다. 선거권자는 각 의원들이며, 피선거권자는 제국신민으로 30세 이상의 남자로서 독립 생계를 영위하고 조선총독이 지정하는 직접국세 연액 5원 이상을 납부하며 해당 지역에 6개월 이상 주소를 둔 자이다.[23]

제①안과 제②안 모두 동화주의에 입각해 매우 제한적인 형태의 중앙참정권 부여라는 면에서는 동일하나, 일본인과 조선인이 함께 거주하는 조선의 현실을 차별적으로 반영한 것이었다. 즉, 제①안에서 주요 부를 선거구로 해서 직접 선거를 택한 것은 일본인이 상대적으로 다수 거주하는 지역인 부의 '민도'가 높음을 인정한 것이다. 이에 비해 제②안에서 도 또는 도를 포함한 지역을 선거구로 정해 간접선거를 도입한 것은 상대적으로 조선인이 다수를 점하는 지역인 도의 '민도'가 낮음을 이유로 차별적 조치를 취한 것이다.

귀족원의원은 중의원과의 균형상 왕공작, 조선귀족 및 다액 납세자 중에서 칙임의원을 임명할 것을 제안하고 있다.[24] 이는 중의원 선거 도입에 따라 기존의 1명에서 10명 내외로 인원을 늘린 것이다.

마지막으로 '조선지방의회 설치방책안'은 조선 전역을 일본제국의

세 등 직접국세를 5원 이상 납부하는 자는 일본인 33,462명, 조선인 2만 9,886명이며, 실제 선거가 행해졌을 경우 예상 당선자 수는 일본인과 조선인 각각 4명씩 제시되어 있다.

23 「朝鮮ニ於ケル參政制度方策案」, 155-163쪽. 이 안을 실시할 경우 1941년 5월 말 현재 선거권자의 일본인과 조선인 수는 각각, 도회의원 122:300, 부회의원 353:337, 읍회의원 341:597, 면협의회원 1,045:22,320, 계 1,861:23,554이다.
24 「朝鮮ニ於ケル參政制度方策案」, 150쪽.

'하나의 지방'으로 하고 일정한 범위 내에서 '자치권'을 인정해 '조선지방의회'를 설치할 것을 제안했다. 조직은 임명에 의한 의원과 선거에 의한 의원 계 120여 명으로 하는데, 조선총독은 학식과 명망이 있는 자 중에서 의원수의 3분의 1 이내를 임명하며, 나머지 3분의 2는 직접선거에 의해 선출한다. 선거권자는 25세 이상의 남자로서 만 1년 이상 선거구 내에 거주해야 하며 만 1년 이상 조선 내에서 직접 국세 또는 지방세를 합쳐서 연간 5원 이상을 내는 자이다. 피선거권자는 만 30세 이상의 남자로서 직접 국세 또는 지방세를 합쳐서 연간 10원 이상을 내는 자에 한한다. 임기는 4년이며, 직무권한은 토목비·교육비·권업비·구제비 등의 조선지방비에 관한 사항에 관해서 의결한다. 또한 총독은 '조선지방의회'에 의결안을 제출할 수 있으며 '조선지방의회' 의결을 취소하거나 재의再議를 명할 수 있다. 또한 원안을 집행할 수 있고 '조선지방의회'를 정회하거나 해산할 수 있는 권한을 갖는다.[25] 이 안은 동화주의에 의한 조선 선출 의원의 제국의회 참가에 반대하고 실질적으로 자치주의로의 전환을 의미하는 '조선지방의회' 설치를 주장하는 것이었다.

그리고 참고에서는 ①중의원의원 선거권의 연혁, ②일본 본국에서의 의무교육, 징병제도와 참정관계 연표, ③조선에서의 참정운동, ④각 국의 식민지 대의제도를 소개하고 있다.[26] 이상 보아 온 바와 같이 「참정제도 방책안」은 최유리의 지적과 같이[27] 일제가 징병제를

---

25 「朝鮮ニ於ケル參政制度方策案」, 164-167쪽. 이 안 역시 앞의 「참정방책」의 내용과 의원수(100명에서 120명으로 증가)를 제외하고는 거의 같은 내용이다.
26 「朝鮮ニ於ケル參政制度方策案」, 168-201쪽.
27 최유리, 앞의 책, 229쪽. 최유리는 부록의 비중이 왜소하고 내용이 이전부터 검토해

실시하는 시점에서 중앙참정권 부여 형식으로서 동화주의에 의한 조선 선출 의원의 제국의회 참가를 검토하고 있었다고 결론지을 수도 있다. 그러나 이 안 역시 앞의 안들과 마찬가지로 당시 총독부가 내걸은 동화주의의 관점에서 보면 일본제국의회 중의원과 귀족원에의 조선 선출 의원 참가안만을 제시하는 것이 지극히 당연했음에도 불구하고, 비록 그것이 '형식적'일지라도 자치주의로의 실질적인 전환을 의미하는 「조선지방의회 개설안」을 부록의 형태로 첨가한 것은, 여전히 이 시점에서도 총독부는 동화주의에 의한 중앙참정권 실시를 확정하는 데 망설이고 있었다는 점을 간과할 수 없다.

이러한 주저함은 동화주의의 실현이 일제의 '이상'이었음에도 불구하고 지배에 대한 식민지민의 저항이 뿌리 깊게 남아있어 동화가 진전되지 않고 있는 식민지 현실에 의한 것이었다. 이러한 상황에서 이루어지는 조선 선출 의원의 제국의회 참가는 일제가 기대하는 지배목적에 부합하지 않았기 때문이다. 이 때문에 이후 구체화되는 동화주의에 의한 중앙참정권 실시안은 굉장히 제한된 형태에 귀착되는 것이다. 이는 이 안을 지시하고 실제 법제화를 추진했던 고이소의 다음과 같은 조선 인식에 잘 나타나 있다.

> 그러나 뭐라고 해도 일반 대중의 교양과 사회 상태는 내지에 비해 현저하게 뒤떨어지는 것은 사실이다. 특히 과거의 역사에 집착해서 지하에 숨어서도 독립의 장래를 바라고 있는 자가 절대로 없다고는 말

오던 안과 변함없는 점, 그리고 참고자료의 내용을 근거로 「조선지방의회 개설안」은 두 가지 참정방법의 형평을 고려하여 형식적으로 첨가시켰다는 인상이 짙다고 말하고 있다.

할 수 없다. 따라서 정치참여를 위해 중의원의원을 선출시키는 경우에 있어서도 당분간은 내지의 선거법을 그대로 채용할 수는 없다. 적어도 선출의원의 반수 또는 그 3분의 2 정도는 관선으로 할 필요가 있으리라 생각했다.[28]

동화주의 실현에 강한 의욕을 보이는 고이소조차도 조선의 '민도'와 저항세력의 존재, 즉 동화가 진전되지 않았음을 이유로 일본 본국과 똑같은 중의원선거법을 조선에서 실시하는 데 반대하며 매우 제한된 형태의 선거 실시를 구상하고 있었던 것이다.

---

28 小磯國昭, 앞의 책, 765쪽

제3장

1945년 중앙참정제도 공포

일제는 아시아·태평양전쟁이 끝나기 직전에야 비로소 동화주의에 입각한 매우 제한된 형태의 중앙참정제도를 조선에 실시했다. 전쟁이 격화되면서 조선인을 전쟁에 동원할 필요성에서 그 동안 동화가 진전되면 주어지리라는 중앙참정권을 동화를 촉진하기 위한 수단으로써 부여한 것이다. 1944년 11월 일본 정부는 중앙참정제도 실시 방침을 명확히 하며 '조선 및 대만 재주민 정치처우조사회'를 설치할 것을 결정했다. 이후 중앙참정제도 실시안은 이 조사회와 추밀원 및 제국의회의 심의를 거쳐 1945년 4월 1일 칙령 제193호 「귀족원령중개정」 및 법률 제34호 「중의원의원선거법중개정법률」로 공포되어 조선으로부터 일본 제국의회 귀족원과 중의원에의 소수 참여가 이루어졌다. 칙령 공포 즉시 7명의 귀족원 의원이 칙임되고 이듬해 9월에는 중의원 의원 23명을 조선에서 선출할 예정이었다. 하지만 일제가 조선에서 퇴각함으로써 중의원 의원 선거는 실시되지 않았다.

조선 및 대만 재주민 정치처우조사회에서의 심의

조선 총독으로서 조선에서의 참정권 확대의 '염원'을 가지고 1943년 말부터 선거법 등에 관한 사무적 연구를 추진하던 고이소가 본국 정부의 총리에 부임한 것은 이듬해인 1944년 7월이었다. 수상에 취임한 고이소는 자신의 '염원'을 실현하기 위해서 빠른 발걸음을 내딛는다. 1944년 9월 7일 열린 제85회 제국의회 연설에서 그는 조선과 대만이 일본제국의 일부로서 일본제국의 '흥륭興隆과 전쟁 목적 달성에 공헌'하고 있음을 인정했다. 즉 조선인과 대만인이 이미 특별지원병으로서 전쟁에 참가해 성과를 거두고 있으며, 징병제의 시행으로 전선에서 '정신봉공挺身奉公의 성誠'을 바칠 것을 높이 평가하고 그 처우에 관하여 충분히 고려할 필요가 있음을 언명했다.[29] 또한 9월 9일 중의원 예산총회에서도 조선인과 대만인이 '대동아전쟁 필승'을 위하여 각 방면에서 의무를 잘 수행하고 있는 점을 들어 그들에게 '국정참여의 권리'를 부여할 뜻을 밝혔다.[30] 고이소는 식민지 주민을 전쟁에 동원하기 위해 병역 의무를 부가한 데 대한 반대급부로 정치참여 권리를 부여하지 않을 수 없었던 것이다.

이후 일본정부는 식민지 재주민의 처우개선에 관한 구체적 실시 방법에 관하여 연구한 결과 11월 4일 각의에서 「조선 및 대만 재주민의 처우 개선에 관한 건 취급안」을 결정했다. 이 안은 '조선 및 대만

---

29 「小磯國務大臣の演說」(1944년 9월 7일) 『第85回帝國議會衆議院議事速記錄號外』(復刊本 『帝國議會衆議院議事速記錄 80』, 東京: 東京大學出版會, 1985年, 6쪽).
30 『매일신보』, 1944년 9월 10일.

재주민 정치처우조사회'(이하 '조·대정치조사회')를 신속히 설치할 것과 조선 및 대만에 중앙참정제도를 실시한다는 방침을 명확히 하고 「귀족원령중개정칙령안」을 제시했다. 또한 각의에서는 「조선 및 대만 재주민 정치처우조사회 설치요강안」을 결정하고 조사위원장에 고이소 자신이 취임하기로 결정했다.[31]

12월 24일 일본정부는 조선 및 대만 재주민의 정치상의 처우에 관한 중요사항을 조사 심의하기 위한 '조·대정치조사회' 관제 요강과 위원 명단을 발표(26일 공포)했다.[32] '조·대정치조사회'는 회장 1명과 부회장 2명, 위원 40명, 임시위원 10명, 간사장 1명(위원 겸), 간사 15명으로 구성되었다. 내각총리대신을 회장으로 부회장에는 국무대신과 내무대신이, 위원에는 내각·추밀원 서기관장, 법제국·총합계획국 장관 등 4명, 내무·사법 정무차관, 내무·육군·해군·사법 차관 등 6명, 귀족원·중의원 서기관장, 조선총독부 정무총감, 대만총독부 총무장관 등 4명, 귀족원·중의원 의원 각각 10명, 학식경험자 6명이 임명되었다. 그리고 임시위원에는 정보국차장, 내무·사법 참여관, 후생차관, 대학교수, 학식경험자 5명이, 간사장에는 법제국장관이, 간사에는 내각서기관, 법제국참사관 3명, 총합계획국부장, 내무성 지방국장·경보국장·관리국장, 사법성 민사국장·형사국장, 후생성 건민국장, 귀족원·중의원 서기관, 조선·대만 총독부 서기관 등이 각각 임명되었다.[33] 본국 정부의 고위관료가 거의 망라되고 실무담당자가 중심

---

31 岡本眞希子,「アジア·太平洋戰爭末期における朝鮮人·臺灣人參政權問題」『日本史研究』401號, 東京: 日本史研究會, 1996年 1月, 54쪽.
32 『매일신보』, 1944년 12월 25일;『官報(일본)』제5385호, 1944년 12월 26일.
33 위와 같음.

이 된 구성에서 알 수 있는 바와 같이 고이소의 의지가 강하게 반영된 그의 '염원'을 실현하기 위한 기구였던 것이다.

'조·대정치조사회'에서의 심의에 관해서는 오카모토 마키코^{岡本眞希子}가 상세히 검토하고 있다. 오카모토는 일본 외무성 외교사료관에 소장되어 있는 '조·대정치조사회'의 의사요록과 국립공문서관에 소장되어 있는 「조선 및 대만 재주민 정치처우에 관한 건」 등의 사료[34]를 이용해서 '조·대정치조사회'를 재구성하고 있다. 따라서 여기서는 오카모토의 연구에 의존하면서[35] 당시 조선에서 발행된 『매일신보』를 참고하여 그 내용을 간단히 정리하고자 한다.

'조·대정치조사회'는 총 4번의 총회를 개최하였는데, 제2회 총회에서 부회^{部會} 설치를 결정하여, 제1부회가 귀족원의원 관련 사항을 제2부회가 중의원 의원 관련 사항을 토의했다. 각 부회는 소위원회를 설치해서 관련 사항을 심의하고 그것을 다시 부회에서 심의한 다음 총회에서 또다시 심의했다. 제1회 총회는 1944년 12월 29일에, 제2회 총회는 1945년 1월 7일에 각각 열렸다. 제1회 총회에서 정부는 '복안'을 갖고 있지 않음을 밝히며 위원들의 자유로운 의견 개진을 부탁했다. 그러나 제2회 총회에서 수상 고이소는 심의 목적이 지방참정권이 아닌 중앙참정권 부여 방법에 있음을 명확히 했다. 제1부회는 한 번의 소위원회와 함께 총 세 번에 걸쳐 열려 귀족원 관련 사항을 심의했다. 1945년 1월 13일에 개최된 제1회 부회에 이어, 같은 달 18일의 제2회 부회, 같은 달 23일의 소위원회, 다음 달 8일의 제3회 부회에서

---

34 日本外務省外交史料館所藏「本邦內政關係雜件」, 國立公文書館所藏 54「公文類聚第六八編昭和一九, 二十年」.
35 岡本眞希子, 앞의 글, 57-61쪽.

는 주로 귀족원 의원의 선출 방법을 둘러싸고 심의가 진행되었다. 중추원·평의회 활용안과 종래의 다액납세자 호선안 등이 제시되었으나, 전자는 폐해가 많다는 이유로, 후자는 중의원 의원 선거법 시행의 경우와 같은 선출층이므로 무의미하다는 이유로 각하되었다. 그 대신 총독부 정무총감과 대만총독부 총무장관이 주장한 각 총독 추천안이 받아들여져, 2월 12일 개최된 제3회 총회에서 체결되었다. 주요 내용은 조선 및 대만에 거주하는 만 30세 이상의 명망 있는 남자 중에서 조선에서 7명, 대만에서 3명을 각각 총독으로부터 추천받아 임기 7년의 귀족원 의원에 칙임한다는 것이었다. 중의원선거법의 실시로 인한 총독의 위상약화를 우려한 식민지 현지로부터의 강력한 요구가 관철된 것이라고 할 수 있다.

중의원 관련 사항을 심의한 제2부회는 네 번의 소위원회를 거치며 총 네 번 개최되었다. 1월 19일 제1회 부회와 2월 13일의 제2회 부회에 이어, 2월 17, 21, 24, 28일에 각각 네 차례의 소위원회가, 3월 4일 오전 제3회 부회가 각각 개최되었다. 제2회 소위원회에서 부部회장으로부터 간사안이 제출되고 이후 이에 따라 제3, 4회 소위원회가 열려 논의가 진행되었다. 간사안의 내용은 현행법의 개정안으로 할 것, 내무대신이 총독을 지휘하는 이례異例를 둘 것, 법역을 철폐할 것, '총독정치'를 차차 근본적으로 변혁할 것, 직접제한선거제로 할 것 등이었다. 이는 지금까지 점진적으로 실시해왔던 동화주의에 입각한 중앙참정제도를 한 걸음 더 진전시키려는 것이었다.

그러나 '총독정치'의 존치, 일본 국내보다 훨씬 제한된 선거권 등에서 잘 알 수 있는 바와 같이 이는 어디까지나 점진적인 실행을 기조로 한 것이어서, 급격한 변화를 의미하는 것은 아니었다. 이 때문에 심의 중 직접선거와 납세자격에 의한 제한선거의 선거방식에는 쉽게 합의가 이루어졌으나, 의원수의 결정에는 어려움을 겪었다. 왜냐하면 의원수는 '한편으로는 헌정의 원활한 운용을 고려하고, 다른 한편으로는 조선 및 대만 재주민의 정치참여의 의의에 비추어 종합적으로 판단 고려'해야 했기 때문이다. 즉 다수의 경우 제국의회에의 식민지 선출 의원의 파견에 반대하는 세력들이 우려하는 바와 같이 국회의 운영을 곤란하게 할 수 있고, 소수의 경우 조선 및 대만으로부터의 불만을 감수해야 했기 때문이다. 결국 제2부회안은 3월 4일 오후에 열린 '조·대정치조사회' 제4회 총회에서 가결되었는데, 그 내용은 현행법 개정에 의한 직접선거에 의하며, 선거권은 연령 25세 이상의 남자로서 직접국세 15엔 이상을 1년 이상 계속해서 납부한 자에 한하고, 의원 수는 조선인 23명, 대만인 5명으로 한다는 것이었다.

추밀원에서의 심의

일본정부는 '조·대정치조사회'의 답신안을 거의 그대로 받아들여 완성안을 작성해서 3월 7일에 각의 결정하고 천황의 자문기관인 추밀원에 심의를 요청했다. 이에 추밀원 심사위원회는 3월 12·13일 양 일간에 걸쳐 심의하여 같은 달 17일 정부 원안을 가결했다. 추밀원에서의 심의에 관해서는 오카모토와 쿠스노키의 선행연구[36]가 존재한다.

---

36 岡本眞希子, 앞의 글, 64쪽; 楠精一郎, 앞의 글, 289-291쪽. 두 글은 「貴族院令中改正案貴族院に提出の件外1件」(國立公文書館所藏 『樞密院委員會錄昭和二十年』)을 사료로 사용하고 있다.

오카모토에 따르면[37] 추밀원 심의에서도 '조·대정치조사회'에서의 그것이 거의 그대로 되풀이되었는데, 그중에서 특히 식민지의 행정권과 입법권을 둘러싸고 심의가 집중적으로 이루어졌다.

우선 식민지 행정권의 경우 본국 정부의 내무대신과 식민지 총독과의 관계가 쟁점이 되었다. 정부는 중의원 의원 선거에서 내무대신이 조선과 대만 총독을 감독한다는 방침을 정했다. 이 방침에 대하여 추밀원에서 전 조선총독 추밀고문관 미나미는 '총독정치'가 존재하는 이상 내무대신의 총독에 대한 감독은 절대로 배제되어야 한다고 주장하며 정부의 '반성'을 촉구했다. 미나미는 지금까지 유지되어온 조선총독의 지위를 확인한 것이었다.

미나미의 요구에 대하여 내무차관 야마자키 이와오山崎巖는 선거는 의회 구성에 관한 중요 사항이기 때문에 책임자가 내무대신과 양 총독으로 나눠지는 것은 바람직하지 않으므로 선거에 관해서는 내무대신이 총독을 지휘, 감독하는 '형식建前'을 취하는 것이라고 대답했다. 또한 조선총독부 정무총감 엔도 류우사크遠藤柳作도 내무대신의 총독에 대한 지휘감독이 '선거사무'뿐이기 때문에 그것이 총독의 '위신'을 해치지 않는다고 보았다. 이들은 선거의 경우 불완전하지만 동화주의의 단계적 실현을 의미하는 것이므로 그에 맞는 형식을 갖추려고 했던 것이다. 실제로 이러한 정부의 입장은 '질의 응답'에서 확인되고 있다. 정부는 '총독정치'는 행정 각 부문의 성질에 따라서 순차로 본국 행정과 일원화해서 총독행정기구로부터 이탈시켜 본국의 후켄과 큰 차이가 없도록 한다고 밝혔다.

---

37 岡本眞希子, 앞의 글, 64-66쪽.

다음에 식민지 입법권의 경우는 본국의 법률과 식민지에서의 제령권 및 율령권과의 관계가 초점이 되었다. 정부는 중의원 의원 선거법을 개정해서 조선과 대만에서 시행하여 식민지 재주민의 제국의회에의 참여를 인정하려 했다. 이는 지금까지 본국법과 다른 법체계를 유지하고 있던 식민지 입법권의 변혁을 가져오는 것으로, '내지연장주의'의 실현, 즉 본국과 식민지 법역의 구별을 철폐하여 식민지에서도 본국과 동일한 법률을 시행하는 것을 의미하는 것이었다. 이에 대하여 수상 고이소는 이론상으로는 사실을 인정하였지만, 아직 본국과 식민지를 동일하게 취급하는 데에는 이르지 못했다고 하면서 적어도 당분간은 식민지 '현실의 실정'에 입각해서 총독정치를 존치하고 제령·율령의 제정권도 그대로 존속해야 한다고 주장했다. 총독으로서 조선을 직접 체험한 고이소이기에 지금까지 일제가 표방해온 동화주의의 즉각 실현이 어렵다는 것을 누구보다도 잘 파악한 데에서 오는 견해라고 생각된다.

이에 대하여 본국 정부의 사법 관료들은 법리상의 문제로서 식민지 재주민의 제국의회에의 참가는 식민지 입법권인 총독의 제령·율령 제정권의 근본적인 개혁이며 법역 철폐가 불가피하다고 주장했다. 예를 들면 법제국장관 미우라 쿠니오三浦一雄는 조선 및 대만 재주민의 제국의회 참가가 실현되면 각각의 제령 및 율령의 제정권이 제한되고 본국의 법률이 양 식민지에 그대로 시행되어야 하며, 기존의 제령 및 율령은 특히 중요한 것에 한해서 입법의 형식을 개정하는 등 점차 필요에 따라 조정되어야 한다고 주장했다. 동화주의의 실현이라는 일제의 '이론'은 조선의 '현실'에 의해 크게 제한받지 않을 수 없었던 것이다.

제국의회에서의 심의[38]

추밀원 심의에 이어 제국의회에서도 심의가 이루어졌다. 제86회 제국의회는 '중의원선거법중개정법률안위원회'에서 3월 18일부터 21일까지 총 네 번에 걸쳐 심의를 진행했다. 심의 둘째 날 내무대신 오다치 시게오大達茂雄는 법률안의 내용을 간단히 설명했다. 그는 현행 중의원의원선거법을 조선 및 대만에 시행할 것을 근본 방침으로 하고, 양 지역의 '특별사정'에 비추어 일반 규정을 적용하기 어려운 사항에 관해서만 특례를 둔다고 밝히고, 주요 내용으로 선거권, 선거구, 의원 수, 선거운동, 선거에 관한 소송 등을 들었다.

이 중에서 특히 심의 중 문제가 된 것은 일본 국내와 식민지와의 법역 문제와 선거권 및 의원수에 관해서였다. 먼저 위원 로야마 마사미치蠟山政道는 제국헌법이 조선 및 대만에 시행되고 있다고 보는 고이소의 견해에 원칙적으로 동의하면서도, 실질적으로 여러 면에서 제국헌법이 식민지에서 본국과 상당히 다르게 시행되고 있다는 점을 지적했다. 그는 법률 및 긴급칙령에 대한 본국과 식민지의 법역의 구별, 조선의 제령과 대만의 율령, 그리고 식민지에서 직접 시행되는 법률에 인정한 약간의 특례를 앞으로 철폐할 것인지에 관해서 질의했다. 이는 바로 당시 불안전하게 시행되고 있는 동화주의가 안고 있는 논리상의 모순을 제거하고 완전히 실시할 수 있는 지를 타진한 것이었다.

이에 대하여 사법대신 마쓰자카 히로마사松阪廣政는 선거법이 시행

---

[38] 『第86回帝國議會衆議院 衆議院議員選擧法中改正法律案委員會議錄(速記)第1回-4回』(復刊本 『帝國議會衆議院委員會議錄 156 昭和篇』, 東京; 東京大學出版會, 2000年, 405-425쪽).

되어 조선과 대만으로부터 입법부에 의원을 내서 법률을 협찬하게 되면 그 법률은 당연히 조선과 대만에서 실시되어야 한다는 원칙에는 찬성했다. 그러나 그는 양 지역에는 '특수한 사정'이 있기 때문에 법률 중에 특례를 두는 것은 지당하다고 답변했다. 또한 법제국장관 미우라는 조선과 대만 재주민에게 중앙참정권이 부여되면 종래의 제령이나 율령권에 대해서는 '근본적인 개혁'이 필요하다고 이론상 주장하면서도, 한꺼번에 처리하는 것은 사실상 곤란하다고 하면서 '현지의 실정'에 맞추어 어쩔 수 없는 것은 존치하는 것이 바람직하다는 의견을 표시했다. 두 사람 모두 동화주의의 완전 실시를 '이론'상 인정하면서도 식민지의 '현실'상 점진적으로 불완전하게 실시할 수밖에 없다고 주장한 것이다.

다음에 위원 키노시타 신木下信은 법률안의 내용 중 이해하기 어려운 문제로서 선거의 자격과 의원수에 관해서 질문했다. 먼저, 납세액을 가지고 선거 자격의 기초로 삼는 데에 대해서 다음과 같은 두 가지 점에서 의문을 제기했다. ①일본제국은 원수元首가 적자赤子인 신민臣民에 대해서 대정익찬大政翼贊을 부여하는 것이므로 황국신민의 진정한 정신이 있는지 없는지(예를 들면 교육의 유무 정도)에 비중을 두어 선거 자격을 정해야 한다. ②일본 본국에서도 이제 납세액의 높음으로 선거 자격을 결정하지 않으므로 새로이 부여하는 식민지에 이를 적용하는 것은 적당하지 않다. 다음에 의원 수에 관해서는 본국이 약 7,000만 명의 인구에 대해서 460명의 의원 정수임을 들어 식민지의 인구가 약 3,000만 명인데 28명의 의원 정수를 결정한 근거는 무엇이냐고 물었다. 이는 주로 동화주의의 실현임에도 법률 시행에 있어서 일본 국내와 식민지에서 구별을 두는 이유, 즉 불완전한 동화주의를 실시하는 까닭을 물은 것이다.

이에 대해서 내무대신 오다치는 선거 자격의 경우 제한선거이기 때문에 일본어나 교육을 기준으로 삼는 것은 곤란하며, 인구의 경우 법률이 '획기적인 개혁'이므로 우선 원만한 운영을 기하고 그 성과에 따라 의원 수에 변화가 있으리라고 전망했다. 결국 오다치도 동화주의에 입각해 중앙참정권을 부여하지만 식민지 '현실'을 고려해서 일본 국내와 구별되는 불완전한 형태의 선거법을 실시할 수밖에 없음을 고백한 것이다. 여기서 동화가 이루어진 후에야 가능한 조치가 전쟁수행을 위한 동화를 촉진시키는 수단으로 변화하고 있으며 그에 대해 일제가 불안감을 감추지 못하고 있음을 잘 엿볼 수 있다.

귀족원령중개정 및
중의원 의원선거법중개정법률의 공포

앞서 본 바와 같이, 일본 정부는 조선 및 대만 재주민의 '정치 처우 개선'을 실현하기 위해서 '조·대정치조사회'를 설치하고 제1부(귀족원관계)·부(중의원관계) 양 부에서 구체안을 연구한 결과 각 부회는 1945년 2월 12일, 3월 4일에 각각 답신안을 가결했다. 이 답신안에 기초해서 일본 정부는 법제화 준비를 진행하여 「귀족원령중개정안」과 「중의원 의원선거법중개정법률안」을 추밀원 및 제국의회에서의 심의를 거쳐 3월 17일 귀족원과 중의원에 각각 제출했다.[39] 이에 의회에서

---

39 『매일신보』, 1945년 3월 18일.

연일 심의가 진행되어 「귀족원령중개정안」은 같은 달 23일 귀족원 본회의에서 「중의원의원선거법중개정법률안」은 25일 중의원 본회의에서 전원일치로 가결되고,[40] 4월 1일 칙령 제193호 「귀족원령중개정」 및 법률 제34호 「중의원의원선거법중개정법률」로 각각 공포되었다.[41] 그리고 공포일 다음과 같은 내용의 조서詔書가 발표되었다.[42]

> 짐이 생각하기에 조선 및 대만은 우리 통치 하에 이미 오랫동안 있어 날로 교화(敎化)되고 습속(習俗) 동화가 결실을 거두어 이번 정전(征戰) 수행에 기여한 바가 크다.… 이에 특히 명하여 조선 및 대만 주민을 위하여 제국의회의 의원될 길을 열어 널리 중서(衆庶)로 하여금 국정에 참여하게 한다.…

일제는 그동안 인정하지 않았던 동화의 진전을 적극 자인하고, 조선과 대만에서 중앙참정제도를 실시하는 것이 아시아·태평양전쟁에 참여한 의무수행에 대한 반대급부로서의 권리 부여임을 명확히 밝히고 있다. 그러나 개정된 법률의 내용은 동화주의에 입각한 것이었음에도 불구하고 심의 과정에서 논의되었던 문제점들을 그대로 둔 채 매우 제한적인 형태의 것이 되고 말았다. 즉, 귀족원의 경우, 조선 또는 대만에 재주하는 만 30세 이상의 남자로서 명망 있는 자로부터 10명 이내에 한하여 임기 7년의 귀족원 의원에 칙임했다. 다음에 중의원은

---

40 『매일신보』, 1945년 3월 26일.
41 『매일신보』, 1945년 4월 2일.
42 『매일신보』, 1945년 4월 2일.

직접선거에 의하며 선거권은 만 25세 이상의 남자로서 만 1년 이상 직접 국세 15엔 이상을 납부한 자에 한하고, 선출 의원수는 조선 23명, 대만 5명으로 했다.[43]

이는 다나카 히로시田中宏가 이미 지적하고 있는 바와 같이,[44] 동화주의에 입각해서 일본 국내의 참정권을 식민지에 확대한 것이었음에도 불구하고, 보통선거에 대한 제한선거(중의원), 대인구비의 의원 정수의 격차(중의원), 종신의원에 대한 7년 의원(귀족원) 등의 차별을 둔 것이었다. 즉 병역법 실시라는 의무에 관해서는 양 자 간의 동등한 부담을 부여했음에도 불구하고, 참정권 부여라는 권리 부여에 관해서는 둘 사이에 차별을 둔 것이었다. 이는 바로 동화의 미진과 저항의 강함이라는 식민지 현실에서 세력 확대를 위한 전쟁을 수행하고 있던 일제가 지배를 지속하는 데 있어서 안고 있던 곤란과 모순을 여실히 드러내는 것이다.

귀족원령이 공포 즉일 시행됨으로써 조선에서 7명, 대만에서 3명의 의원이 각각 칙임되었다(중의원선거법은 시행에 따르는 제반 칙령 공포를 기다려 다음 해 9월 실시될 총선거를 기해 시행될 것이 예정되었다).[45] 4월 3일 발표된 귀족원 칙임의원은 다음과 같다(괄호 안은 창씨명 및 당시의 직책). 조선인 의원은 박중양(朴忠重陽, 중추원부의장), 한상룡(韓相

---

43 『매일신보』, 1945년 3월 18일, 1면. 한편, 선거구는 인구를 기준으로 조선의 경우 도(道)에 의해서, 대만에서는 주(州)에 의해서, 청(廳)은 주에 합하여 다음과 같이 할당되었다. 조선 - 경기도 3명, 충청남·북도, 전라북도, 함경북도 각 1명, 전라남도, 경상남·북도, 황해도, 평안남·북도, 강원도, 함경북도 각 2명, 대만 - 臺北州·花蓮港廳·新竹州·臺中州·臺南州·臺東廳·澎湖廳·高雄州 각 1명.
44 田中宏, 앞의 글, 93쪽.
45 『매일신보』, 1945년 4월 2일.

龍, 중추원고문·국민총력조선연맹사무국총장), 윤치호(尹東致昊, 중추원고문), 박상준(朴澤相駿, 중추원참의·경학원대제학), 김명준(金明濬, 중추원참의·국민협회장), 송종헌(野田鐘憲, 중추원참의·백작), 이기용(李埼鎔, 자작)이었으며, 대만인 의원은 간량산簡朗山(綠野竹一郎, 대만총독부평의회원), 임헌당林獻堂(대만총독부평의회원), 허병許丙(대만총독부평의회원)이었다.[46] 이들은 지금까지 일제가 표방한 동화주의의 시행을 촉구하며, 제국의회에의 식민지 주민의 참여를 요구하는 참정권청원운동을 적극 지지해온 사람들이다. 귀족원에 칙임되는 날 이들은 '홍대弘大'한 '성은聖恩'에 '감격'하며 다음과 같이 의정활동의 포부를 밝혔다.[47]

> 야마토(大和) 일체의 정신 아래 대정익찬에 협력하는 실천이 있을 뿐이라고 생각한다(윤치호), 다른 의원과 손을 맞잡고 반도동포의 애국심을 의회에서 폭발시켜 성전완수에 분골쇄신할 각오(박중양), 오늘날 우리의 생활은 대동아전쟁을 떠나서는 생각할 수 없는 것이니 무엇보다도 전력을 증강하는 것이 황은에 보답하는 유일한 길이라고 생각한다(박상준), 도의(道義)의 정신과 힘을 가지고 전쟁을 완수하고 국가에 봉사하지 않으면 안 될 것입니다(한상룡), 자신의 있는 힘과 마음을 쏟아 내선단결 성전완수에 바쳐 성은에 봉답(이기용), 조선동포의 끓어오르는 애국심과 결전 한반도의 중대 사명을 철저히 부르짖어 조선동포가 애국심을 맘껏 발휘하는 데 직접 협력을 구하여 내선이 문자 그대로 혼연일체가 되어 성전 완수에 매진하게 하려는 결심

---

46 『매일신보』, 1945년 4월 4일.
47 위와 같음.

을 굳게 하고 있다(김명준), 적 격멸전에 심혈을 기울이고 있는 동포들과 발을 맞추어 나는 의회를 통하여 그들의 거룩한 노력이 훌륭한 열매를 맺도록 분골쇄신할 결심이다(송종헌).

동화주의의 부분적 실현은 바로 위와 같은 협력세력을 확대하기 위한 조치였다. 그러나 식민지에서의 정치운동의 경우 조선에서는 제국의회에의 참가를 요구하는 소위 참정권청원운동은 약세였다. 그리고 대만에서는 대만의회설치운동이 주류였다. 이 때문에 일제는 스스로 표방해 온 동화주의에 의한 완전한 형태의 참정권을 부여하지 못하고 매우 제한된 형태의 그것을 실시할 수밖에 없었다. 여기에 바로 당시 일제가 안고 있던 고민과 모순이 녹아 있는 것이다.

이상 보아온 바와 같이 일제가 실현을 목표로 삼았던 동화주의는 아시아·태평양전쟁 말기에 결국 불안전한 형태로 실현되었다. 조선에서 1920년대를 통하여 자치주의 지배체제로의 전환을 모색하며 심하게 동요했던 일제의 동화주의는 총력전이 가속화되는 아시아·태평양전쟁 중에도 동요를 계속하다 전쟁 말기에 이르러서야 매우 제한된 모습으로 되돌아온 것이다.

일제의 지배를 동요시킨 것은 식민지 지배에 대한 조선인의 강한 저항이었다. 동화주의를 지배이념으로 표방한 일제가 협력세력을 구축하는 것은 쉬운 일이 아니었던 것이다. 즉 일제가 지배의 궁극적 목표로 설정한 조선인의 일본인에의 동화는 기대한 만큼 진전을 보이지 않았다. 많은 조선인은 일제의 지배로부터 독립을 주장하거나 꿈꾸고 있었다. 이러한 상황에서 총력전의 형태로 전개된 아시아·태평양전쟁에서 그 필요성이 강하게 제기된 식민지민의 동원이라는 병역의무의 부가는 그 반대급부로서 그 동안 저항의 강함과 동화의 미진 때문에 보류해왔던 조선에서의 중앙참정제도 실시를 촉진하였던 것이다. 그 동안 동화가 달성되면 주어지리라는 참정권이 동화를 촉진시키기 위한 수단으로 채용되었다고 할 수 있다. 그 결과 일제는 그 동안 표방해 온 프로그램에 의해 참정권을 부여할 수 없었다. 즉 동화주의에 의해 일본 국내와 동일한 제도에 의해 똑같은 수준의 참정권을 식민지에 부여하지 못하고 매우 상이한 제한된 형태의 중앙참정제도를 실시할 수밖에 없었다. 결국 조선인은 가벼운 권리의 향유를 맛보면서 무거운 의무의 수행을 감수해야만 했다.

제2부

지방참정제도와 실제

일제는 조선에서 중앙참정권을 거의 부여하지 않았기 때문에 참정권에 의한 정치참여는 주로 지방행정기관의 자문 또는 의결기관을 통해 이루어졌다. 구체적으로 1910년대의 부군참사자문회와 부협의회, 1920년대의 부협의회·도평의회·지정면협의회·보통면협의회, 1930년대 이후에는 부회·도회·읍회·면협의회 등에서 지방정치참여가 행해졌다.

 병합 직후인 1910년대 일제는 소위 무단정치를 펴면서 조선인의 정치참여를 극도로 제한했다. 그러나 1919년 3·1운동의 충격으로 1920년 지방제도가 개정되면서 매우 제한된 인원과 형태이기는 하지만 지방행정기관의 자문·의결 기관을 통해서 정치참여를 허용하지 않을 수 없었다. 여기서 특히 선거가 도입되었다는 것이 매우 중요한 의미를 갖는다. 왜냐하면 선거제도는 근대 이후 시민의 참정권과 관련하여 주요 정치제도로 보편화되어 왔기 때문이다. 즉 선거 제도가 시행됨으로써 정치과정이 보이고 일방적인 지배-피지배 관계에서 물론 제한적이지만 일제와 식민지민 간의 상호작용에 의한 정치상황이 등장하기 시작했던 것이다.

한편, 3·1운동 이후 조선에서 실제로 시행된 선거제도는 동화주의를 내세웠음에도 불구하고 납세액에 의해 선거권과 피선거권을 엄격히 제한했으며 일본 본국과는 물론 조선 내 일본인과 조선인과의 차이를 전제로 한 차별적인 것이었다. 또한 선거에 의해 구성된 자문·의결 기관임에도 불구하고 권한 행사를 견제하기 위해 지방행정기관장이 의장을 겸하고 의장에게 강대한 권한을 부여하는 등 매우 불완전한 형태였다. 이는 일제가 주장한 대로 지배 실적이 효과를 거두어 동화가 진전된 데 따라 식민지민의 정치참여를 확대한 것이 아니라, 여전히 동화를 거부하는 저항세력을 회유하고 협력세력을 유지, 확대하기 위해 지방참정제도를 실시했기 때문이다.

제2부에서는 이와 같이 실시된 지방참정제도와 그 실제를 파악하기 위해 부와 도를 중심으로 우선 제도사적 측면에서 지방참정제도의 변천을 정리했다(제1장). 이어 지방참정기관의 선거과정을 1931년과 1943년 경성부회 선거를 통해 밝혔다(제2장). 그리고 입수 가능한 자료를 통해 전체 선거 결과를 파악했다(제3장). 또한 실제 구성된 도(평의)회의 구성과 회의 내용을 경기도회(제4장)와 경상남도회(제5장)를 사례로 들어 분석했다.

제1장
지방참정제도

조선에서 지방참정제도는 부(협의)회·도(평의)회를 중심으로 의원의 선출방식과 기관의 역할 변화에 따라 대체로 네 시기로 나눌 수 있다. 첫 시기는 병합 이후 1910년대로 지방행정기관장이 임명하는 관선에 의해 부군참사자문회와 부협의회가 설치되어 각각 도장관과 부윤의 자문에 응했다. 두 번째 시기는 3·1운동 이후 1920년대로 관선과 선거에 의해 선출하는 민선으로 부협의회와 도평의회가 구성되어 각각 도지사와 부윤의 자문에 응했다. 세 번째 시기는 1930년대로 역시 관선과 민선에 의해 구성된 부회와 도회가 의결기관으로 승격되었다. 네 번째 시기는 아시아·태평양전쟁이 확대되는 1943년 이후로 관선과 함께 민선에서 '추천선거'가 도입되어 부회와 도회가 의결기관으로 존속되었다. 한편, 1910년대에 관해서는 기존 연구가 부족하고 또 본문에서 다루고 있지 않기 때문에 조금 길게 살펴보고 이후 시기에 관해서는 종래 연구가 풍부하고 다음 장 이후에서 자세히 다루므로 간단히 고찰하기로 한다.

관선 자문기관:
부군참사자문회 및 부협의회(1910년대)

총독부는 병합 직후인 1910년 9월 30일 칙령 제357호를 통해 「조선총독부지방관관제」를 발포했다. 같은 칙령 제23조와 24조에 의하면 각 도·부·군은 참사를 둘 수 있으며 참사의 정원은 조선총독이 정했다. 도장관은 도·부·군 관할 내에 거주하고 '학식·명예' 있는 자 중에서 조선총독의 인가를 얻어 참사를 임명했다. 참사는 명예직으로 역할은 도장관 또는 부윤, 군수의 자문에 응하는 것이었다.[1]

이에 의거해 1911년 2월 조선총독부는 훈령 제9호 「각 도 및 각 부군에 참사를 두는 건」을 공포해 도에 3명, 부·군에 2명의 참사를 각각 둘 것을 밝혔다. 이어 같은 날 훈령 제11호로 「부군참사자문회에 관한 건」을 공포, 도장관이 여러 부군을 '토지의 상황'에 따라 하나의 구역으로 정해 정시 또는 임시로 부군참사를 소집해 자문회를 열 수 있도록 했다. 부군참사자문회는 도장관의 자문에 응해 의견을 개신開申하거나 도장관에게 지방의 상황 및 이에 관한 의견을 상신上申할 수 있었다. 또한 도참사는 도장관의 명을 받아 부군참사자문회에 출석해 의견을 진술할 수 있었다.[2] 부군참사회는 매년 1회 열렸으며 재정과 관계없는 일반 행정에 관해 자문했다.[3]

1 『조선총독부관보』, 1910년 9월 30일자, 칙령 제357호 「조선총독부지방관관제」.
2 『조선총독부관보』, 1910년 2월 1일자, 총독부훈령 제9호 「각도 및 각부군에 참사를 두는 건」, 동 제11호 「부군참사자문회에 관한 건」.
3 동선희, 앞의 책, 40쪽.

한편, 참사는 명문의 규정은 없으나 전원 조선인으로 임명되었다.[4] 이는 기존의 지방위원회가 폐지됨에 따라 조선인의 지방정치참여가 사라진 데 대해 일본인이 거류민단을 통해 지방정치에 참여하고 있는 현실을 반영한 것이었다. 따라서 부군참사자문회는 병합 이전에 설치되었던 지방위원회를 대신하는 것이었다. 1907년부터 설치된 지방위원회는 일제가 통감부의 탁지부 훈령에 의해 조세와 금융 부문의 식민지화를 진행하면서 조선인의 협력을 구하려고 만든 자문기관이었다.[5] 실제로 부군참사는 지방위원 중에서 선발되었으며, 부군참사자문회의 구역도 지방위원회의 개회 지역을 표준으로 결정되었다.[6] 이처럼 부군참사자문회는 조선인이 다수 거주하는 도에서 조선인을 정치에 참여시킬 목적으로 설치된 도장관의 자문기관으로 1920년대의 도평의회를 예비하는 것이었다.[7]

총독부는 1913년 10월 「부제」를 공포하고 다음해 4월 1일부터 시행했다.[8] 일제가 부제를 제정한 이유는 병합 이전부터 존재했던 일본인들의 자치행정기구인 거류민단과 각국공동조계 및 청국전관조계와 같은 거류지회에서 조선인·일본인·외국인을 구별하는 행정단체를 폐지하고 지방행정의 운영을 일원화한다는 것이었다. 이에 12개 지역

4　姜再鎬, 앞의 책, 128쪽.
5　1907년 전국에 50개의 지방위원회에 387명의 지방위원이 위촉되었다. 1911년 폐지 당시 지방위원회는 53개였고 지방위원은 436명이었다. 지방위원회에 관한 자세한 내용은, 동선희, 앞의 책, 34-39쪽 참조.
6　姜再鎬, 앞의 책, 128쪽.
7　1920년대 이후 도평의회의원과 도회의원 가운데 도·군·부의 참사 경력자는 모두 160명이다(동선희, 앞의 책, 40쪽).
8　『조선총독부관보』, 1913년 10월 30일자 제령 제7호 「부제」; 1914년 3월 31일 조선총독부령 제28호 「부제 및 개정 학교조합비 시행 기일」.

에 부를 법인으로 설치하고 지방공공단체로서 관의 감독을 받아 일본인 교육을 제외한 일반 공공사무를 법령에 의해 처리하도록 했다.[9] 그러나 부가 기존의 거류민단이 있었던 11개 지역에 청진 한 곳만이 추가되어 설치되었던 것에서 알 수 있는 것처럼,[10] 부제는 지방제도의 통일을 내걸고 있었지만 사실은 일본인이 많이 거주하는 지역을 기준으로 한 지방제도의 적용이라는 성격이 강했다.[11] 이는 상대적으로 일본인이 다수 거주한다는 사실로부터 소위 '민도'가 높음을 인정한 것이다.

이어 부제에 의해 부협의회가 설치되었는데, 부협의회는 부윤 및 협의회원으로 구성되었다. 부윤이 부협의회의 의장을 맡았으며 협의회원의 정원은 총독이 정했다. 부협의회의 역할은 부의 사무에 관해 부윤의 자문에 응하는 것이었다. 협의회가 자문할 사항은, 부조례를 설치하고 개폐하는 일, 세입출예산을 정하는 일, 부채府債에 관한 일, 기본자산, 특별자산 및 적립금곡 등의 설치 또는 처분에 관한 일 등이었다. 부협의회원은 부의 주민 중 조선총독의 인가를 받아 도장관이 임명했는데 명예직으로 임기는 2년이었다. 도장관은 부협의회원이 직무를 게을리 하거나 체면을 오손汚損하는 행위가 있다고 판단하면 조선총독의 인가를 얻어 해임할 수 있었다.[12]

---

9 홍순권, 앞의 책, 30쪽; 孫禎睦, 앞의 책, 125-127쪽.
10 한편 청진에는 거류민단이 설치되어 있지 않았으나 1908년 외국통상항으로서 개방되어 주변으로부터 많은 일본인 이주가 예상되는 지역이었다(姜再鎬, 앞의 책, 152쪽 참조).
11 李東勳, 「在朝日本人社会の『自治』と『韓国併合』―京城居留民団の設立と解体を中心に」『朝鮮史研究会論文集』No.49, 東京: 綠蔭書房, 2011年, 192쪽.
12 『조선총독부관보』, 1913년 10월 30일자 제령 제7호「부제」제12-14조.

부협의회원의 정원은 경성부 16명, 인천부 10명, 군산부 6명, 목포부 8명, 대구부 10명, 부산부 12명, 마산부 8명, 평양부 12명, 진남포부 8명, 신의주부 6명, 원산부 10명, 청진부 6명으로 총 112명이었다.[13] 실제로 처음 임명된 부협의회원의 조선인과 일본인의 비율을 살펴보면 경성부에서만 각각 8명씩 동수였다. 동화주의를 지배이념으로 내걸은 총독부가 상징적으로 중심부인 경성에서는 같은 수를 임명했던 것이다. 하지만 전체적으로는 조선인이 46명, 일본인이 66명으로 일본인이 더 많았다.[14] 경성부를 제외하면 4대 6의 비율이다. 이는 부지역이 다른 지역보다 일본인 인구가 많고 일본인 밀도가 상대적으로 높았기 때문에 인종주의적 우월감을 가진 일본인들의 입장을 배려한 것이다. 당시 일본인들은 부제 실시로 인해 조선인과 법리상으로 동등한 행정체계에 놓이게 된다는 사실에 대해 강한 거부감을 갖고 있었기 때문이다.[15]

이와 같이 부군참사회와 부협의회는 1910년대 조선에 설치된 지방정치참여제도로 매우 제한된 권한을 가진 소규모의 초보적인 형태의 자문기관이었다. 전자는 조선인이 주로 거주하는 지역인 도에, 후자는 일본인이 다수 살고 있는 부에 각각 설치되었다. 하지만 당시 일본 본국은 물론 조선에서의 거류민단에서처럼 선거에 의해 구성되는 의결기관보다도 극히 낮은 수준의 지방정치참여제도로 특히 관선에 의해 구성되었다. 이는 당시 일제가 내세운 동화주의에 모순되는 것으

---

13 『조선총독부관보』, 1914년 1월 25일자 호외 조선총독부령 제3호 「부제시행규칙」.
14 姜再鎬, 앞의 책, 153쪽.
15 홍순권, 앞의 책, 32쪽. 부산의 경우 일본인 8명, 조선인이 4명이었다.

로 일제의 고민을 여실히 보여준다. 이에 대해 당시 총독부 내무국장 우사미 가츠오宇佐美勝夫는 다음과 같이 말하고 있다.

> 부협의원의 선임에 관해서는 역시 종래의 선거제도를 유지할 생각으로 여러 연구를 거듭했는데 만약 이를 선거제도로 하면 선거인 수에서 [조]선인쪽이 일본인에 비해 훨씬 다수를 점하고 있기 때문에 선거 결과는 반드시 내지인(일본인)이 압도될 것이다. 그렇다고 해서 선거자격에 계급을 두어 그 폐를 막으려하면 조선인의 감정이 나빠진다. 그래서 할 수 없이 선거제도를 폐지하고 관선제도로 한 것이다.[16]

이는 이동훈이 지적하고 있는 바와 같이 인구에서의 일본인의 열세를 고려한 조치임을 명확히 한 것이다.[17] 동화주의를 표방한 일제는 선거제 실시를 고민하였으나 조선인이 다수인 조선 사회에서 일본인의 우위를 장담할 수 없게 되자 끝내 선거제를 포기했다. 특히 납세액 등의 제한 선거로 할 경우에는 겉으로 드러나는 차별에 조선인이 더 반감을 가질 것을 우려해 관선으로 할 수 밖에 없었던 것이다. 하지만 이어서 살펴보는 바와 같이 3·1운동은 이 같은 일제의 선거제 실시에 대한 망설임을 사라지게 했다.

---

16 宇佐美勝夫,「府政施行と內地人」『朝鮮公論』, 1914年 4月号、19-20쪽, 李東勳, 앞의 논문, 193쪽에서 재인용.
17 李東勳, 앞의 논문, 193쪽.

관·민선 자문기관: 부협의회와 도평의회(1920년대)

주지하는 바와 같이 조선인의 대규모 지배 반대 운동인 3·1운동의 충격을 받은 일제는 '문화정치'로 전환했다. 조선인의 정치참여의 측면에서 볼 때 '문화정치'는 3·1운동 과정에서 1910년대와 같은 일방적인 억압적 지배로는 조선인의 지배 반대세력을 억누를 수 없다고 판단한 일제가 '민의 창달'이라는 이름 아래 조선인의 일부를 정치에 참여시킴으로써 기존의 협력세력을 온존 내지 강화하고 새로운 협력세력을 확대해 지배를 지속하려 했던 것이다. 1920년 7월에 총독부가 단행한 도·부·면 지방행정자문기관 설치를 골자로 한 지방제도 개정은 바로 대표적인 조선인의 지방정치참여제도였다. 일제는 중앙정치참여를 보류한 채 지방정치참여를 1910년대보다 확대함으로써 지배의 안정을 꾀했다. 또한 도·군 참사 및 면장 등 당시 일제에 협력해온 조선인 정치세력도 협력의 대가로 그들의 정치력을 확장하기 위해 지방정치참여의 확대를 요구했던 것이다.[18]

1920년 개정지방제도의 가장 큰 특징은 1910년대와 비교해서 자문기관을 구성하는 데 선거제도를 처음 도입했다는 점과 부 외에 도에도 자문기관을 정식으로 설치했다는 것이다. 주요 내용은 아래와 같다. 먼저 부에는 새로운 부제에 의해 1910년대의 부협의회와 같은 이름의 부협의회가 설치되었다. 부협의회의 권한은 부례의 제정과 개폐, 세입세출예산의 결정, 부채 등에 관해서 부윤의 자문에 응하는 것으로 이는 1910년대와 동일하다. 명예직인 것은 변화가 없었으나 부

---

[18] 김동명, 앞의 책, 72-75쪽.

협의회의원(이하 부협의원)의 구성 방식이 크게 바뀌어 선거제가 도입됨에 따라 전원 선거에 의해 선출되었다. 또한 임기가 2년에서 3년으로 늘었으며 정원 역시 크게 늘어나 인구에 따라 최소 인원이 6명에서 12명으로, 최대 인원이 16명에서 30명까지로 각각 증원되었다. 하지만 선거권 및 피선거권은 독립생계를 영위하는 25세 이상의 남자로서 1년 이상 부에 거주하고 연간 부세 5원 이상을 납부하는 자에 한정했으며, 부윤이 역시 의장을 맡았으며 의장에게는 회의를 총리하고 회의 진행 중 부협의원의 발언을 금지, 취소하고, 회의장에서 의원을 퇴장시킬 수 있는 등의 강대한 권한이 주어졌다.[19]

다음에 도에는 도평의회가 도지방비령에 의해 설치되었다. 이는 앞에서 말한 대로 1910년대의 부군참사자문회를 도의 자문기관으로 정식 설치한 것이다. 도평의회의 권한은 세입세출예산의 편성, 지방세·사용료·수속료·부역현품의 부과징수, 기채起債 등에 관해서 도지사의 자문에 응하는 것이었다. 도평의회의원(이하 도평의원)은 부협의원과 마찬가지로 명예직으로 임기는 3년이며 정원은 도의 인구에 따라 18명에서 37명까지 다양했다. 도평의원의 구성은 부군참사회의 임명제(관선)와 부협의회의 선거제(민선)의 중간 형태로 관선과 민선을 혼합했다. 즉, 피선거권은 1년 이상 도내에 거주하고 독립생계를 영위하는 25세 이상의 남자에 한정하고, 정원의 3분의 1은 '학식과 명예'가 있는 자 중에서(관선), 정원의 3분의 2는 부·면협의회의원이 선거한 후보로부터(민선), 도지사가 각각 임명했다. 그리고 도평의회의 의장은 도지사가 맡았으며 도평의회 의장 역시 부협의회 의장과 동일하

---

[19] 「改正地方制度條文」(『朝鮮』, 1921年 9月號 부록 수록).

게 회의를 총리하고 회의 진행 중 도평의원의 발언을 금지, 취소, 나아가 회의장으로부터 의원을 퇴장시킬 수 있는 등 강대한 권한을 가졌다.[20]

이와 같이 1920년 개정지방제도는 지방자문기관에 처음으로 선거를 도입했으며 조선인 다수 거주지역인 도에 정식으로 자문기관을 설치했다. 그러나 결의기관이 아닌 자문기관의 설치이며 선거권 및 피선거권이 극히 제한되고 지방단체장이 의장을 겸하며 회의 운영에서 강대한 권한을 갖는 등 매우 불완전한 지방정치참여제도였다.[21] 특히 조선인 다수 거주 지역인 도평의회에서는 관선이 행해졌다. 일제는 소위 '민도'라는 매우 주관적이고 애매한 기준을 설정해서 조선인과 일본인 사이의 차별을 합리화했다. '민도의 차'에 의해 조선과 일본 본국,[22] 조선 내 조선인과 일본인 사이에 차별을 제도화했던 것이다.[23]

관·민선 의결기관: 부회와 도회(1930년대)

앞에서도 말한 바와 같이 일제의 조선에 대한 식민지 지배가 1920년대 중반을 넘어서면서 점점 불안정을 더해가자 조선총독부는 그 동안

---

20 위와 같음.
21 손정목, 앞의 책, 188-197쪽; 동선희, 앞의 책, 44-45쪽.
22 당시 일본 본국의 지방자치의회인 시쵸손회(市町村會)와 후켄회(府縣會)는 모두 의결기관이었으며, 선거권 및 선거권에서의 납세액 제한이 시쵸손제에서는 1921년에 후켄제에서는 1922년에 각각 철폐되었다(都丸泰助, 『地方自治制度史論』, 東京: 新日本出版社, 1982년, 37, 58, 128-138쪽).
23 김동명, 앞의 책, 76-79쪽.

보류해 왔던 조선에서의 중앙레벨의 정치참여 허용과 지방정치참여제도 개정을 적극 검토했다. 그러나 본국 정부와의 교섭에서 전자는 결렬하고 후자는 합의에 이르렀다. 그 결과 1931년 4월부터 「조선지방제도개정령」을 실시하였는데, 1920년대의 부협의회와 도평의회와 비교해 보면 주요 내용은 다음과 같다.

먼저, 부에는 기존의 자문기관인 부협의회와 학교비평의회, 학교조합의 3단체를 부로 통일하고 의결기관인 부회를 설치했다. 부회의 주요 권한은 부례의 제정과 개폐, 세입세출예산의 결정, 부채 등에 관해서 의결하도록 격상되었다. 부회 의원은 부협의원과 마찬가지로 명예직으로 모두 선거에 의해 선출되었으나 임기가 3년에서 4년으로 늘었다. 그리고 부회의 정원을 부의 인구에 따라 24명에서 33명까지로 최소 인원을 12명에서 대폭 올리고 최대 인원은 30명에서 소폭 늘렸다. 하지만 선거권 및 피선거권은 1920년대와 동일하게 독립생계를 영위하는 25세 이상의 남자로서 1년 이상 부에 거주하고 연간 부세 5원 이상을 납부하는 자에 한정했으며, 의장 역시 부윤이 맡았고 의장에게 부회의 의안을 제시하고 부당한 의결에 대해서는 취소하거나 재의결을 명할 수 있는 등 과대한 권한이 주어졌다.[24]

다음에 도에는 도제에 의해 의결기관인 도회를 설치했다. 도회의 주된 권한은 도지방비 중에서 세입세출예산의 결정, 지방세·사용료·수속료·부역현품의 부과징수, 기채 등에 관해서 의결하는 것이었다. 도회의원 역시 도평의원과 마찬가지로 명예직이며, 정원의 3분

---

[24] 安藤靜編, 「朝鮮地方制度改正令」, 朝鮮寫眞通信社, 1931年(이하 「朝鮮地方制度改正令」), 65-83쪽.

의 2는 부·읍회의원 및 면협의회의원이 선거한 후보로부터(민선), 나머지 3분의 1은 '학식과 명예'가 있는 자 중에서(관선) 도지사가 각각 임명했다. 그리고 도회의원의 임기는 3년에서 4년으로 늘었으며 정원은 도의 인구에 따라 20명에서 50명까지로 최소 인원을 18명에 20명으로 소폭, 최대 인원을 37명에서 50명으로 대폭 올렸다. 하지만 선거권 및 피선거권은 1920년대와 동일하게 1년 이상 도내에 거주하고 독립생계를 영위하는 25세 이상의 남자에 한정했으며, 도지사는 의장을 맡아 도회의 의안을 제시하고 부당한 의결에 대해서는 취소하거나 재의결을 명할 수 있음은 물론 일정 기간 동안 도회를 정지하거나 해산까지 할 수 있는 강대한 권한을 부여받았다.[25]

일제는 한편으로는 1920년 이후의 지배 실적을 인정하여 '민도'의 향상을 이유로 지방정치참여기관의 위치를 의결기관으로 격상시키고 정원과 임기를 늘렸다. 하지만 여전히 조선인의 식민지 지배에 대한 강한 저항을 경계해서 지배를 위협하지 않을 범위에서 그 수준을 조정했다. 이 때문에 1930년대 부회와 도회에서도 1920년대와 마찬가지로 선거권 및 피선권이 엄격히 제한되고 의장에게 강대한 권한이 주어졌으며 도회에서 관선제가 그대로 유지되는 등 일본 본국과 조선, 조선인과 일본인 사이의 차별이 그대로 존치된 채 불완전한 지방정치참여제도가 시행된 것이다.

---

[25] 「朝鮮地方制度改正令」, 51-65쪽. 한편, 면협의회가 임명에서 선거로 바뀌면서 실제로는 관의 영향력이 조금은 축소되었다고 볼 수 있다.

추천선 의결기관: 부회와 도회(1943년 이후)

일본 본국에서 '추천선거'가 처음 실시된 것은 1942년 4월에 실시된 중의원선거에서이다. 일본정부는 1937년 전면적인 중일전쟁에 돌입하자 국가의 총력을 전쟁에 집중할 수 있는 체제를 구축하기 시작했다. 이를 위해 이듬해에 국가총동원법을 공포해 정부가 법률에 의하지 않고 칙령에 의해 사기업에 개입할 수 있고 국민생활을 광범위하게 통제할 수 있도록 의회의 입법 기능을 제한했다. 이어 1940년에는 전체주의적인 일국일당체제를 만들려는 신체제운동을 추진하여, 기존의 정당을 해산하고 대정익찬회大政翼贊會를 발족했으며 부락회部落會·정내회町內會·인보반隣保班, 隣組 등을 전국적으로 정비했다. 이로써 이후 실시된 선거는 대정익찬회가 지도하는 소위 '익찬선거'가 실시되었던 것이다.[26]

이어 임기가 끝난 시쵸손市町村회 의원선거 역시 '익찬선거'였다. 이 지방선거에 내무성은 깊숙이 개입했다. 각 현에 통첩을 보내, 부락회·정내회·인보반은 물론 각종 단체를 동원해서 계몽운동을 철저히 할 것과, 이를 위해 필요하다면 선거기일을 연장해도 좋으며 최적후보자를 추천할 수 있는 분위기를 적극 조성할 것 등을 지시했다. 실례로 1942년 6월 10일에 실시된 나고야시名古屋市의 경우 '익찬시회확립협의회'가 설치되어 정원과 같은 수의 후보자를 추천하고(추천후보자) 그 외의 소위 '자유후보자'와 선거전을 벌였다. 자유후보자에게 유형무형의 압력이 가해지고 신문도 자유입후보자의 사퇴를 시의회선거의

---

26   都丸泰助, 앞의 책, 164-165쪽.

쾌거라고 보도하는 가운데 실시된 선거에서 결국 10개 선거구 중 6개 선거구는 무투표당선이었다. 다른 시쵸손에서도 마찬가지로 추천제가 실시되어 1942년에 실시된 아이치켄愛知懸의 경우 61개 시쵸손 선거에서 추천후보자의 당선율은 95%를 넘어섰다.[27]

이와 같은 본국에서의 '추천선거' 실시와 연동해서 조선에서 추천선거가 처음 실시된 것은 1942년 2월 대구부회의원의 보궐선거에서였다.[28] 이어 총독부는 다음 해 5월에 실시될 부회선거를 앞두고 사정국司政局을 중심으로 본격적인 추천선거 준비에 나섰다. 1943년 2월 17일 추천선거 도입을 위한「부읍회의원 및 면협의회의원 총선거지도요강」(이하「선거지도요강」)[29]을 발표했는데, 추천제 도입 취지에 관하여 다음과 같이 말하고 있다.

대동아전쟁 하에서의 이번 총선거에 즈음하여, 진정 시국이 요청하는 충량유위(忠良有爲)하고 자질이 우량한 인재를 선출해서 지방의

---

27 都丸泰助, 앞의 책, 181-182쪽. 한편, 전국시의회의장회의 조사에 의하면, 후보자를 추천한다고 해서 반드시 자유입후보를 금지한 것은 아니다. 이 때문에 1942년 6월까지 실시된 81개시 선거에서 완전한 추천제가 실시되어 자유입후보자가 한 명도 없었던 곳은 오오무라시(大村市), 마에바시시(前橋市) 등 10개뿐이었다. 그러나 전체적으로 보면 모든 시에서 추천후보자의 당선이 압도적 다수를 차지하고 자유입후보자가 당선된 경우는 매우 적었다.

28 渡部肆郎,「推薦選擧の運用」『朝鮮行政』第24卷 第3号, 東京: ゆまに書房, 1943年, 3月号, 4쪽.

29 渡部肆郎, 앞의 글, 133-138;『京城日報』1943년 2월 18일, 1면;『매일신보』1943년 2월 18일, 1면;『조선』1943년 4월호, 18-20쪽. 손정목, 앞의 책, 307-308쪽. 한편, 와타나베의 글에는「부회의원, 읍회의원, 면협의회원 총선거지도요강」으로,『京城日報』에는「부읍회의원 및 면협의회원 총선거지도요강」으로,『조선』에는「부읍회원 면협의회원 총선거지도요항」으로 되어 있으며, 손정목의 책에는「총선거지도요령」으로 되어 있다. 여기서는 가장 간결하고 정확하다고 생각되는『京城日報』의 것을 따랐다.

회의 쇄신 강화를 도모하고, 아울러 민중으로 하여금 쓸데없이 선거운동에 몰두하는 사태를 피하기 위하여 추천제를 도입하지 않을 수 없다(「선거지도요강」).

이에 대하여 당시 총독부 지방과장 와타나베 시로渡部肆郎는, 전쟁이라는 중대한 시국 하의 여러 정세에 비추어 익찬의회 체제를 강화하고, 동시에 종래 선거운동의 폐해를 제거하기 위해 반드시 추천선거를 도입해야 한다고 설명하고 있다. 구체적으로, 전자는 지방단체의 이사理事기관인 부·읍·면장과 의사議事기관인 부·읍회와 면협의회가 '봉공奉公의 성誠'을 함께 해서 일치된 마음으로 각각 본분을 다해야 하는데, 이는 '의회'를 구성하는 의원의 자질이 무엇보다 우수하고 특히 시국인식에 철저한 유능한 인물이어야 가능하다는 것이다. 후자는, 의원 중에 모처럼 선출되었음에도 불구하고 자칫하면 지방행정을 소홀히 하거나 자기의 이해관계에 집착해서 스스로의 권력부식에 빠지는 경우가 있고, 시국인식을 결한 자도 있어 당국의 기대에 부응하지 못한다는 것이다. 때문에 정말로 훌륭한 의원을 선출하기 위해서는 추천제가 필수적이라는 것이다.[30]

총독부가 발표한 '추천선거'의 실시 과정은 다음과 같다(「선거지도요강」). 우선, 부윤, 읍·면장이 중심이 되어 지방의 의견을 취합해서 지방유력자 중에서 '공정하고 인망이 두터'운 인물로 '추천모체'를 구성한다. 인원은 의원 정수의 2분의 1 이내를 기준으로 지방의 실정에 맞춰 적절히 정하며 모체의 명칭은 '○○회의원(협의회원) 후보자 추

---

30 渡部肆郎, 앞의 글, 133-134쪽.

'천회'라고 한다. 다음에, 후보자 추천회는 '국체의 본위에 투철하여 인격과 식견이 고매'하며 '두터운 봉공심'을 가진 인물 중에서 의원수와 동수를 추천한다. 마지막으로, 선거를 통해 의원을 선출한다.[31]

총독부는 지방단체장으로 하여금 선거에 직접 개입하게 하여 일제에 협력적인 인물을 의원에 당선시킴으로써 전쟁 수행을 원활히 하기 위해 소위 자유선거에서 추천선거로 전환한 것이다. 이는 일제의 지금까지의 조선에 대한 식민지 지배가 큰 성과를 거두지 못하고 있다는 것을 인정한 것에 다름 아니다. 그들의 계획대로라면 조선에서 동화가 진전되어 모든 사람들이 일치단결해서 일제의 전쟁 수행에 협력해야 함에도 불구하고, 실제 조선의 상황은 그렇지 못함을 고백하고 있는 것이다. 즉 추천제는 본국에서의 실시와 연동해서 시작되었지만 그렇다고 식민지에서도 실시해야 하는 필수 사항은 아니었다. 이에 대하여 총독부 지방과장은 다음과 같이 말하고 있다.

> 물론 일반 유권자의 정치적 훈련이 쌓여 시국을 잘 인식하고 있다면 추천제가 필요하다고 생각하지 않아도 되지만 실정(實情)은 아직 그렇지 못하다. 종래의 선거 방식에 의하면 여전히 정실(情實) 선거의 폐해에 빠져 훌륭한 인사를 선출하는 것이 어렵다. 자유선거는 선거운동을 격화시키기 십상이고 자칫하면 쓸데없는 마찰과 경쟁을 낳아 지방의 평화를 해칠 우려가 있다. 따라서 지금은 귀중한 물자 및 노력을 낭비하게 되므로 결전하의 여러 정세로 보아 [자유선거]를

---

[31] 한편, 총독부가 자유입후보를 전면 금지한 것은 아니지만, 자유입후보자에게 추천선거의 취지를 철저히 알게 해서 가능하면 자유입후보자를 전무하게 할 것을 지도했다(「선거지도요강」).

삼가해야 할 것이다.[32]

말하자면 전반부에서는 정치적 훈련의 미숙과 그로 인한 시국 인식의 불철저함을, 후반부에서는 선거의 폐해를 들어 자유선거 실시에 반대하고 추천선거 도입을 주장하고 있다. 조선에서 전반부의 이유가 근본적이었음은 물론이다. 조선인이 지배의 지속과 더불어 정치적 훈련을 쌓아 일본제국의 국민으로 통합=동화되어 가는 것이 일제의 지배 목표였다. 그러나 여기서는 그것이 좌절되었음을 스스로 인정하고 있는 것이다. 일제는 추천제 선거를 도입하지 않고서는 전시하에서 안정된 식민지 지배가 불가능하다고 판단한 것이다.

지금까지 고찰한 바와 같이 일제가 조선에서 실시한 지방참정제도는 동화주의 지배이념에 비추어 볼 때 매우 불완전한 형태로 실시되었다. 그러나 이러한 불완전성에도 불구하고 1943년 추천선거가 도입되는 전쟁 말기를 제외한 1910년대부터 이후의 시기를 통틀어 살펴보면, 한편으로는 자문기관에서 의결기관으로 위상이 격상되고 정원이 확대되고 임기가 연장되었으며 선거가 확대 실시되는 등 조금씩 조선과 본국, 조선 내 조선인과 일본인 사이의 간극을 좁히는 쪽으로 변화했다. 다른 한편으로는 선거권과 피선거권을 엄격히 제한하고 지방단체장에게 의장을 겸임시켜 강대한 권한을 부여하고 도에 관선제를 유지하는 등 여전히 조선과 본국, 조선 내 조선인과 일본인과의 격차를 유지했다. 이것은 양자 간의 간극을 전혀 좁히지 않을 경우 일제 스스로 지배의 실적을 부정하는 결과가 되고 지나치게 괴리를 좁힐 경우

---

32 渡部肆郎, 앞의 글, 134쪽.

지배 자체가 위협받게 된다는 것을 인지한 일제가 고민을 거듭하며 안정된 식민지 지배를 지속하기 위해 고안해낸 것이었다.

제2장
지방참정기관의 선거과정

1920년 처음 부협의회와 도평의회 선거가 실시된 이래 1920년대와 1930년대를 통하여 1943년 부회 추천선거를 제외하고 부(협의)회와 도(평의)회의 정규 선거는 모두 7번씩 실시되었다. 부협의회 선거가 1923년, 1926년, 1929년에, 부회선거가 1931년, 1935년, 1939년에, 그리고 도평의회 선거가 1924년, 1927년, 1930년에, 도회선거가 1933년, 1937년, 1941년에 각각 실시되었다.

　이들 선거 중에서 여기서는 1931년과 1943년에 행해진 경성부회 선거를 중심으로 선거과정을 살펴본다. 우선 경성부회를 선택한 이유는 당시 부는 선거가 행해진 다수의 지방의회 중에서 정치활동이 비교적 활발했고 그 중심에 경성부가 자리하고 있었기 때문이다. 다음에 1931년과 1943년을 선택한 이유는 다음과 같다. 1931년의 경우 부회가 의결기관으로 승격된 후 처음 실시되었기 때문에 많은 관심 속에서 행해져『경성일보』등을 통해 관련 자료 입수가 용이하며 특히 선거과정을 상세히 담은『전선부읍회의원명감』과『경성부회의원선거록』[33]이 존재한다. 1943년 선거는 아시아·태평양전쟁 말기에 실시된 소위 '추천선거'로 이전의 '자유선거'와는 상당히 다른 것이므로 비교 분석이 필요하다.

1931년 경성부회선거

선거 일정

1930년 12월 29일자 관보를 통해 발포된 「부제시행규칙」에 의하면 선거는 부윤이 관장하며 주요 일정은 아래와 같다.³⁴ ①선거일 50일 전 선거인 명부를 작성한다(제5조), ②선거일 30일 전부터 7일간 오전 9시부터 오후 4시까지 선거인 명부를 열람한다(제6조), ③선거일로부터 최소한 7일 전에 선거회장, 투표 일시 및 선출 의원수를 고지한다(제11조), ④선거일 3일 전 선거인 명부를 확정한다(제8조), ⑤선거인 명부에 등록된 자 중에서 2명 내지 4명의 선거입회인을 선임한다(제12조), ⑥투표는 무기명으로 1인 1표에 한한다(제13조), ⑦선거 규정에 위반된 사실이 있을 때는 도지사가 당선을 취소할 수 있다(제24조).

1931년 경성부회 선거는 같은 해 1월 27일, '경성부회의원선거 유권자조사회'가 제1회 예상 유권자수를 발표하면서 선거운동이 시작되었다.³⁵ 이후 3월 24일 「조선지방선거취체규칙」이 개정 발포(조선총

33　藤村德編, 『全鮮府邑會議員銘鑑』, 1931年, 朝鮮經世新聞社(이하『全鮮府邑會議員銘鑑』); 金子南陽編, 『京城府會議員選擧錄』, 1931年 10月(이하『京城府會議員選擧錄』).
34　『京城日報』, 1930년 10월 29일; 「朝鮮地方制度改正令」, 84-116쪽.
35　『동아일보』, 1931년 1월 28일. 이 조사회는 1931년 4월 1일을 기준으로 조선인 5,200명, 일본인 14,200-300명으로 추산 발표하였는데, 실제 조선인의 경우는

독부령 제21호)됨으로써 선거운동의 기준이 제시되자 본격적인 선거운동이 전개되었다. 주요 개정 내용은, ①부회의원 후보자는 기일 3일 전까지 부윤에게 신고할 것, ②선거운동원은 의원 후보자 또는 규정에 의해 신고한 선거운동자로 제한할 것, ③규정을 위반한 자는 50원 이하의 벌금 또는 과료에 처할 것 등이다.[36] 이어 1931년 4월 1일자로 선거가 공지되자 공식적인 선거운동에 돌입했다. 다음 날부터 입후보자 등록이 시작되어 첫날 13명이 등록을 마쳤다.[37] 4월 21일 오전 9시부터 유권자 명부가 일반인에게 열람되기 시작되어 27일에 확정되었다.[38] 5월 9일 선거인 유의 사항이 발표되고,[39] 투표 3일 전인 18일 오후 2시 입후보자 등록이 마감되어 최종적으로 73명이 입후보했다.[40] 그리고 선거입회인으로서 일반인으로부터 조선인과 일본인 각 2명씩 4명이 정해졌다.[41] 마침내 5월 21일 투표가 행해져 다음 날 새벽 4시에 개표가 완료되었다.

선거인 명부 작성, 선거 공지, 선거입회인 선임, 입후보자 등록, 투표와 개표 등의 선거일정은 근대적인 제도에 의해 짜여 있음을 알 수 있다. 아울러 엄격한 선거 단속과 선거입회인의 일본인과 조선인 동수 선임 등에서 일제의 식민지 지배정책의 일단을 엿볼 수 있다.

7,909명으로 큰 차이를 보이고 있다. 반면, 일본인은 14,849명으로 거의 일치하고 있다.
36 『京城日報』, 1931년 3월 25일.
37 『京城日報』, 1931년 4월 2일, 3일.
38 『매일신보』·『京城日報』, 1931년 4월 22일.
39 『京城日報』, 1931년 5월 10일.
40 『京城日報』, 1931년 5월 19일.
41 『全鮮府邑會議員銘鑑』, 35쪽; 『京城日報』, 1931년 5월 20일.

선거 운동

선거 운동은 연설회, 호별방문, 운동원 동원을 비롯하여 입간판·포스터·추천장·삐라·신문전단광고 등을 통해 이루어졌다. 이 중 주요 운동 상황을 살펴보면 다음과 같다.

첫째로, 연설회는 합동연설회인 '입회연설회'와 단독 연설회인 '정견발표 독연회'의 두 형태로 행해졌다. 우선 입회연설회는 민간단체인 갑자구락부 주최로 5월 9일과 10일 이틀간에 걸쳐 열렸다. 갑자구락부가 4월 18일 각 후보에게 연설회 참석 권유장을 발송하여 5월 6일 마감한 결과, 총 24명이 참석을 알려왔다. 5월 7일 오후 1시 반부터 갑자구락부 간사들과 부청府廳기자단 대표간사가 입회한 가운데 '엄정한 추첨'을 통해 연설 등단 순서가 정해졌다. 5월 8일과 9일 장곡천정長谷川町 공회당에서 신청자 24명 모두가 참여한 가운데 열린 연설회는 이틀 모두 만원의 성황을 이루었다. 연설회는 저녁 7시 30분부터 시작되었는데, 입장료는 무료였으며 후보자의 연설시간은 15분으로 제한했다. 주요 연제 및 연사는 다음과 같다.[42]

    입후보에 즈음하여(安在重右衛門)
    부정(府政)에 관해서(曺秉相)
    지방제도개정을 계기로 해서(石森久彌)
    제도개정 후의 부정을 어떻게 운영해야 할 것인가?(金思演)
    자치제의 운영과 적극적 부정 진흥책(加納一米)
    부시(府是)와 부민의 자각(竹內菊太郎)

---

42 『京城日報』, 1931년 4월 19일, 5월 8일, 13일;『全鮮府邑會議員銘鑑』, 33-35쪽.

대경성 건설의 기초를 우선 재정 위에 세우자(馬場蔀)

대경성의 건설과 그 재원(成松綠)

세계경제전선과 부정개선에 관하여(瀨戶多平)

민중의 복리를 기조로 하는 바르고 밝은 정치(杉市郎平)

다음에 단독연설회는 주로 일본인이 개최했다. 그 이유는 개최 비용이 많이 들어 상대적으로 자금력이 약한 조선인에게는 쉬운 일이 아니었기 때문이다. 이시모리石森久彌 후보가 톱을 끊어 2회 개최한 이후, 다나카田中牛四郎·소가曾我勉·이시하라石原憲一·오무라大村百藏·가노加納一米·아키야마秋山督次 등이 뒤를 이었다. 조선인으로서는 한만희韓萬熙가 처음 개최했다. 5월 14일 오후 7시 반 종로 중앙기독교청년회관에서 열린 한만희의 '정견 발표 독연회'는 조선인 단독연설회의 효시가 되었으며 윤치호尹致昊가 응원연설에 나서는 등 많은 관심을 끌어 성황을 이루었다. 한만희는 '과거의 부정을 논하고 선거의 확청廓淸을 기한다'는 연제로 연설했다.[43]

연설회가 선거운동의 중요한 수단으로 자리 잡고 있음을 알 수 있다. 한편 유감스럽게도 이들 연설의 구체적 내용을 알 수 있는 자료는 발견할 수 없다. 하지만 나중의 공약 내용에서 확인할 수 있는 바와 같이, 부회의 운영 및 부민의 생활과 직결된 정책 제시가 중심이었을 것으로 보인다.

둘째로 호별방문이다. 경찰당국은 호별방문 시간에 대해서는 운

---

[43] 『매일신보』·『京城日報』, 1931년 5월 13일; 『京城日報』, 1931년 5월 16일; 『全鮮府邑會議員銘鑑』, 35-36쪽.

동자의 편리를 위해 별도의 제한을 두지 않았으나 방문자 일행은 3명 이내로 제한했다.[44] 선거 날짜가 다가오면서 호별방문이 활발히 이루어졌다. 경성부내 가는 곳마다 호별방문에 나선 운동원들이 서로 맞닥뜨리는 장면을 연출했으며, 야간 호별방문의 경우 오후 10시 넘어서부터 오전 1시경까지 계속되어 유권자들의 반감을 사는 경우도 있었다.[45] 또한 부동표가 많은 관리들이 살고 있는 지역인 약초정(중구 초동)과 같은 곳은 후보자가 운집하여 혼선을 거듭해 '호별방문의 3중주, 4중주'를 피할 수 없었고 후지이藤井貫一 후보의 경우는 하루 400호를 방문할 정도였다.[46]

셋째로 운동원을 동원한 선거운동이 전개되었다. 후보자는 운동원을 선임한 즉시 관할경찰서에 주소 및 이름을 신고해야 했으며 운동원 수는 20명을 넘을 수 없었다.[47] 그러나 실제로 이보다 훨씬 더 많은 73명의 입후보자에 1,000여 명에 달하는 운동원이 동원되었다.[48]

마지막으로 입간판의 경우 경쟁 방지와 비용 절약을 위해 폭 3척 이내 높이 2칸 이내로 높이를 제한했으며 설치장소는 사무소 외 각 관내에 5개소 이내로 제한했다. 특히 경성부청 앞과 광화문 거리 기념비석 주위에 장사진을 이루었다.[49]

이와 같이 선거운동은 후보자가 부민을 직접 상대로 연설회를 개

---

44 『京城日報』, 1931년 4월 2일;『全鮮府邑會議員銘鑑』, 18-23쪽.
45 『京城日報』, 1931년 5월 12일, 20일.
46 『全鮮府邑會議員銘鑑』, 38-39쪽.
47 『全鮮府邑會議員銘鑑』, 19-20쪽.
48 『京城日報』, 1931년 6월 5일.
49 『京城府會議員選擧錄』, 10쪽 사진 참조.

최하고 호별 방문을 하며 운동원을 동원하는 등 근대적 선거 방식을 통해 이루어졌다. 또한 입간판과 포스터·추천장·삐라·신문전단광고 등 선거 수단도 마찬가지였다. 그러나 선거원수와 호별방문 인원, 입간판 설치 등에서 알 수 있는 것처럼 많은 제한 속에서 전개되었다.

선거 공약

앞서 말한 바와 같이 연설회에서 밝힌 선거공약을 알려주는 자료는 발견할 수 없다. 따라서 여기서는 신문지상에 소개된 선거공약의 내용을 분석하기로 한다. 공식적인 선거전이 막 시작된 1931년 4월 8일부터 『경성일보』는 '우리들의 양선 – 입후보자의 기치 우선 그 포부를 듣는다'라는 기획기사로 약 1달간 후보자들의 공약을 약력 및 사진과 함께 소개하고 있다. 이것은 선거가 끝난 후 『경성부회의원선거록』에 당선자의 것만이 전재되어 있다.[50] 이 중에서 비교적 구체적으로 공약을 제시한 조선인과 일본인 각각 1명의 것을 분석하기로 한다.[51]

① 부세를 줄여서 부민의 부담을 경감시킬 것
② 부재정의 타개책으로 전기사업을 속히 부영으로 할 것
③ 중앙정부의 긴축방침에 의해 일반 사무비를 감축할 것
④ 토목비 중 도로 및 하수구 수선에 관해서는 간지선의 차별을 폐지할 것
⑤ 수도사용료를 내릴 것

---

50   이 외에도 『全鮮府邑會議員銘鑑』, 47-81쪽 및 『朝鮮及滿洲』, 1931년 4월, 95-97쪽에도 공약이 소개되어 있다. 참조 바람.
51   『京城府會議員選擧錄』, 16-23쪽.

⑥ 전염병원의 내용을 밝혀 부민의 신뢰를 두텁게 할 것
⑦ 일반 사회시설을 충실히 할 것(洪必求)

① 대경성 건설을 위해 부의 행정구역을 확장하고 도시계획을 수립할 것
② 부의 행정 및 재정을 정리해서 현실에 맞는 시설 및 과세를 할 것
③ 부에 고급 조역(助役)을 두어 부윤 등의 잦은 경질로 인한 문제를 해결하고 책임정치를 이룩할 것
④ 전염병 발생 방지를 위해 순화원(順化院)의 개축 개선과 함께 위생시설의 확충을 꾀할 것
⑤ 수도료 및 공사금을 낮춤과 동시에 그 시설을 개선 보급할 것
⑥ 도로 및 하수는 간선을 개수함과 동시에 소로지, 소하수의 개수를 병행할 것
⑦ 가스·전기 사업은 부영으로 할 것
⑧ 부영 버스는 적극 방침에 의해 경영하고 부민의 편익을 꾀함과 동시에 수익을 도모할 것
⑨ 부소학교 교육은 내지의 의무교육과 다르지 않으므로 교원봉급은 국고에서 보조해서 부민부담을 줄일 것
⑩ 부의 산업 및 사회사업은 경성부 본위 하에 조사 연구하여 실시할 것(濱田虎熊)

선거 공약의 내용은 부세의 감면을 비롯해 주로 부민의 일상생활과 관련된 입장에서 근대적인 시설의 확충을 요구하는 것이었다. 구체적으로는 위생·사회·교육·교통·주거·하수·수도·토목 시설의 확

충 등이다. 여기서는 소개하지 않았지만, 이시모리만이 참정권 문제의 해결방안을 위해 현실정치에 참여한다고 포부를 밝히고 있을 뿐, 정치색을 짙게 띤 공약은 거의 찾아볼 수 없다. 실제 선거전에서 핫이슈가 되고 이후에도 부회에서 가장 큰 쟁점이 된 것은 전기의 부영화 문제였다.[52] 의원들은 부회를 통하여 일상에서 문제되는 공동의 문제를 제기함으로써 식민지 사회의 지지를 기반으로 자신들의 정치력을 확장하려 했던 것이다.[53]

투표와 개표

1931년 5월 21일 오전 6부터 오후 7시까지 남대문소학교에서 투표가 이루어졌다. 투표장인 강당에는 정면에 투표함 두 개가 '의젓하게' 놓이고 그 뒤 단상에는 중앙에 선거장인 경성부윤(安藤袈裟一)이, 그 좌우에는 선거입회인 4명 – 조선인(金潤晶, 朴榮喆)과 일본인(大和與次郞, 小川勝平) 각 2명 – 이, 그리고 경기도 지방과장 등 선거감시관 3명이 자리했다. 총 유권자 수 2만 2,756명에 투표자 수가 1만 9,003명, 기권자 수는 3,753명으로 기권율은 약 17%였다. 이 중 조선인은 총 유권자수 7,907명(35%)에 투표자 수가 6,496명, 기권자 수가 1,411명으로 18%였으며, 일본인은 각각 1만 4,849명(65%)에 1만 2,507명과 2,342명으로 약 16%였다. 조선인의 기권율이 약간 높았으나 큰 차이

---

[52] 이에 관한 자세한 내용은, 김제정, 앞의 논문 참조.
[53] 이와 관련하여 윤해동은, 일제강점기 조선에서 공적 영역의 확대를 지방선거에서의 참정권 확대를 통해 살펴보고 있다. 그는 식민지 주민이 공적 영역의 확대를 통하여 일상에서 문제되는 공동의 문제를 제기할 수 있었고 일정한 영향을 유지할 수 있었다고 본다 (윤해동, 『식민지의 회색지대 – 한국의 근대성과 식민주의 비판 – 』, 역사비평사, 2003년, 27-39쪽).

는 없었다.⁵⁴

오후 7시 정각에 투표가 마감되고 투표장은 곧 개표장으로 바뀌었다. 오후 8시쯤에 투표함이 열리고 8시 20분부터 강당 6곳에서 개표가 진행되었다. 선거장을 비롯해 입회인과 경관, 그리고 다수의 운동원들이 지켜보는 가운데 한 표 한 표 큰 소리로 후보자의 이름이 불려졌다. 오후 10시 30분 제1회 중간발표가 있고 다음 날 새벽 1시 제2회 중간발표를 거쳐 다음 날 오전 4시까지 개표가 진행되었다.⁵⁵

한편, 실제 혼탁선거를 우려해 선거 확정廓正운동이 구체화되었으며⁵⁶ 선거 기간 중 또는 선거가 끝나고 난 후 부정선거에 대한 당국의 단속이 이어졌다. 특히 당선자 중 최고 득표자인 일본인 모리森秀雄 당선자와 그의 운동원 89명을 비롯해 조선인 당선자 정구영鄭求瑛과 그의 운동원 21명 외 임흥순任興淳·김석진金錫晉 등이 대거 고발되었다. 당국의 수사 결과, 일본인 모리는 빠지고 그의 운동원 58명, 정구영과 그의 운동원 20명, 임흥순 등이 기소되어 벌금형을 언도받았다. 이후 상고심까지 가서 정구영과 임흥순은 겨우 임기를 채울 수 있었다.⁵⁷

투표와 개표 과정 중 입회인을 임석시키고 특히 일본인과 조선인 동수로 둔 것은 동화주의에 입각해 양자 간의 공정함을 보여주려는 당국의 의도라고 볼 수 있다. 그리고 80%가 넘는 투표율은 선거에 대한 유권자의 관심이 비교적 높았음을 보여준다. 또한 대대적으로 선거단

---

54 『京城日報』, 1931년 5월 22일; 『京城日報』, 1931년 5월 22일 호외; 『매일신보』, 1931년 5월 23일.
55 『京城日報』, 1931년 5월 22일; 『동아일보』, 1931년 5월 22일 호외.
56 『京城日報』, 1931년 3월 27일.
57 손정목, 앞의 책, 280쪽.

속이 행해진 것은 선거의 과열을 막기 위한 조치였다.

당선자 신상명세

73명의 입후보자 중 조선인과 일본인은 각각 29명(40%)과 44명(60%)이었으며, 이 중 당선자는 정원 48명 중 조선인 18명(38%), 일본인 30명(62%)이었다. 유권자 수는 앞에서 살펴본 대로 조선인과 일본인이 각각 35%와 65%이므로, 입후보자 수에서는 조선인이 약간 높은 편이나 당선율에 있어서는 거의 차이가 없다. 〈표3〉은 당선자를 득표순으로 하여 연령과 득표수, 당선회수, 직업, 학력, 그리고 주요 경력 등 신상명세를 적은 것이다. 이를 각 항목별로 상세히 살펴보기로 한다.

전체 평균 연령은 45.9세인데, 조선인이 39.1세, 일본인은 50세로 일본인이 10세 이상 높다. 최연소는 31세(김사연)이고 최고령은 68세(曾我勉)이다. 각 세대별 분포를 보면, 30대가 18명, 40대가 14명, 50대가 9명, 60대가 7명이다. 이 중 조선인에 한해서 살펴보면 조선인은 18명 중 30대가 12명으로 압도적으로 많으며 나머지 6명은 40대이다. 조선인의 연령이 낮은 주된 이유는, 부회라는 일제 지배체제 내의 지방권력기관에 근대적 지식을 갖춘 젊은 층들이 적극 진출했기 때문이라고 생각된다. 일본인의 연령이 높은 것은 아마도 그들이 조선에 건너와 지지기반을 다지는 데 시간이 걸리고 부회에 대한 관심이 높아 상호 간의 경쟁이 치열했기 때문이라고 생각된다.

득표수는 최고가 727표이며 최저표는 206표였다. 200표에서 300표 사이가 32명으로 가장 많고, 300표대가 7명, 4백표대가 6명, 500, 600, 700표대가 각각 1명씩이다. 고득표자의 경우 상위 10명 중

8명이 일본인이고 반대로 하위 득표자 10명 중 8명이 조선인으로 고득표자는 일본인이 압도적으로 많다. 이는 주로 입후보자 수와 유권자 수의 차이에서 오는 것이라고 생각된다. 앞서 언급한 대로 조선인과 일본인의 유권자 수는 35%대 65%인데 비해 입후보자수는 40% 대 60%이다.

당선 회수는 초선이 27명(56.2%)으로 과반수를 넘고 있다. 이 중 조선인 8명(44.4%), 일본인 19명(63.3%)이다. 한편, 재선 12명(25%), 3선이 6명(12.5%), 4선이 2명(4.1%), 5선 1명(2%)이었다. 그러나 이 해 선거에서는 정원이 18명 늘었으므로 실제 초선은 9명이고 전·현직 의원이 21명이었다. 따라서 이전 정원 30명을 기준으로 보면, 초선과 재선 이상이 각각 30%와 70%로 후자가 당선 가능성이 높음을 알 수 있다. 이는 역시 인지도 면에서 전·현직 의원이 유리했기 때문이라고 생각된다.

직업을 보면, 회사 경영 또는 자영업이 19명(조선인 3명, 일본인 16명)으로 가장 많고, 이어 회사원이 11명(조선인 7명, 일본인 4명), 변호사가 9명(조선인 3명, 일본인 6명), 농업(지주)이 5명(조선인 4명, 일본인 1명), 기타 우편소장, 사법서사, 의사, 상업학교장 등 4명이다. 자영업의 경우 잡지경영, 토목청부업, 신문경영, 우유업, 제조업, 잡화상, 제분업, 음식업, 여관업 등 다양하다. 자영업자를 비롯해 회사중역, 그리고 변호사 등 고소득자로 추정되는 직업군이 압도적으로 많은 주된 이유는 납세액에 의해 선거권 및 피선거권을 제한했기 때문이다.

학력은 확인 가능한 사람이 25명(52%)이다. 이 중 조선인이 15명으로 대다수(83%)가 학력을 밝히고 있는 데 비해 일본인은 소수인 10명(33%)만이 학력을 공개하고 있다. 이는 일본인의 경우 대학 등 고

학력만이 득표에 도움이 된다고 판단했기 때문일 것이다. 조선인의 학력을 구체적으로 살펴보면, 일본유학파가 5명이고 나머지는 국내파로 전문학교와 외국어학교 출신 각각 3명을 포함해 고학력임을 알 수 있다. 일본인은 학력보다는 조선에서의 기반과 활동이 득표에서 중요한 역할을 한 데 비해, 조선인의 경우는 고학력이 선거전에서 유리했음을 알 수 있다.

경력에서는 각자가 속한 직능단체에서 간부를 역임하거나(7명), 일본인은 학교조합의원(4명), 조선인은 학교비평의회의원(10명)에서 활동한 경력이 다수 눈에 띈다. 자신의 직능 단체에서 정치적 기반을 다지고 지역사회에서의 지지 기반을 바탕으로 부회에 진출하고 있음을 알 수 있다.

지금까지 1931년 경성부회의 선거 과정을 분석해 본 결과는 다음과 같다. 우선 선거는 대체로 부제가 정한 시행규칙에 따라 진행되었다. 선거운동은 연설회, 호별방문, 운동원 동원, 그리고 입간판·포스터·추천장·삐라·신문전단광고 등에 의한 근대적인 방식과 수단에 의해 이루어졌고, 운동원 수, 호별 방문 인원 등에 일정한 제한이 가해졌다. 다음에 선거공약은 부민의 일상생활과 밀접한 관련을 갖는 근대적인 시설에 집중되었으며 정치색이나 민족적 감정 등은 거의 찾아볼 수 없다. 또한 부정선거에 대해서는 당국의 단속이 이루어졌으며, 선거 당선자는 조선인의 경우 근대적인 교육을 받고 자본을 축적한 후 지역사회에서의 지지를 토대로 지배권력을 분점 받으려는 사람들이었다.

〈표 3〉 경성부회 당선자 신상명세(1931년)

	성명	연령	득표수	당선회수	직업	학력	주요경력
1	森秀雄	39	727	2	회사원(경성전기회사 서무과장)	일본 도쿄대학 법과	
2	波多江千代藏	59	652	1	우편소장		사법서무, 회계감사국 주사, 체신국 관리, 우편소장 연합회장, 우편국청사협회 이사
3	馬場節	60	503	1	사장(복덕무진주식회사)	일본 니혼대학	경기도 회계과장
4	山中大吉	35	462	1	변호사	일본 쥬오대학	YMCA이사, 平田육영회 이사, 내지인 변호사회 상의원회 의장
5	藤田爲與	36	427	1	변호사	일본 니혼대학	군인, 경찰관
6	양재창	47	417	1	회사원(조선생명 상무이사)	경성학당	군수, 학교비평의회의원
7	寺田榮	38	417	1	변호사	일본 교토대학 법학부	판사, 검사
8	濱田虎熊	42	406	2	변호사		총독부 지방과 관리
9	森安敏暢	41	400	1	변호사		학교조합의원, 경찰관 강습소 조교수
10	정구영	38	378	1	변호사	관립한성외국어학교, 경성전수학교	경성지방법원 서기 겸 통역생, 검사, 경성조선인변호사협회 상무원의장, 조선변호사협회 이사
11	菅總治	37	372	1	병원부원장(의사)	일본 도쿄의전	평양 도립병원 의사
12	石森久彌	41	352	1	잡지경영(『조선공론』 사장)	일본 메이지대학 중퇴	조선신문 사회·경제 부장
13	秋山督次	45	349	1	토목청부업		학교조합의원, 용산의용소방조 조두(組頭)
14	森井與一郎	52	330	1	변호사	일본 간사이대학	학교조합의원, 경성내지인 변호사회 부회장
15	藤村忠助	57	328	3	신문경영(『경성일보』 지배인)		『경성신문』 부사장

	성명	연령	득표수	당선회수	직업	학력	주요경력
16	中村郁一	52	311	2	신문판매업		교직, 관리, 경성현물거래시장 서무과장
17	임흥순	35	296	2	농업, 요리업	보성중학교	모자상영업, 동아신탁 회사원, 학교비평의회의원
18	田中半四郎	61	294	3	청부업		도평의원, 경성소방조 조두
19	加納一米	43	293	1	잡지경영 (『조선경제신보』사장)		언론인
20	肥塚正太	66	288	5	우유업(동아목장)		도평의원, 방송국 이사
21	石原憲一	42	288	1	농업		용산청년회장, 용산신용조합 상무이사, 경성일일신문 주필
22	大梅健治	47	286	1	제조업 (대나무 파이프)		서대문금융조합 감사, 경성 서부 제1청년단명예단장
23	윤우식	40	286	2	한영공사(잡화상) 경영	일본 도쿄부립 농림학교	황해도 관리, 보통문관시험 합격, 학교비평의회의원
24	近藤秋次郎	39	280	1	회사원(조선잠사주식회사 상무취체역)		대도정(大島町) 총대
25	寶諸彌七	57	278		사법대서		경찰계
26	松本淸次郎	50	278	2	제분업		대화정(大和町) 총대, 청년단장, 경성과자도매조합 부조장, 연합청년단 부단장
27	白石巖	59	274	1	차장장(車帳場) 경영		『대한일보』, 『조선신문』영업부장, 상공회의소의원
28	增田三穗	60	269	3	가구철물상 경영		경성상업회의소의원, 거류민단의원, 본정(本町) 총대
29	김사연	36	268	3	회사원 (조선물산주식회사)	일본 게이오대학 중퇴	전주농공 · 한일은행원, 학교비평의회의원
30	塚崎兼作	50	267	2	음식업		
31	홍필구	38	265	2	지주	관립한성외국어학교 일어부	(주)동양척식, 『매일신보』기자, 조선상업은행원, 해동은행 지배인

	성명	연령	득표수	당선회수	직업	학력	주요경력
32	茅野留藏	47	263	1	여관업(대동여관)		학교조합의원, 토목청부, 제조업
33	杉市郎平	63	260	1	저술업	일본 법학원 (쥬오대학 전신)	대만·중국 헌병분대장, 일한인쇄회 사장, 조선일일신문 사장, 잡지 신반도 발행인, 황금정(黃金町) 총대
34	오정환	42	259	2	전당업		군수, 한국제사회사 영업부장, 보육학교·수송고등학교 평의원, 전당조합 전무이사
35	박주명	33	254	1	양조업(불로상회)	경성공업전문학교 중퇴	효제동총대, 동대문금융조합 평의원
36	이홍종	41	252	1	변호사	경성법학전문학교	재판소 통역생·서기, 판사
37	박준호	48	249	1	교육가 (동성상업학교장)	경성전수학교	사법대서, 학교비평의회의원
38	曾我勉	68	248	1	건축설계업	일본 메이지법률학교	조선국 군부고문 보좌관, 거류민단장
39	김규찬	28	246	1	회사원 (간도일보 조선지사장)	관립외국어학교	교육·언론계 종사
40	大村百藏	62	246	4	회사원		도평의원
41	이규복	36	244	2	회사원 (대륙고무회사 감사역)	일본 메이지대학 중퇴	입신사회설립(금은매매)
42	조병상	39	244	2	회사원	선린상업학교	공립보통학교교원, 학교비평의회의원, 갑자구락부간사, 동민회 이사
43	이승우	38	239	3	변호사	일본 주오대학	보성고등보통학교 교수, 회사중역
44	成松綠	52	233	3	회사원		도평의원, 학교비평의회의원
45	유승복	34	231	1	회사원 (태평양생명보험회사)	경성공업학교	『매일신보』 기자, 이왕직전사, 학교비평의회의원
46	예종석	49	228	4	회사원 (경성현물주식회사 감사)		궁내부 관리, 경성상업회의소 부회장, 경성륭흥주식회사 감사, 대정친목회 이사

	성명	연령	득표수	당선 회수	직업	학력	주요경력
47	김재영	38	221	1	지주		창신유치원설립, 학교비평 의회의원
48	김석진	34	206	2	지주	일본 메이지대학	학교비평의회의원

출처: 『京城日報』, 1931년 5월 22일 호외; 『京城府會議員選擧錄』, 11-24쪽; 『全鮮府邑會議員銘鑑』, 47-81쪽; 손정목, 앞의 책, 273-277쪽.

1943년 경성부회 추천선거

선거 공고와 입후보 등록

총독부는 1943년 3월 말부터 본격적인 추천선거 실시에 돌입했다. 우선 3월 29일자로 부회의원의 정원 규정을 개정했다.[58] 개정 목적은 정원 감축을 위한 것이었다. 개정 결과 경성부는 69명에서 56명으로 줄었으며, 부산부, 평양부가 각각 1명씩 증원되었을 뿐, 나머지 대부분의 부는 1, 2명씩 감소했다. 이는 추천선거를 앞두고 그 동안 증가한 각 부의 총인구에 따라 의원수를 증원해야 하기 때문에 이를 저지하고 간소한 선거를 치루기 위해서였다. 경성부의 경우 신규정에 의해 50만 명을 넘는 부로서 56명으로 정원이 개정된 것은 당시의 인구를 120만 명으로 추산한 것인데, 이는 구규정에 의하면 99명으로 증가될

---

[58] 『조선총독부관보』, 1943년 3월 29일자, 제령 제4호, 「부제중개정」; 『京城日報』, 1943년 3월 30일, 1면. 개정 내용은, 인구 5만 미만의 부는 24명, 인구 5만 이상 10만 미만의 부는 28명, 인구 10만 이상 20만 미만의 부는 32명, 인구 20만 이상의 부는 36명, 인구 20만을 넘는 부는 인구 10만, 인구 50만을 넘는 부는 인구 20만을 더할 때마다 의원 4명을 증가시키며 60명을 한도로 한다는 것이었다.

예정이었다.⁵⁹

1943년 4월 2일 제81회 제국의회에 정부의원으로 출석하고 돌아온 총독부 정무총감 다나카 다케오田中武雄는 기자단을 접견한 자리에서 원래의 방침대로 추천제를 채용할 뜻을 밝히고,⁶⁰ 같은 달 7일, 총독부는 경기도 내 3개 부 20개 군의 내무과장을 소집하여 '선거지도요강'에 따라 '추천모체'의 구성과 후보자 추천 방법 및 자격, 후보자 등록 등에 관해 설명하는 등 추천선거에 대한 인식을 고쳐시켰다.⁶¹

그리고 14일에는 경성부윤이 '경성부회의원 후보자 추천회' 명단을 발표했다. 같은 날 후보자 추천회는 부민관 담화실에서 첫 모임을 갖고 부윤으로부터 선거단속규칙 등 주의사항을 전달받았다. 전체 의원은 28명이었는데, 이는 '선거지도요강'에 따라 부회 정원 56명의 2분의 1에 해당하는 것이다. 이 중 조선인과 일본인은 각각 12명(42.8%)과 16명(57.14%)이었다.⁶² 이것은 이전까지 경성부회 의원수에서 일본인이 점해온 우위를 유지하기 위해 차이를 둔 것이다. 그 기준은 직전 선거인 1939년의 당선자 수였다. 1939년 선거에서 당선자 수는 총 69명의 의원 중 조선인과 일본인이 각각 30명(43.47%)과 39명(56.52%)이었다.⁶³

59　구규정은, 인구 3만 미만의 부는 24명, 인구 3만 이상 5만 미만의 부는 27명, 인구 5만 이상 10만 미만의 부는 30명, 인구 10만 이상의 부는 33명, 그리고 인구 10만 이상의 부는 인구 5만을 더할 때마다 의원 3명을 증가하도록 정하고 있다(『京城日報』, 1930년 12월 2일, 2면).
60　『매일신보』, 1943년 4월 3일, 3면.
61　『매일신보』, 1943년 4월 8일, 3면.
62　『京城日報』, 1943년 4월 15일 석간 1면 ; 『매일신보』, 1943년 4월 15일, 석간 2면.
63　한편, 1931년 선거에서는 37.5% 대 62.5%이었으며, 1935년 선거에서는 31.3% 대 68.8%였다.

조선인 12명의 성격을 살펴보면, 재계·학계·사회계·법조계·관계·정계·의료계·언론계 등 다양한 부분에서 선출되었다. 이는 표면상으로 대표성을 유지하려 한 것이다. 그리고 중추원 참의를 비롯하여 평소 총독부에 협력적인 인물로 구성했다. 다음에 일본인의 경우는 재계의 대표들을 망라했으며 특히 총독부의 고위직을 역임한 사람이 7명에 이르고 있다. 총독부는 원만한 전쟁 수행을 위해 지배정책에 협력적인 인물로 안정된 부회를 구성하기 위해 이들을 인선한 것이다. 실제로 이들 대부분은 국민총력조선연맹·국민정신총동원조선연맹·조선임전보국단 등 전쟁협력단체에 가입하여 임원 등으로 활동하고 있었다.

1943년 4월 15일 총독부 지방과장은 오후 7시 반부터 20분간 중앙방송국을 통해 '지방총선거에 대하여'라는 제목 하에 추천선거의 내용과 진행에 관해 설명했다.[64] 그리고 선거를 한 달 앞둔 21일, '경성부회의원 후보자 추천회'는 약 일주일간의 전형을 통해 후보자 56명을 추천, 발표하고 다음 날 아침 일괄해서 입후보 등록했다. 이후 입후보 등록 사무실은 자유입후보자의 '그림자'가 없어 '완전히 폐점 휴업'이라는 '익찬풍경'을 그리고 있었다.[65]

한편, 추천후보 발표가 있자 자유입후보를 신청했다가 추천에 탈락한 현역의원 중에서 추천선거의 필요성을 옹호하며 입후보를 포기하는 선언이 잇따랐다. 먼저 4월 21일 추천후보 발표 날 밤 우에다植田國境子는 전시상황에서 자유입후보는 '황국에 방해가 될 뿐이'라며

---

[64] 『매일신보』, 1943년 4월 16일, 3면.
[65] 『매일신보』, 1943년 4월 22일, 2면.

〈표 4〉 경성부회의원 후보자 추천회 의원의 신상 명세(1943년)

	성명(본명)	나이	직업	학력	주요경력
1	井上淸	59	조선전력 사장	일본 도쿄대학	도내무부장, 경성부윤
2	池田長次郞	66	자영업		군속, 전당포 · 미곡상 운영
3	林茂樹	59	경춘철도 사장	일본 도쿄대학	전북 · 경북지사, 총독부 학국장, 조선연맹위원, 국민정신총동원조선연맹이사
4	林川東植 (조동식)	57	동덕고등여학교 교장	사립 기호 (畿湖)학교	동덕여학교 설립, 조선임전보국단평의원, 국민정신총동원조선연맹 참사
5	新田義民	57	조선거래소 이사	일본 시모노세키 상업학교	조양광업감사, 조선금융증권주식회사 이사, 교육실천회특별회원
6	穗積眞六郞	55	경성상공회의소 회장	일본 도쿄대학	총독부 식산국장, 경성전기사장, 국민정신총동원조선연맹참여, 국민총력조선연맹위원
7	박흥식	41	화신 사장	용강보통학교	선일지물주식회사 사장, 국민정신총동원조선연맹 · 조선임전보국단 이사
8	李原康爀 (이강혁)	62	동부인보 관장	경신중학교	조선제사중역, 동대문금융조합장, 국민총력조선연맹이사
9	大梅健治	59	부회의원	고등소학교	용산번정위생조합장, 서대문금융조합 감사
10	大山光禹 (서광설)	54	변호사	일본 니혼대학	변호사회장, 조선임전보국단평의원
11	賀田直治	67	조선축산(주) 중역	일본 도쿄대학	조선피혁사장, 대흥무역회사사장, 조선상공회의소회장, 경기도관선의원, 국민총력조선연맹 · 국민정신총동원조선연맹이사
12	金川聖 (이성근)	60	『매일신보』사장	전주교육학교	총독부 경시, 충남지사, 매일신보사장, 국민총력조선연맹위원, 조선임전보국단상무이사
13	田川常次郞	60	용산공작소 사장		경성상공회의소회장, 국민총력조선연맹이사
14	谷多喜磨	60	한강수력전기 사장	일본 도쿄대학	경성재판소판사, 경성부윤, 평북 · 경남지사, 국민정신총동원조선연맹이사, 국민총력조선연맹위원

	성명(본명)	나이	직업	학력	주요경력
15	伊達四雄	58	조선토목협회장	일본 도쿄대학	도내무부장, 경성부윤, 경북지사, 국민총력조선연맹평의원
16	玉山友彦 (장우식)	58	한성은행 중역		총독부 경부, 한성은행 본점 지배인, 국민총력조선연맹평의원, 조선임전보국단평의원
17	태응선	56	직물상		포목상, 조선연초원매별(주)중역, 조선군사후원연맹위원, 조선지원병제도제정축하회발기인
18	鳥川僑源 (정교원)	57	농지개발영단 이사	일본 메이지대학	군수, 황해·충남지사, 중추원참의, 국민총력조선연맹총무부장, 조선임전보국단상무이사
19	國友尙謙	68	부회의원	일본 와후쓰(和佛) 법률학교	통감부 경부, 총독부 경무과장
20	矢鍋永三郞	64	수양단경성본부 이사장	일본 도쿄대학	총독부 관세과장, 황해도지사, 식산은행장, 금융조합연합회장, 국민정신총동원조선연맹이사, 국민총력조선연맹문화부장
21	松川明宰 (임명재)	46	조선의사회경성지부장	일본 홋카이도대학 대학원 박사	내과병원, 국민총력조선연맹참사, 조선임전보국단평의원
22	肥塚正太	78	우유제조업	일본 도쿄수의학교	조선축산회사장, 동아목장, 조선금융조합연합회감사, 국민총력조선연맹경성부이사, 국민정신총동원조선연맹감사
23	坂口重治	53	기린맥주 공장장	일본 도쿄대학	기린맥주양조과
24	木下斗榮 (박두영)	64	중추원 참의	일본 육사	조선헌병사령부, 블라디보스토크헌병사, 포병대위, 중추원참의, 국민총력조선연맹평의원, 지원병후원회 감사
25	김사연	48	중추원 참의	일본 게이오 대학중퇴	조선공론사장, 조선농업(주)이사, 경기도관선의원, 경성부회의원, 국민총력조선연맹평의원, 조선임전보국단상무이사
26	進辰馬	76	상점 주인	사숙	주류상, 식료품상, 경산수산회사중역, 조선상업은행감사, 경성부회의원, 경기도회의원, 국민총력조선연맹평의원

	성명(본명)	나이	직업	학력	주요경력
27	민규식	56	동일은행장	영국 케임브리지대학	한일은행중역, 국민정신총동원조선연맹평의원, 국민총력조선연맹이사
28	杉市郎平	75	경성부회부회장		언론사, 용달업

출처: 『京城日報』·『매일신보』, 1943년 4월 15일, 2면(석간); 손정목, 앞의 책, 316–318쪽; 국사편찬위원회, 「한국사데이터베이스(http://db.history.go.kr)」(이하 「한국사 데이터베이스」); 친일인명사전편찬위원회, 『일제협력단체사전 – 국내 중앙편 – 』, 민족문제연구소, 2004년(이하 『일제협력단체사전』).

출마를 단념했다.[66] 이어 5월 6일 야스다安田榮가 '쓸데없는 경쟁적 입후보를 그만두고 따로 봉공하는 길을 찾아 이 결전 하에 충량한 국민으로서 추천제에 진력하도록 하겠다'며,[67] 5월 8일에는 양윤식楊潤植이 '대승적 견지에서 국책에 순응할 결의를 굳히고', 기노시타木下榮는 '추천제도가 시정의 대방침이며 … 적임자를 추천했'다며 각각 입후보를 포기했다.[68] 또한 현역의원이 아닌 조남경趙南慶도 '개인의 명예에 이끌려 반도통치의 총력태세를 흔드는 것은 일본국민의 수치라고 굳게 믿는다'며 자유입후보에 등록했다가 취소했다. 결국 5월 18일 입후보 등록 마감일에는 자유입후보자가 한 명도 없었다.[69]

---

66 『京城日報』, 1943년 4월 25일, 3면.
67 『매일신보』, 1943년 5월 7일, 2면.
68 『京城日報』, 1943년 5월 9일, 3면.
69 『京城日報』, 1943년 5월 19일, 4면. 한편, 자유입후보자의 사퇴에는 총독부의 철저한 감시와 간섭이 은밀하게 작용했다. 왜냐하면 총독부는 '자유입후보 하는 것은 당국이 국가적 견지에서 예의 연구해서 채용 시행하는 추천제에 상반될 뿐 아니라 조선통치에의 대방침에 위반되는 행위'로 규정했기 때문이다 (「田中(內務)課長語る」, 앞과 같음).

선거운동과 투표

입후보 등록이 끝나고 선거운동이 본격화됨에 따라 경찰부장은 공명선거를 위한 선거단속기준을 발표했다. 주요 내용은 다음과 같다. ①선거운동자는 후보자 1인에 대해 경성부 7인 이내, 인천부 5인 이내, 개성부 3인 이내, 읍회의원 및 면협의회원은 2인 이내로 한다. 연설 또는 추천장에 의한 선거운동자도 가능한 한 소수로 한다. ②호별방문은 지방의 실정에 따라 후보자의 합의 등에 의해 폐지한다. ③선거운동에 필요한 음식물대는 경성·인천·개성의 경우는 한 끼에 70전 이내, 1일 2원 10전 이내로 한다. 그 외 지방은 한 끼에 55전 이내 1일 1원 65전 이내로 한다. ④입간판·포스터·삐라는 자재 관계 등을 고려하여 일체 폐지한다. 명함은 다른 출판물과 동봉해서 배포하는 경우 1회에 한해 인정한다. ⑤출판물에 의한 선거운동은 후보자 추천회 또는 후보자 등이 추천장, 의뢰장 등의 인쇄물에 의한 운동을 할 때 한 후보자에 각각 1회에 한해 인정한다. ⑥연설회 등의 집회는 법률에 의해 관할 경찰서장에게 신고하고 옥외 집회는 일체 인정하지 않는다. 정견발표 또는 추천연설회 등의 집회는 각지의 사정에 따라 가급적 통제 하에 개최한다.[70]

경찰은 연설회·추천장·출판물에 의한 선거운동을 매우 제한적으로 허용하고 호별방문, 입간판, 삐라에 의한 선거운동은 전면 금지한 것이다. 또한 선거운동원을 20인에서 7인으로 대폭 줄였다. 이는 이전 선거보다 운동 방법을 한층 제한한 것으로 추천선거의 목적을 달성하기 위한 것이었다. 앞에서 살펴본 바와 같이 1931년 선거에서는 연

---

[70] 『京城日報』, 1943년 4월 22일, 2면.

설회, 호별방문, 운동원 동원 등을 비롯하여 입간판·포스터·추천장·삐라·신문전단광고 등 다양한 방법을 통해 선거운동이 이루어졌다.

이러한 선거단속방침 때문에 선거운동은 주로 신문광고를 통해서 이루어졌다. '경성부회의원 후보자 추천회'가 신문광고를 통해 후보자에 대한 지지를 권유했으며,[71] 후보자들은 연명에 의한 단체광고를 통해 후보자 중 '누구에게든지' 투표해 줄 것을 호소하며, 당국의 방침에 따라 개인 선거운동을 일체 중지하는 것에 대해 양해를 구했다.[72]

총독부는 선거가 임박하자 지나치게 투표율이 낮아지는 것을 염려하여 기권방지에 적극 나섰다. '가두선전대'를 동원하고 부내 요소요소에 '추천선거를 관철하자', '백만 단결해서 투표' 등의 표어를 쓴 선전탑을 세워 선거 참여를 독려했다. 또한 백화점과 극장에서는 확성기를 통해 장내 방송을 계획했으며 부내 국민학교 상급생들이 손으로 제작한 포스터 2만 매를 애국반 게시판에 붙이도록 했다.[73] 총독부의 고위 관료들도 추천선거는 '국체 본위의 투철한 충량 유위한 인재를 선출하자'는 국가의 요청에 의해 이루어지는 선거이므로 '국민의 책무'를 다하기 위해 투표에 참여할 것을 독촉했다.[74] 또한 경찰당국은 '영광스런 유권을 결코 버리지 말라, 만약 기권자가 있다면 그것은 공민의 영예를 스스로 내버리는 것'이라며 기권 방지를 촉구했다.[75]

---

71 『매일신보』, 1943년 5월 3일, 3면, 20일, 1면.
72 『매일신보』, 1943년 5월 11일, 2면.
73 『매일신보』, 1943년 5월 11일, 2면; 『京城日報』, 1943년 5월 18일, 석간, 4면.
74 「新貝政局長談」『매일신보』, 1943년 5월 16일, 3면; 「渡邊地方課長談」『매일신보』, 1943년 5월 19일, 3면.
75 『京城日報』, 1943년 5월 20일, 3면.

투표는 오전 6시부터 오후 7시까지 경성부내 13개 투표소에서 일제히 이루어졌다. 그러나 총독부의 기권 방지 노력에도 불구하고 경성부는 총유권자 6만 8,703명 중 3만 5,844명이 투표하여 52.1%의 저조한 투표율을 기록했다.[76] 이는 1931년의 83.5%, 1935년의 83.7%, 1939년의 77.7%에 크게 미치지 못하는 것이었다. 결국 총독부의 다양한 투표 독려에도 불구하고 추천선거는 유권자들의 관심을 끌지 못했다. 총독부의 의도대로 추천선거가 원만히 진행된 것은 아니었다.[77]

개표 및 당선자 신상명세

개표는 선거 다음날인 22일 오전 8시부터 4개소의 개표장에서 진행되어 오후 4시경에 끝났다.[78] 그런데 흥미로운 것은 입후보하지 않은 사람들의 표가 적지 않게 나왔다는 것이다. 영등포에 거주하는 현역의원 김민식(창씨명 金光敏)은 추천회의 추천을 받지 못했는데도 209표를 획득하여 당선된 데 반해, 추천후보자인 박영근(창씨명 新井康弘)은 겨우 171표를 득표해서 차점자로 낙선했다.[79] 그러나 5월 24일 김민식은 부윤을 방문해 추천선거에 대한 '깊은 이해와 협력'을 표시하고 당선을 반려했다.[80] 당선자 김민식의 사퇴에는 추천선거의 의의

---

76 『京城日報』, 1943년 5월 22일, 4면; 『매일신보』, 1943년 5월 22일, 3면.
77 다른 부의 기권율은 인천 42%, 개성 48.7%, 군산 24.6%, 목포 22.5%, 대구 20.4%, 마산 7.2%, 평양 40%, 진남포 27%, 신의주 36.9%, 원산이 30.5%, 함흥 30.6%였다 (『京城日報』, 1943년 5월 23일, 1면).
78 『京城日報』, 1943년 5월 23일, 1면; 『매일신보』, 1943년 5월 23일, 3면.
79 고양군 숭인면협의회원 총선거에서도 남상건(南相健)이 입후보하지 않았는데도 당선되었으나, 그는 「추천제의 정신」에 입각해 곧 사퇴하였다(『京城日報』, 1943년 5월 23일, 4면).
80 『京城日報』, 1943년 5월 25일, 4면.

를 살리려는 총독부의 압력이 작용하였음을 쉽게 짐작할 수 있다. 여기서도 총독부의 의도대로 추천선거가 실시되지 않았음을 확인할 수 있다. 결국 경성부를 비롯한 12부 당선자 전부 추천후보였다.[81] 경성부의 당선자 56명 중 조선인은 24명(42.8%)이며 일본인은 32명(57.1%)이었다. 이는 앞에서도 말한 대로 직전 선거에서의 조선인(43.5%)과 일본인(56.5%)의 비율에 맞춘 것이다.

한편, 당선자의 신상명세는 〈표 5〉와 같다. 그들의 주요 특징을 분석해보면 다음과 같다.

첫째로 현역과 신인의원의 경우 조선인은 24명 중 현역의원이 13명이며(전의원이 1명), 신인이 10명이다. 다음에 일본인은 현역의원과 신인이 각각 똑같이 15명이고 전의원이 2명이다. 대략 과반수가 교체되었음을 알 수 있다. 이는 신·구 세력의 조화를 통해 부회의 안정을 도모하고 의원 서로 간의 경쟁을 유도하기 위한 배합이었다.

둘째로 연령대를 보면 50대가 28명(50%)으로 과반수를 차지해 단연 우세하며 이어 60대와 40대가 나란히 11명(20%), 30대가 3명(5%), 20대가 2명(3%), 70대가 1명(2%)으로 뒤를 잇고 있다. 사회에서 가장 안정적인 기반을 갖고 왕성하게 활동하는 세대를 주축으로 구성함으로써 전쟁에 대한 협력과 부회의 안정을 꾀했음을 알 수 있다.

셋째로 직업의 경우 변호사가 8명, 조합장 2명, 토목협회장, 우편국장, 사법서사 각각 1명 등 13명을 제외한 나머지 43명(77%)는 모두 자영업과 회사대표 및 회사중역이었다. 이는 전시체제 하에서 물적 동원을 용이하게 하기 위한 인선이었다고 보여진다. 예를 들면, 김흥

---

[81] 『매일신보』, 1943년 5월 23일, 석간, 2면.

배金興培의 경우 피복공장을 경영하고 있었는데 총독 미나미와 고이소가 그의 공장을 직접 시찰했다.[82] 안정원李定宰의 경우도 일본 내각 척무차관 사쿠라이 효고로櫻井兵五郞의 협조를 얻어 자본금 500만원으로 흥아광업회사를 설립했다.[83]

넷째로 학력을 보면 파악 가능한 40명 중 대학졸업자(수료자 2명, 중퇴자 1명 포함)가 21명으로 전체의 53%를 넘고 있으며, 나머지는 전문학교 및 상업·외국어학교 등을 졸업했다. 파악이 불가능한 사람들은 저학력으로 간주하더라도 비교적 고학력임을 알 수 있다. 특히 조선인의 경우 21명 중 10명이 일본 유학 출신자였다. 근대적인 고등교육을 바탕으로 자본축적에 성공한 세력을 협력기반으로 삼았던 것이다.

다섯째로 주요경력을 보면 파악 가능한 54명 당선자의 경우 총독부의 관료(교사 2명 포함) 출신이 24명으로 44%에 이르고 있다. 관과 민을 잇는 고리로서 총독부의 정책에 적극 협력적인 인물이 대거 당선되었음을 알 수 있다.

여섯째로 당선자의 과반수가 전쟁 협력단체인 국민총력조선연맹, 국민정신총동원조선연맹, 조선임전보국단 등의 발기인, 임원 등으로 참여하여 실제로 전시동원에 적극 협력하고 있었다. 결국 추천선거에 의해 당선된 부회 의원은 전쟁 수행과 원활한 부회운영에 협력적인 인물로 구성되었던 것이다.

지금까지 살펴본 바와 같이 1943년 아시아·태평양전쟁 말기에 실

---

82 「京城府議推薦者候補者の橫顔 ④」『京城日報』, 1943년 5월 4일, 4면.
83 「京城府議推薦者候補者の橫顔 ⑥」『京城日報』, 1943년 5월 6일, 4면.

시된 경성부회 추천선거의 과정은 앞의 1931년의 자유선거에 비해 극히 제한되었다. 부제가 정한 시행규칙에 의해서가 아니라 총독부가 별도로 마련한 '선거지도요강'에 의해 실시되었다. 구체적으로는 자유입후보가 실질적으로 금지되고 부윤이 주도하는 '부회의원 후보자 추천회'가 후보자를 추천했다. 선거운동은 연설회, 추천장, 출판물에 의해서만 부분적으로 허용되고 호별방문, 입간판, 삐라 등은 전면 금지되었기 때문에 주로 단체 신문광고를 통해 겨우 이루어졌다. 전체적으로 선거과정이 거의 소멸되었던 것이다. 그 결과 부당국은 지배와 전쟁에 협력적인 인물로 부회 내에서 이전과 같이 일본인의 우위를 확보했다. 하지만 자유입후보자의 출현, 저조한 투표율, 비추천 후보자의 당선 등에서 알 수 있는 것처럼 일부 후보자 및 유권자는 지배 당국의 의도에 100% 순응한 것은 아니었다.

〈표 5〉 부회당선자 신상명세(1943년)

번호	성명(본명)	연령	득표수	당선회수	직업	학력	경력
1	伊達四雄	58	1,552	신1	조선토목협회장	일본 도쿄제대	도내무부장, 경성부윤, 경북지사, 국민총력조선연맹평의원, 국민총력조선연맹평의원
2	江村相鎬 (차상호)	50	1,424	현2	우편국장	일본 다이토법학전문학교	정총대, 학무위원, 방범협회부회장, 서대문금융조합감사, 조선임전보국단발기인
3	三井疇明 (박주명)	45	1,239	현4	주류회사중역	경성공업전문	정총대, 조선양조합장, 조선임전보국단발기인
4	夏山茂 (조병상)	53	1,189	현5	농업회사장	선린상업학교	생명회사지사장, 주식중매업, 중추원참의, 국민정신총동원조선연맹 준비위원·이사, 국민총력조선연맹참사, 조선임전보국단상무이사
5	神岡昌熙 (강창희)	50	1,150	현3	운송회사중역	선린상업학교	철도국운수위원, 경성척식·조선운송회사 중역, 조선임전보국단발기인
6	小川勝平	68	957	현3	변호사	일본 메이지대학	한국주찰군경리부, 비료회사중역, 국민총력조선연맹평의원
7	金井泰準 (김태준)	60	877	현2	버스회사중역	일본 와세다대학	통감부통신주사, 금융조합, 금성방직, 중추원참의, 조선임전보국단발기인
8	이강봉	42	839	현2	제약업	경성의학전문학교	고려약제사회장, 경성약제사회부회장
9	山中大吉	47	822	현4	변호사	일본 쥬오대학	총독지정 치안·보안법 변호사, 경성부체육이사, 경성기독청년회이사, 국민총력조선연맹평의원, 조선언론보국회상무이사
10	藤崎謙祐	50	806	신1	요리업		정부총대, 소방부장, 학교후원회이사, 서부화양요리조합장
11	伊東立雄 (윤선혁)	30	792	신1	미곡·잡화상	일본 니혼대학	중앙일보사직원, 정총대

번호	성명(본명)	연령	득표수	당선회수	직업	학력	경력
12	전부일	43	752	신1	양조사장	일본 니혼대학	동양공업사장, 남경성제작소 사장, 영등포철공사장, 국민협회이사, 정총대, 조선임전보국단발기인
13	南條晟	54	738	현3	변호사	일본 구마모토 사범대학	총독부경부, 경찰관 강습소 교수
14	梁川在昶 (양재창)	59	711	현4	생명회사중역	경성학당	용인군수, 경성생명보험(주)중역, 만선토지회사장, 중추원참의, 조선임전보국단발기인
15	野田勝弘 (김흥배)	29	702	신1	피복공장	일본 와세다대학 강의록독학	무역상경영, 삼화상공중역
16	廣山種香 (이창업)	50	670	현3	조합장		조선보병대, 경기도경관, 청년단장, 동척농지개량조합연합회장, 청량리 금융조합·하주운송조합장, 정총대, 조선임전보국단발기인
17	柳藥達見	55	654	신1	경성치과의전 교장		국민총력조선연맹이사
18	伊藤奉圭	40	639	현2	공영상사(주) 대표		일본적십자사, 경성신사, 궁도회, 학교 등에 관여, 경방단부의장
19	木村昌薰 (박창훈)	47	637	신1	의사	경성의전, 일본 교토대학의학박사	경서의전·세스란스의전 교수, 조선피혁공업·조선공영회사·흥아물산회사 중역, 조선임전보국단발기인
20	鈴木文助	61	632	현3	회사사장	일본 도쿄 물리학교 수업	경성요업중역, 경성연와회사 사장, 경기도연화조합이사장, 시흥군학교조합의원, 영등포경방단장, 조선지원병제도제정축하회발기인
21	森安敏暢	54	621	현4	변호사	메이지대학 수료	총독부경찰관강습소교수, 학교조합의원, 배영동지회이사

번호	성명(본명)	연령	득표수	당선회수	직업	학력	경력
22	안정원	42	618	신1	광업·무역회사장		한일은행, 향군분회 및 어학교 후원회 임원, 조선임전보국단 발기인
23	石源憲一	54	615	현4	이천수리조합장		경성일일신문주간
24	高井健次	61	607	신1	고무업	일본 호세 대학중퇴	공업용혁제품배급협회 및 고무용품판매조합 이사장, 정총대, 사법보호위원
25	石森久彌	53	542	신1		일본 메이지 대학	조선신문부사장, 조선공론사장, 정총대, 조선언론보국회명예회장
26	石橋良祐	50	508	신1	흥행업	일본 나가사키 중학교	카페, 극장 운영
27	德山必求 (홍필구)	52	502	전3	금융신탁회사 중역	한성외국어 학교	동척, 매일신보, 해동은행부지배인, 직물상
28	阿部喜之助	60	501	신1	전기회사장		육군상등계수주계, 신용산금융조합중역, 토건협회이사
29	이민구	39	501	신1	토목건축회사 중역	일본 도쿄대학	평안남도청, 경성세무감독국, 조선은행
30	伊藤壽一	49	483	신1	계량기 제조사장		경성상공회의소의원, 조선도량형협회장, 조선공업협회감사, 조선생명보험주식회사감사
31	井源荒太郎	55	471	신1	잡화상		정(町)회계, 용산경방단부단장, 향군제4분회명예고문
32	松本斗用 (이두용)	54	465	현2	회사중역	임시토지조사국사무원양성소	토지조사국기사, 군서기, 조선흥업신탁회사 중역, 중앙상공 중역, 조선임전보국단발기인
33	廣綱德太郎	65	456	현2	회사중역		총독부인쇄국, 조일상사·일동제약 중역, 정총대연합회장, 부정(府政)조사위원, 사법보호위원, 조선지원병제도제정축하회실행위원
34	加藤好晴	72	452	현3	주택임대업		조선총독부 경시, 문필생활

번호	성명(본명)	연령	득표수	당선회수	직업	학력	경력
35	德山白洵 (최백순)	47	439	현2	변호사	강릉간이농업학교	보통문관시험합격, 강원도 경부·경찰부, 조선변호사시험합격, 경성변화사회장, 운수회사 중역, 조선임전보국단발기인
36	中本弘鍾 (이홍종)	53	439	현4	변호사	경성법전	총독부판사, 총독부지정변호사, 변호사회장, 국민총력조선연맹평의원, 조선임전보국단발기인
37	栗本正隆	61	438	현	기계공구상		남만주철도회사, 경성사리(주) 중역, 가정여학교이사, 총대
38	新井永敏 (박영민)	29	436	신1	동아학원장		청년단숭인분대장, 경방단부단장, 대가(貸家)조합이사, 국민총력조선연맹평의원
39	高澤藤子	58	429	신1	유행이(柳行李)제조업		노량진총대, 노량진소방조합장, 경방단부단장, 신용산금융조합감사
40	石川倦造	54	424	현2	회사중역		피혁업, 신탁업, 토지경영, 고무제조업, 국세조사위원
41	近藤秋次郎	51	422	전2	상공회사중역		잠사(주)·사리(주) 중역, 정총대
42	加納一米	54	418	현4	잡지출판업	일본 쥬오 법률학교	총독부서기관, 조선경제신문사 사장
43	山口友造	61	415	신1	의업	일본 도쿄 의학교	한성위생회립순화원, 부립순화원의원촉탁, 교의, 경찰의, 검역의원, 제조판매회사중역
44	草内興洙 (예흥수)	51	410	현3	고물상	보성전문	보통학교교원, 지류상, 정미업, 신탄업, 경성부학교평의원, 조선임전보국단발기인
45	梅林卯三郎	61	390	현3	변호사	일본 도쿄대학	총독부도서기, 충남재정과장, 경기도금융조합연합회이사
46	三井淸次 (정상희)	37	382	신1	부체육진흥회 자전차단장	일본 메이지대학	총독부 광산과·사회교육과, 일본육상경기연맹이사
47	野附勤一郎	60	377	현2	광업	일본 도쿄대학	조선탄업 사장, 진미상사(주) 대표, 광업개발회사 중역

번호	성명(본명)	연령	득표수	당선회수	직업	학력	경력
48	内田鯤五郎	56	366	현3	탄광업	일본 도쿄대학	총독부기 사장, 조선아연무연탄 사장, 나남탄광 사장
49	芝村定宰 (안정재)	46	360	신1	회사대표	경성고등상업	동일은행 지점 지배인, 영보합명회사·동광생사 중역, 한성제금·영화산업 대표
50	上杉直三郎	58	354	현3	제약회사중역	일본 아오모리켄립사범학교	소학교교사, 경성부립도서관장, 개성부립박물관장
51	中村郁一	64	323	현5	신문판매업	일본 사가켄립사범학교	총독부법무국, 경성증권신탁회사, 경성주식현물거래시장
52	朝野晴義 (박승성)	46	319	현3	사법서사	일본 쥬오대학	총독부재판소통역생, 경성사법서사회장, 경성사법서사조합이사장, 조선임전보국단발기인
53	戶谷正路	58	319	신1	회사중역	일본 히로시마메도 중학	총독부 경시, 평양경찰서장, 탄광·농림 회사중역, 과수원 경영
54	太宰明	57	307	신1	변호사	일본 간사이대학	경성지방법원판사, 정총대
55	山崎廣龜	56	305	신1	의약품조합장	메이지약학교	의약품제조판매회사중역, 학교이사, 정총대, 국민총력조선연맹참사
56	新井康弘 (박영근)	51	171	신1	광산업	메이지대학 수료	총독부철도국서기, 충남서처군판임관, 조선상업은행, 경성부학교평의원, 조선임전보국단발기인

출처: 『경성일보』, 1943년 5월 23일, 1면; 『매일신보』, 1943년 5월 23일, 3면; 「京城府議推薦者候補者の橫顔 ①-⑦」『경성일보』, 1939년 4월 29일, 4-5월 7일, 4면; 손정목, 앞의 책, 321-323쪽(조선인에 한함); 「한국사 데이터베이스」; 『일제협력단체사전』.

제3장

지방참정기관의 선거결과

앞장에서 언급한 대로 지방참정기관의 선거가 처음 실시된 것은 1920년이다. 이후 1943년 부회 추천선거를 포함해 총 8번의 선거가 실시되었다. 이 중에서 추천선거를 제외한 나머지 선거 결과 중 자료입수가 가능한 범위 내에서 유권자수 및 당선자수, 투표율 및 득표율, 경쟁률 등을 중심으로 분석한다.

유권자 수 및 당선자 수

인구 대비 유권자 수 및 당선자 수

인구 대비 유권자 수 및 당선자 수의 경우 도(평의)회의 자료는 발견하지 못하고 1920년 및 1931년 부(협의)회의 것을 입수했는데 〈표 6〉과 같다.

전체 인구에서 차지하는 유권자 수의 비율이 매우 낮았다. 조선인은 1920년 1.2%에서 1931년에 2.6%로 2배 이상 상승하고, 일본인은

〈표 6〉 부(협의)회 인구대비 유권자 수 및 당선자 수

지역	연도	조선인					일본인				
		인구	유권자수	유권자1인당인구	당선자수	당선자1인당인구	인구	유권자수	유권자1인당인구	당선자수	당선자1인당인구
경성	1920	178,907	2,626	68	12	14,909	67,665	2,145	32	18	3,759
	1931	251,228	7,907	31.7	18	13,957	97,758	14,849	6.5	30	3,259
인천	1920	21,628	224	97	6	3,605	9,550	397	24	10	955
	1931	49,960	809	61.7	8	6,246	11,238	1,904	5.9	22	511
개성	1920										
	1931	47,007	1,562	30	20	2,350	1,390	236	5.8	7	199
군산	1920	6,581	109	60	2	3,291	6,809	294	23	10	681
	1931	16,541	327	50.5	6	2,757	8,781	1,177	7.4	18	488
목포	1920	10,348	138	75	3	3,449	4,853	259	19	9	539
	1931	23,488	437	53.7	8	2,936	8,003	884	9	19	421
대구	1920	28,609	393	73	6	4,768	12,603	564	22	10	126
	1931	70,820	1,629	43.4	10	7,082	19,633	2,853	10.3	23	1,288
부산	1920	43,424	90	483	4	10,856	30,499	1,027	30	16	1,906
	1931	85,585	1,678	51	9	9,509	44,273	5,520	8	24	1,845
마산	1920	12,054	134	90	4	3,014	3,831	227	17	8	479
	1931	20,149	710	28.3	10	2,015	5,559	798	6.9	14	397
평양	1920	51,062	558	92	7	7,295	14,878	524	29	13	1,144
	1931	116,650	2,765	42.1	14	8,332	18,157	2,799	6.4	19	956
진남포	1920	22,130	106	209	4	5,533	7,283	180	41	10	728
	1931	30,415	596	51	12	2,535	5,894	832	7	15	393

지역	연도	조선인					일본인				
		인구	유권자수	유권자 1인당 인구	당선자수	당선자 1인당 인구	인구	유권자수	유권자 1인당 인구	당선자수	당선자 1인당 인구
신의주	1920	3,546	75	48	3	1,182	3,575	180	20	9	397
	1931	29,003	846	34.2	11	2,637	7,907	1,223	6.4	16	494
원산	1920	17,618	155	114	2	8,809	7,577	305	25	12	631
	1931	32,503	899	36.1	12	2,709	9,334	1,398	6.6	15	622
함흥	1920										
	1931	32,523	786	41.3	11	2,957	7,096	957	7.4	16	444
청진	1920	5,980	106	56	4	1,495	4,559	150	30	8	570
	1931	24,003	722	33.2	8	3,000	8,355	1,396	5.9	19	449
계/평균	1920	401,887	4,714 (1.2%)	85	57	5,684	173,682	6,252	26	133	993
	1931	829,875	21,673 (2.6%)	38	157	5,286	263,378	36,826 (14%)	7	257	1,025

출처: 1920년은 『改正地方制度實施槪要』, 15-16쪽, 1931년은 동선희, 앞의 책, 80-81쪽.

1920년 3.6%에서 1931년 14%로 4배 가까이 크게 늘어났다. 하지만 특히 조선인의 경우 전체 인구 중에서 유권자는 매우 소수였음을 알 수 있다.

다음에 인구 대비 유권자 수 및 당선자 수는 다음과 같다. 첫째, 1920년과 1931년을 각각 살펴보면, 1920년의 경우 유권자 1인당 인구는 조선인이 85명인 데 비해 일본인은 26명으로 3배 이상 차이나며, 당선자 1인당 인구는 조선인이 5,684명인데 비해 일본인은 993명으로 거의 6배의 격차이다. 1931년은 유권자 1인당 인구의 경우 조선인이 38명이고 일본인은 7명으로 조선인이 5배 이상 많으며, 당선자 1인당 인구는 조선인과 일본인이 각각 5,286명과 1,025명으로 역시 5배 이상 조선인이 많다. 1920년과 1931년 모두 인구 대비 유권자 수 및 당선자 수에서 조선인은 일본인 보다 훨씬 많았다. 그 만큼 조선인은 일본인에 비해 정치참여의 기회가 적었던 것이다.

둘째, 1920년과 1931년을 비교해 보면, 유권자 1인당 인구는 조선인이 224% 줄어든 데 비해 일본인은 371%나 감소했으며 당선자 1인당 인구는 거의 변화가 없다. 그런데 전체 인구는 조선인이 206% 증가하고 일본인은 151%밖에 늘어나지 않았음에도 불구하고 유권자 수에서는 오히려 조선인이 460% 증가하고 일본인은 589%나 급증했다. 실제 조선인과 일본인 사이의 유권자 및 당선자 1인당 인구 격차는 더욱 벌어졌던 것이다.

결국 일제는 일본인이 다른 지역에 비해 다수 거주하는 부에서는 어떻게든 소수자인 일본인의 우위를 유지하려 했다. 이는 특히 본국에서 누렸던 정치참여기회를 박탈당한 일본인의 반감을 누그러트리고 안정된 지방 지배를 위해 필요한 것이었다. 이를 위해 '민도'의 차라는 미명하에 납세액을 기준으로 선거권과 피선거권을 제한해 인구 대비 유권자 수 및 당선자 수에서 조선인과 일본인 사이에 극심한 차이를 유지했던 것이다.

부(협의)회 유권자 수 및 당선자 수
부협의회의 유권자 수 및 당선자 수를 조선인과 일본인을 구분해서 표시하면 〈표 7〉과 같다.

<표 7> 부(협의)회 유권자 수 및 당선자 수

	1920년				1923년				1926년			
	유권자		당선자		유권자		당선자		유권자		당선자	
	조선인	일본인	조	일	조선인	일본인	조	일	조선인	일본인	조	일
경성	2,626	2,145	12	18	4,941	4,361	15	15	4,641	4,615	12	18
인천	224	397	6	10	316	538	6	10	343	590	8	12
개성												
군산	109	294	2	10	97	366	2	10	144	429	4	10
목포	138	259	3	9	151	351	5	9	235	417	5	9
대구	393	564	6	10	570	1,150	8	12	600	1,014	8	12
부산	90	1,027	4	16	217	1,492	3	17	214	1,788	3	27
마산	134	227	4	8	209	363	3	9	260	364	4	10
평양	558	524	7	13	1,419	838	10	10	1,316	799	19	11
진남포	106	180	4	10	214	287	6	8	220	269	6	8
신의주	75	180	3	9	121	279	4	8	166	311	5	9
원산	155	305	2	12	246	442	5	9	294	455	6	10
함흥												
청진	106	150	4	8	142	325	3	9	145	411	4	10
계	4,714	6,252	57	133	8,643	10,792	70	126	8,578	11,442	84	146
%	43	57	30	70	44	56	36	64	43	57	37	63

	1929년				1931년			
	유권자		당선자		유권자		당선자	
	조선인	일본인	조	일	조선인	일본인	조	일
경성	4,660	5,885	12	18	7,890	14,843	18	30
인천	427	672	9	11	807	1,903	8	22
개성					1,562	236	20	7
군산	194	536	3	11	314	1,110	6	18
목포	230	476	5	9	902	1,341	8	19
대구	778	1,455	7	13	1,678	2,919	10	23
부산	415	2,111	2	28	1,691	5,614	9	24
마산	598	497	6	8	710	798	10	14
평양	1,553	1,169	17	13	2,765	2,833	14	19
진남포	308	367	7	9	593	831	12	15
신의주	189	506	5	11	848	1,258	11	16
원산	253	572	5	11	899	1,392	11	16
함흥					786	954	11	16
청진	212	832	3	11	921	1,193	8	16
계	9,817	15,078	81	153	22,366	37,225	156	255
%	39	61	35	65	38	62	38	62

	1935년				1939년			
	유권자		당선자		유권자		당선자	
	조선인	일본인	조	일	조선인	일본인	조	일
경성	7,482	13,330	15	33	12,813	15,618	30	39
인천	1,094	1,568	12	18	1,830	1,704	14	19
개성	1,737	244	22	8	2,300	284	22	8
군산	464	1,113	7	20	787	1,040	10	17
목포	551	883	11	19	1,353	1,102	17	13
대구	1,860	2,591	12	21	3,103	2,383	17	19
부산	1,848	5,648	9	27	3,475	6,404	15	24
마산	893	769	10	14	1,186	862	14	13
평양	3,445	3,023	17	19	5,650	3,770	17	22
진남포	644	641	14	13	1,444	821	15	15
신의주	811	1,249	11	16	1,005	876	13	17
원산	765	1,257	13	17	1,082	1,153	15	15
함흥	941	972	13	14	1,300	1,030	18	12
청진	789	1,364	11	16	1,137	1,445	12	18
계	23,324	34,652	177	255	38,465	38,492	229	251
%	40	60	41	59	50	50	48	52

출처: ※유권자 수: 1920,1923,1926년(「選擧制度ノ沿革並ニ現狀」『齋藤實關係文書』영인본, 高麗書林, 1990년, 이하「選擧制度ノ沿革並ニ現狀」), 723쪽); 1929년(『경성일보』,1929년 12월 7일); 1931년(『동아일보』, 1931년 5월 9일); 1935년(『매일신보』, 1935년 5월 23일); 1939년(『동아일보』, 1939년 4월 27일).

※당선자 수: 1920,1923,1926년(「選擧制度ノ沿革並ニ現狀」, 722쪽); 1929년(『경성일보』,1929년 11월 21일, 단, 청진부는 『매일신보』, 1929년 11월 22일); 1931,1935,1939년(손정목, 앞의 책, 270쪽 〈표 7〉 단, 1931년은 「각 도지사 전보 집계표」, 『경성일보』, 1931년 5월 24일에 의거 약간 수정. 또한 1939년 부산부의 경우 조선인과 일본인 당선자 수를 26명과 13명에서 각각 15명과 24명으로 홍순권, 앞의 책, 402쪽에 의거 수정함).

첫째로, 전체 유권자 수의 변화를 살펴보기로 한다. 조선인과 일본인 유권자 수 모두 1920년 부협의회 선거 이후 1923년에 대폭 증가했다가 1926년에는 거의 변화가 없다. 1929년부터 소폭 상승하기 시작해 1931년 부회선거에서는 2배 이상 급격히 증가했다.[84] 1935년에 조선인이 조금 늘고 일본인은 약간 줄었다가 1939년에는 조선인이 크게 일본인이 작게 증가하면서 거의 동수를 이르고 있다. 전체적으로 말하면 약간의 기복은 있지만 조선인과 일본인 모두 꾸준히 증가해왔는데 특히 조선인의 경우가 더 가파르게 증가해왔다. 이는 전체 인구에 비해 여전히 소수이기는하지만 선거권과 피선거권이 조금씩 확대되어 정치참여 기회가 약간은 늘어난 것을 의미한다.

다음에 일본인과 조선인을 비교해보면, '초기록超記錄으로 동수점거同數占據'[85]하는 1939년을 제외하면 조선인 유권자 수는 일본인 유권자 수보다 열세이다. 평균 약 41% 대 59%의 비율을 보여준다. 특이한 점은 부산에서는 조선인의 열세가 두드러져 조선인 25% 대 일본인 75%로 전체 평균을 크게 밑돈다. 이에 비해 평양부에서는 반대로 유일하게 조선인 유권자 수가 일본인 유권자 수보다 시종 다수를 유지해 평균 56% 대 44%를 차지하고 있다. 이는 다른 지역에 비해 부산지역에 일본인들이 집중 거주했고 평양부에는 상대적으로 일본인이 소수 거주했기 때문이다. 1920년과 1939년을 비교하면 조선인은 8배 이상

---

84 1931년 부회선거에서 유권자 수가 급증한 것은 부세 연액 5월 이상이라는 자격 제한은 변화가 없었으나 부세의 개념이 확대되었기 때문이다. 조선인에게는 종래의 학교비 부과금에 일본인에게는 종래의 학교조합비에 각각 상당하는 납세액을 부세에 가산한 데다 1930년 말 지방제도개정에 따라 종전의 호별세 외에 포함되지 않았던 지세·소득세·영업세·거래소(取引所)·가옥세·차량세·특별소득세 부가세 등이 부세에 합산되었다 (홍순권, 앞의 책, 392쪽).
85 『동아일보』, 1939년 4월 27일, 2면.

일본인은 6배 이상 유권자 수가 증가하고 있음을 알 수 있다. 일본인보다 상대적으로 조선인 유권자 수가 더 늘어났다. 이는 일본인의 우위를 지키려는 일제의 정책이 곤란해져감을 나타내는 것이다.

둘째로 당선자 수를 살펴보면 다음과 같다. 먼저 전체 당선자 수(정원)는 190명 → 196명 → 230명 → 234명 → 411명 → 432명 → 480명으로 조금씩 증가하다가 1931년에 급격히 늘어나서 이후에 소폭 늘어났다. 이유는 앞에서 언급한 대로 행정구역 개편 등으로 인해 인구가 늘어나고 부세 개념의 확대로 유권자 수가 증가함에 따른 것이다. 조선인과 일본인 당선자 수의 비율을 보면, 1939년을 제외하면 평균 약 36% 대 64%로 일본인의 우위가 유지되었다. 이는 앞의 유권자수의 비율로부터 보면 당연한 귀결이라고 할 수 있다. 이 때문에 부산부와 같이 극단적으로 조선인 비율이 낮은 곳을 배려해 1931년 개정된 개정 부회 제8조 5항은 조선인 의원 및 일본인 의원 수는 각각 의원 정수의 4분의 1을 밑돌 수 없다고 규정했다.[86]

그러나 1939년 선거에서는 처음으로 조선인과 일본인 유권자 수 및 당선자 수가 모두 거의 같은 수에 이르렀다. 1939년 이전 선거에서는 평양부와 개성부를 제외한 거의 모든 부에서 일본인이 유권자 수 및 당선자 수에서 우위를 유지했다. 그러나 1939년 선거에서는 일본인이 유권자 수는 5개부, 당선자 수는 8개부에서 각각 우위를 지켰으며, 조선인은 유권자 수에서는 9개부에서 일본인을 추월했고, 당선자 수의 경우는 4개부에서 일본인 보다 우위를 2개부에서는 동수를 기록

---

[86] 「朝鮮地方制度改正令」. 부산부의 경우 이 규정에 의해 일본인 보다 적게 득표한 조선인이 1931년 선거에서 5명, 1935년 선거에서 3명이 각각 당선되었다 (홍순권, 앞의 책, 395-396, 399쪽).

했다. 이는 부(협의)회 선거에서 그 동안 지속적으로 유지해왔던 일본인 우위가 무너지기 시작한 것으로 일제가 의도한 대로 부회가 구성되지 않았음을 의미한다. 1943년의 소위 추천선거로의 전환은 전시 상황에 대응한 측면도 있지만 이러한 실제 선거 결과도 한 몫 한 것이었다.

도(평의)회 유권자 수 및 당선자 수

도(평의)회의 유권자수는 〈표 8〉에서 볼 수 있는 바와 같이 전 기간에 걸쳐 조선인이 90%이상의 압도적 다수를 차지하고 있고 거의 변화가 없기 때문에 검토를 생략하고, 여기서는 〈표 9〉의 당선자수를 중심으로 특히 관선과 민선을 비교 분석하고자 한다.

먼저 전체 당선자수는 1920년 362명에서 1920년대에는 줄곧 변화가 없고 1933년 423명(이후 422명)으로 증가했다. 부협의회에 비해 거의 변화가 없고 증가폭도 매우 소폭이다. 이는 일제가 주로 일본인이 다수 거주하는 부를 중심으로 행정구역을 확장하고 상대적으로 도시지역인 부지역에서 유권자수가 늘어났기 때문이다. 조선인과 일본인을 비교해보면, 전체 당선자의 경우 평균 73% 대 27%로 전 기간 동안 거의 기복 없이 균형을 이루고 있다. 관선의 전체평균은 42% 대 58%로 일본인이 약간 우위를 점하고 있으며 민선은 88% 대 12%로 조선인이 압도적 우위이다. 관선과 민선의 비율 역시 큰 변화가 없다. 일제가 조선인의 압도적 우위를 견제하기 위해 관선에서 일본인의 우위를 유지해 왔음을 알 수 있다. 그러나 그렇다고 조선인 우위 자체를 뒤집을 만큼에는 이르지 못했다.

〈표 8〉 도(평의)회 유권자 수

	1920	1933	1937	1941	계/평균
조선인(%)	23,563(97)	21,953(94)	21,974(93)	21,942(93)	89,432(94)
일본인(%)	789(3)	1,508(6)	1,636(7)	1,553(7)	5,486(6)

출처: 1920년은 『改正地方制度實施槪要』, 41, 72쪽, 나머지 연도는 동선희, 앞의 책, 87쪽.

〈표 9〉 도(평의)회 당선자 수

	1920년						1924년						1927년					
	관선		민선		전체		관선		민선		전체		관선		민선		전체	
	조	일	조	일	조	일	조	일	조	일	조	일	조	일	조	일	조	일
경기	5	7	21	4	26	11	5	7	22	3	27	10	5	7	22	3	27	10
충북	2	4	10	2	12	6	3	3	9	3	12	6	3	3	10	2	13	5
충남	3	5	14	2	17	7	3	5	15	1	18	6	3	5	14	2	17	7
전북	3	5	14	2	17	7	3	5	13	3	16	8	3	5	14	2	17	7
전남	6	5	21	2	27	7	6	5	21	2	27	7	5	6	22	1	27	7
경북	6	6	22	3	28	9	6	6	18	7	24	13	4	8	21	4	25	12
경남	6	6	20	1	26	7	5	6	19	3	24	9	5	6	20	2	25	8
황해	5	4	16	2	21	6	5	4	16	2	21	6	4	5	17	1	21	6
평남	3	5	14	2	17	7	3	5	15	1	18	6	3	5	15	1	18	6
평북	6	4	19	1	25	5	6	4	19	1	25	5	6	4	19	1	25	5
강원	5	5	21	0	26	5	5	5	21	0	26	5	5	5	21	0	26	5
함남	4	4	16	1	20	5	4	4	16	1	20	5	4	4	16	1	20	5
함북	2	4	11	1	13	5	1	5	11	1	12	6	1	5	11	1	12	6
계	56	63	219	24	275	87	55	64	215	28	270	92	51	68	222	21	273	89
%	47	53	90	10	76	24	46	54	88	12	75	25	43	57	91	9	75	25

	1930년						1933년					
	관선		민선		전체		관선		민선		전체	
	조	일	조	일	조	일	조	일	조	일	조	일
경기	5	7	22	3	27	10	6	8	23	5	29	13
충북	3	3	9	3	12	6	2	5	11	3	13	8
충남	3	5	14	2	17	7	3	5	16	1	19	6
전북	3	5	14	2	17	7	4	6	14	6	18	12
전남	4	7	21	2	25	9	5	9	26	3	31	12
경북	4	8	21	4	25	12	6	9	24	6	30	15
경남	4	7	20	2	24	9	5	9	20	9	25	18
황해	4	5	16	2	20	7	4	6	18	2	22	8
평남	3	5	16	0	19	5	4	5	17	1	21	6
평북	5	5	19	1	24	6	6	6	22	1	28	7
강원	5	5	21	0	26	5	5	5	21	0	26	5
함남	4	4	15	2	19	6	5	5	18	2	23	7
함북	1	5	11	1	12	6	2	5	13	1	15	6
계	48	71	219	24	267	95	57	83	243	40	300	123
%	40	60	90	10	74	26	41	59	86	14	71	29

투표율 및 득표율

부(협의)회 투표율 및 득표율

부(협의)회의 투표율 및 득표율을 경성부의 것을 가지고 분석한다. 이유는 경성부의 경우 중앙에 위치한 부로서 다른 부에 비해 많은 주목을 받았기 때문에 비교적 풍부한 자료를 입수할 수 있기 때문이다. 특히 조선인과 일본인을 구별해서 투표자 수 및 득표 수를 파악할 수 있는데

	1937년						1941년					
	관선		민선		전체		관선		민선		전체	
	조	일	조	일	조	일	조	일	조	일	조	일
경기	6	8	24	4	30	12	6	8	22	6	28	14
충북	2	5	11	3	13	8	2	5	11	3	13	8
충남	3	5	16	1	19	6	3	5	14	3	17	8
전북	4	6	17	3	21	9	4	6	18	2	22	8
전남	4	10	26	3	30	13	4	10	25	4	29	14
경북	6	9	25	5	31	14	6	9	23	7	29	16
경남	5	9	23	6	28	15	5	9	25	4	30	13
황해	4	6	17	3	21	9	4	6	17	3	21	9
평남	4	5	17	1	21	6	4	5	17	1	21	6
평북	5	6	22	1	27	7	5	6	22	1	27	7
강원	5	5	20	1	25	6	5	5	21	0	26	5
함남	5	5	17	3	22	8	5	5	17	3	22	8
함북	2	5	12	2	14	7	2	5	13	1	15	6
계	55	84	247	36	302	120	55	84	245	38	300	122
%	40	60	87	13	72	28	40	60	87	13	71	29

		1920	1924	1927	1930	1933	1937	1941	합계	%
관선	조선인	56	55	51	48	57	55	55	377	42
	일본인	63	64	68	71	83	84	84	517	58
민선	조선인	219	215	222	219	243	247	245	1,610	88
	일본인	24	28	21	24	40	36	38	211	12
전체	조선인	275	270	273	267	300	302	300	1,987	73
	일본인	87	92	89	95	123	120	122	728	27

출처: 동선희, 앞의 책, 93–94쪽에서 재작성

〈표 10〉과 같다.

전체 투표율을 보면 1920년과 1923년에 72%로 비교적 낮으나 1926년에 83%로 크게 오르고 1929년에 70%대로 하락했다가 1931년 첫 부회선거와 1935년 선거에서 84%로 다시 대폭 상승하고 1939년에는 78%로 주춤하고 있다. 전체 평균은 약 80%이다. 이는 일반적으로 그리 낮지 않다고 볼 수 있으나 도(평의)회에 비하면 상당히 낮은 비율이다. 실제 선거과정에서 관헌의 압력이 크게 작용했을 것을 감안하면 낮다고 보는 것이 타당할 것이다.[87] 이처럼 도(평의)회에 비해 투표율이 상대적으로 낮은 주된 원인은 그만큼 경쟁률이 높지 않은 데에 연유한다.

투표자 수의 조선인과 일본인 비율은 각각 평균 39% 대 61%이다. 이 역시 1920년의 낮은 조선인 투표율을 감안하면 1931년 이후는 유권자 수의 비율과 거의 비슷한 수준이다. 그리고 조선인과 일본인의 투표율을 비교해보면, 조선인이 평균 75%, 일본인이 평균 84%로 후자가 훨씬 높다. 여기서도 투표율이 60%로 현저히 낮았던 1920년을 제외하면 조선인보다 일본인이 약간 높다. 결국 1920년 첫 선거를 제외하면 조선인과 일본인의 투표율은 유권자 비율과 크게 차이가 없다고 할 수 있다.

다음에 득표율을 보면 조선인에 비해 일본인이 유권자 수와 비교해 볼 때 전체적으로 높다. 상대적으로 높게 나타난 1920년대를 제외하더라고 유권자 수가 많은 1923년과 동수였던 1926년은 물론 전 선

---

[87] 한편, 부산부의 경우 1920년 84%를 시작으로 1926년에 92%, 1929년에는 90%로 매우 높다가, 35년에는 89%, 39년 5월 정규선거에서는 76%, 같은 해 8월 보궐선거에서는 82%로 하락세였다(홍순권, 앞의 책, 362, 407쪽).

〈표 10〉 경성부회 투표율 및 득표율

연도	유권자 수			투표자 수			득표 수		당선자 수	
	조선인 (%)	일본인 (%)	전체	조선인 (%)	일본인 (%)	전체	조선인 (%)	일본인 (%)	조선인 (%)	일본인 (%)
1920	2,626 (55)	2,145 (45)	4,771	1,582 (46)☆ (60)★	1,860 (54)☆ (87)★	3,442 (72)	1,437 (43)☆ (91)★	1,938 (57)☆ (104)★	12 (40)	18 (60)
1923	4,941 (53)	4,361 (47)	9,302			6,738 (72)	3,000 (45)	3,623 (55)	15 (50)	15 (50)
1926	4,640 (50)	4,560 (50)	9,200			7,721 (83)	3,186 (45)	3,930 (55)	12 (40)	18 (60)
1929	4,670 (44)	5,889 (56)	10,559			7,944 (75)	3,115 (40)	4,698 (60)	12 (40)	18 (60)
1931	7,909 (35)	14,849 (65)	22,758	6,496 (34)☆ (82)★	12,507 (66)☆ (84)★	19,003 (84)	5,317 (33)☆ (83)★	10,949 (67)☆ (88)★	18 (37.5)	30 (62.5)
1935	7,440 (36)	13,340 (64)	20,780	6,032 (35)☆ (81)★	11,363 (65)☆ (85)★	17,395 (84)	5,001 (32)☆ (83)★	10,655 (68)☆ (94)★	15 (31)	33 (69)
1939	12,280 (45)	15,035 (55)	27,315	9,539 (45)☆ (78)★	11,679 (55)☆ (78)★	21,218 (78)	8,491 (44)☆ (89)★	10,871 (56)☆ (93)★	30 (43)	39 (57)
계 (%)	44,506 (43)	60,179 (57)	104,685	23,649 (39)☆ (75)★	37,409 (61)☆ (84)★	83,461 (80)	29,647 (39)☆ (84)★	46,664 (61)☆ (93)★	114 (40)	171 (60)

☆는 투표자 수 및 득표 수의 조선인과 일본인 비율.
★는 조선인과 일본인 투표자 수 및 득표 수 중 조선인과 일본인의 투표 및 득표 비율.

출처: 「동아일보」, 1931년 5월 8일; 「경성일보」, 1923, 26, 29년 11월 21일; 1920년 투표자 수는 「改正地方制度實施槪要」, 12쪽; 1931년 투표자수는 「경성일보」, 1931년 5월 22일, 같은 해 득표 수는 당선자 및 차점자 4명 포함, 「경성일보」, 1931년 5월 22일 호외; 1935년 유권자 및 투표자 수는 「매일신보」, 1935년 5월 22일, 같은 해 득표 수는 당선자 및 차점자 4명 포함, 「경성일보」, 1935년 5월 22일 호외; 1939년은 5월 선거이며 유권자 수 및 투표자 수는 「매일신보」, 1935년 5월 23일, 같은 해 득표 수는 당선자 및 차점자 2명 포함, 「경성일보」, 1939년 5월 22일 제2호외.

거에서 일본인이 조선인보다 높아 평균 43% 대 57%의 유권자 수 비율에 비해 39% 대 61%의 비율로 우세하다. 여기에 조선인과 일본인 투표자 수 중 각각의 득표율을 보면 일본인이 더욱 높다. 1920년에는 일본인은 100%를 넘어섰으며 줄곧 조선인을 압도해 각각 평균 84% 대 93%이다. 물론 반드시 조선인의 표가 조선인 입후보자에게 일본인의 표가 일본인 입후보자에게 흘러갔다고 단정 지을 수는 없으며 각 개인의 득표 수도 격차가 심하기 때문에 정확한 통계학적 계산은 어렵다. 그럼에도 조선인과 일본인의 대립구도가 기본적으로 자리한 상황에서 일본인이 조선인보다 표의 응집력이 더 견고했다고 할 수 있다. 이는 당선자 비율로 연결되어 조선인이 1923년 유권자 수에서 앞섰던 상황에서 동수를 기록한 것 외에는 유권자 수에서 동수였던 1926년은 물론 줄곧 유권자 수 비율보다 낮은 당선자 수 비율을 기록해 평균 40% 대 60%로 일본인에게 뒤지고 있다.[88]

도(평의)회 투표율

도(평의)회의 투표율은 〈표 11〉에서 볼 수 있는 바와 같이 평균 93%를 상회한다. 1920년을 제외하면 무려 98%에 육박한다. 이는 부회보다 훨씬 높은 수치이다. 물론 도당국의 강력한 압력이 작용했을 것이다. 그러나 이처럼 높은 투표율은 나중에 경쟁률에서 살펴보는 바와 같이 주로 조선인 간의 경쟁이 치열했던 데에 기인한다. 한편, 조선인 유권

---

[88] 조선인 당선자 수가 일본인에 비해 적은 원인에 대해 당시의 한 신문은 조선인이 선거에 관해 흥미가 약하고 문맹자가 다수라 기권자가 많으며 '은행회사 또는 특수 관계의 사정' 상 '정실관계'로 일본인에게 투표하는 경향이 있다고 지적하고 있다(『동아일보』, 1931년 5월 8일).

〈표 11〉 도(평의)회 투표율

연도	유권자수			투표자수	투표율	당선자수	
	조선인(%)	일본인(%)	계			조선인(%)	일본인(%)
1920	23,563 (97)	789 (3)	24,352	19,169	78.7	219 (90)	24 (10)
1933	21,953 (94)	1,508 (6)	23,461	22,879	97.5	243 (86)	40 (14)
1937	21,974 (93)	1,636 (7)	23,610	23,206	98.3	247 (87)	36 (13)
1941	21,942 (93)	1,553 (7)	23,495		98	245 (87)	38 (13)
계/평균	89,432 (94)	5,486 (6)	94,918		93.1	954 (87)	138 (13)

출처: 1920년은 『改正地方制度實施槪要』, 41, 72쪽, 나머지 연도는 동선희, 87쪽, 〈표 6〉에서 재작성.

자 수가 압도적 다수이기는하지만 당선자의 경우 일본인은 소수이지만 유권자수 비율(6%)보다 두 배가 넘는 수치(13%)를 보여준다. 이 역시 경쟁률에서 알 수 있는 바와 같이 일본인의 경우 민선에는 거의 출마하지 않아 상대적으로 경쟁이 약했기 때문이다.

경쟁률

부(협의)회 선거 경쟁률

〈표 12〉에서 알 수 있는 것처럼 전체적으로 부(협의)회에서는 낮은 경쟁률을 확인할 수 있다. 이는 뒤의 도회와 비교하면 더욱 그렇다. 이 유는 부에서는 조선인과 일본인의 대결 구도 속에서 표가 분산되면 낙

〈표 12〉 부(협의)회 선거 경쟁률

	1920년						1931년						1939년					
	조선인			일본인			조선인			일본인			조선인			일본인		
	입후보자	당선자	경쟁률	입후보자	당선자	경쟁률	입후보자	당선자	경쟁률	입후보자	당선자	경쟁률	입후보자	당선자	경쟁률	입후보자	당선자	경쟁률
경성	16	12	1.3	19	18	1.1	29	18	1.6	44	30	1.5	40	30	1.3	48	39	1.2
인천	8	6	1.3	9	10	0.9	14	8	1.8	22	22	1	19	14	1.4	24	19	1.3
개성							22	20	1.1	16	7	2.3	33	22	1.5	9	8	1.1
군산	4	2	2	12	10	1.2	11	6	1.8	19	18	1.1	15	10	1.5	17	17	1
목포	7	3	2.3	9	9	1	13	8	1.6	21	19	1.1	18	17	1.1	17	13	1.3
대구	7	6	1.2	10	10	1	20	10	2	23	23	1	28	17	1.6	25	19	1.3
부산	5	3	1.7	16	16	1	15	9	1.7	34	24	1.4	20	15	1.3	29	24	1.2
마산	5	4	1.3	8	8	1	13	10	1.3	14	14	1	14	14	1	14	13	1.1
평양	8	7	1.1	14	13	1.1	16	14	1.1	26	19	1.4	35	17	2.1	23	22	1
진남포	7	4	1.8	10	10	1	15	12	1.3	17	15	1.1	22	15	1.5	18	15	1.2
신의주	9	3	3	2	9	0.2	12	11	1.1	18	16	1.1	15	13	1.2	18	17	1.1
원산	10	2	5	13	12	1.1	12	12	1	16	15	1.1	24	15	1.6	16	15	1.1
함흥							13	11	1.2	18	16	1.1	20	18	1.1	15	12	1.2
청진	?	4			8		10	8	1.3	19	19	1	18	12	1.5	21	18	1.2
계	86	56	1.7	122	133	1	215	157	1.4	307	257	1.2	321	229	1.4	294	251	1.2

출처: 1920년은 『改正地方制度實施槪要』, 12-13쪽. 나머지 연도는 동선희, 앞의 책, 80-81쪽. 단, 1939년 입후보자 수는 『매일신보』, 1939년 5월 21일, 2면.

〈표 13〉 경성·부산부(협의)회 선거 경쟁률

연도	지역	조선인			일본인		
		입후보자	당선자	경쟁률	입후보자	당선자	경쟁률
1920	경성부	16	12	1.3	19	18	1.1
	부산부	5	4	1.3	16	16	1
1923	경성부	17	15	1.1	19	15	1.3
	부산부		3			17	
1926	경성부	18	12	1.5	21	18	1.2
	부산부	4	3	1.3	30	27	1.1
1929	경성부	25	12	2.1	27	18	1.5
	부산부	6	2	3	33	28	1.2
1931	경성부	29	18	1.6	44	30	1.5
	부산부	15	9	1.7	33	24	1.4
1935	경성부		15			33	
	부산부		9			27	
1939	경성부	40	30	1.3	48	39	1.2
	부산부	20	15	1.3	29	24	1.2
계/평균	경성부	145	99	1.5	178	138	1.3
	부산부	50	33	1.5	141	119	1.2

출처: 경성부 1920년은 『改正地方制度實施槪要』, 12쪽; 1923년은 『경성신보』, 1923년 11월 21일; 1926년은 『경성일보』, 1926년 11월 14일; 1929년은 『경성일보』, 1929년 11월 21일; 1931년은 『京城府會議員選擧錄』, 9쪽; 1939년은 『매일신보』, 1939년 15월 21일 2면; 부산부는 홍순권, 앞의 책, 362, 407쪽. 단 1939년 입후보자는 『매일신보』, 1939년 5월 21일, 2면.

선된다는 우려에서 조선인이나 일본인 모두 많은 후보자들이 선뜻 나서지 못했던 것이다. 이 때문에 1920년은 물론 1931년과 1939년 선거에서 조선인이 1.4대 1로 1.2 대 1인 일본인보다 약간 높지만 모두 낮은 수준이다. 〈표 13〉과 같이 전체 자료 수집이 가능한 경성부와 부산부의 경우 앞에서도 말한 대로 경성부는 비교적 조선인과 일본인 유권자 비율이 비슷한 곳이고 부산은 일본인이 압도적으로 많은 지역임에도 불구하고 경쟁률에서는 각각 1.3대 1과 1.2대 1로 크게 차이가 없다.

도회 경쟁률

부에 비해 〈표 14〉 및 〈표 15〉에 나타난 대로 도회에서는 비교적 경쟁률이 높았다. 조선인이 3.3 대 1, 일본인이 2.3 대 1이었다. 조선인의 경우 특히 가장 높았던 1933년에는 4대 1을 넘는 지역이 경기, 경남, 평북, 함남 등 4곳이나 된다. 1933년 선거는 의결기관인 도회로 바뀐 후 첫선거로 많은 관심을 끌었다. 구체적으로 자료 입수가 가능한 충남도회의 경우 〈표 16〉에서 알 수 있는 것처럼 우선 대부분의 지역에서 일본인이 출마한 곳이 극히 적었다. 15개 선거구 중 1933년에는 5개 지역에서 1937년에는 3개 지역에서 일본인이 출마하는 데 그치고 있다. 당선자는 두 선거에서 모두 불과 1명이었다. 이 때문에 실제 선거에서는 대부분 조선인끼리 경쟁하는 구도였다. 그리고 대전읍(부)과 대전(덕)군의 경우처럼 조선인과 일본인이 어느 한 쪽에서 출마하지 않아 전략적으로 상대방의 당선을 보장한 경우도 있었다. 그리고 1933년 도회 선거에서 강원도의 경우는 일본인이 단 1명도 당선되지 않았으며, 충남 외에도 평남, 평북, 함북 등 4개 지역에서 일본인 1명만이 당선되었다. 이처럼 도에서는 조선인이 수적으로 압도적인 상황에서 조선인 간의 경쟁이 치열하게 전개되었던 것이다.

이상 선거 결과를 종합해 보면 다음과 같다. 첫째로, 부(협의)회의 전체 인구 대비 유권자 수 및 당선자 수는 조선인이 일본인에 비해 매

〈표 14〉 도회 선거 전체 경쟁률

연도	조선인			일본인		
	입후보자	당선자	경쟁률	입후보자	당선자	경쟁률
1933	923	241	3.8	90	42	2.1
1937	752	246	2.9	98	37	2.6
1941	727	245	3	69	38	1.8
계/평균	2,402	732	3.3	257	117	2.2

출처: 동선희, 앞의 책, 88쪽에서 재작성.

〈표 15〉 도회 선거 도별 경쟁률(1933년)

		경기	충북	충남	전북	전남	경북	경남	황해	평남	평북	강원	함남	함북	계
조선인	입후보자	108	36	48	49	70	85	82	68	60	102	82	86	52	928
	당선자	23	11	16	14	26	24	20	18	17	22	21	18	13	243
	경쟁률	4.7	3.3	3	3.5	2.7	3.5	4.1	3.8	3.5	4.6	3.9	4.8	4	3.8
일본인	입후보자	10	3	7	13	11	13	13	9	1	4	3	6	2	95
	당선자	5	3	1	6	3	6	9	2	1	1	0	2	1	40
	경쟁률	2	1	7	2.2	3.7	2.2	1.4	4.5	1	4	0	3	2	2.4

출처: 『매일신보』, 1933년 5월 5일, 1면. 조선인 입후보자 수 922명, 일본인 입후보 자수 93을 각각 정정함.

우 적었다. 둘째로, 부(협의)회의 전체 유권자 수는 꾸준히 증가했는데 특히 조선인의 경우가 더 가파르게 증가했다. 조선인과 일본인의 유권자 수 비율은 조선인이 줄곧 열세이다가 1939년 마침내 거의 동수에 이른다. 셋째로, 부(협의)회의 당선자 수 역시 계속 증가해 변함없이 일본인이 우위를 유지하다가 1939년 선거에서 거의 같은 수에 이르렀다. 넷째로, 도회의 유권자 수 및 당선자 수는 거의 증감이 없는 가운데 조선인이 압도적인 다수를 유지했다. 관선제가 도입되었지만

<표 16> 충남도회 선거 선거구별 경쟁률

			대대전전읍부	대대전덕군군	연기군	공주군	논산군	부여군	서천군	보령군	청양군	홍성군	예산군	서산군	당진군	아산군	천안군	계
1933	조선인	입후보자	0	2	3	6	3	6	4	2	2	3	4	4	3	5	5	55
		당선자	0	1	1	2	2	1	1	1	1	1	1	1	1	1	1	16
		경쟁률	0	2	3	3	1.5	6	4	2	2	3	4	4	3	5	5	3.4
	일본인	입후보자	2	0	0	1	0	0	0	0	0	1	1	0	0	1	0	6
		당선자	1	0	0	0	0	0	0	0	0	0	0	0	0	0	0	1
		경쟁률	2	0	0	0	0	0	0	0	0	0	0	0	0	0	0	6
1937	조선인	입후보자	0	6	2	6	2	4	4	3	3	2	5	4	4	5	2	52
		당선자	0	1	1	2	2	1	1	1	1	1	1	1	1	1	1	16
		경쟁률	0	6	2	3	1	4	4	3	3	2	5	4	4	5	2	3.3
	일본인	입후보자	1	0	0	2	0	0	0	0	0	0	0	0	0	1	0	4
		당선자	1	0	0	0	0	0	0	0	0	0	0	0	0	0	0	1
		경쟁률	1	0	0	0	0	0	0	0	0	0	0	0	0	0	0	4

출처: 『매일신보』, 1933년 5월 8, 12일; 『조선총독부관보』, 1933년 5월 24일; 『매일신보』, 1937년 5월 5, 석간, 11일 호외. 단 1937년 일본인 입후보자는 5월 5일 입후보 마감 직전이므로 약간 부정확함. 1935년 대전읍은 대전부로 승격, 대군군은 대덕군으로 각각 개칭됨.

조선인의 우위는 무너지지 않았다. 다섯째로, 부(협의)회의 전체 투표율은 특히 도회의 그것에 비해 그리 높지 않다고 할 수 있다. 일본인 투표율이 조선인보다 약간 높으나 득표율에서는 훨씬 더 높다. 도회 투표율은 매우 높다. 여섯째로, 부(협의)회 경쟁률은 조선인과 일본인을 불문하고 매우 낮았다. 이에 비해 도(평의)회의 경쟁률은 부(협의)회보다 매우 높았다.

이상과 같이 일제는 부(협의)회와 도(평의)회 선거를 통해 조선에서 소수의 지방정치참여를 허용함으로써 안정된 지배를 도모했다. 구체적으로는 일본인이 비교적 다수 거주하는 부지역의 부(협의)회에서는 일본인의 우위를 유지하고 조선인이 압도적으로 많이 사는 도지역의 도(평의)회에서는 조선인의 절대적 우위를 완화하려 했다. 그러나 1939년 선거에서 알 수 있는 것처럼 이러한 일제의 계획은 실패로 향했다. 일제는 조선과 일본 본국, 조선 내에서의 조선인과 일본인과의 격차를 전혀 메우지 않을 경우 스스로 동화주의와 지배 실적을 부정하게 되고 그것을 과도하게 좁힐 경우 지배 자체가 위협받는 고민의 상황에 처해 있었던 것이다.

제4장

경기도회의 구성과 회의

앞에서도 살펴본 대로 지방행정기관의 자문기관인 도평의회에서 의결기관인 도회로의 전환 등을 주요 내용으로 하는 지방제도 개정은 1930년 12월 공포되어 1931년 4월 1일자로 시행되었다. 그러나 이 때 도제를 제외한 부제와 읍면제만이 시행되었는데, 그 이유는 도제는 그 '성적'을 본 다음에 시행시기를 정하기로 하였기 때문이다. 이는 일제가 조선인 의원이 다수를 차지하는 도회가 의결기관이 될 경우 안정된 운영이 가능할지에 대한 확신이 없었기 때문에 일본인이 다수인 부회의 운영을 지켜보고 결정하려 한 것이다. 이후 도제는 1933년 2월 부령府令으로 공포되어 같은 해 4월 1일자로 시행되었다.[89]

첫 도회 선거는 1933년 5월 10일에 시행되었다. 14부, 14지정읍, 220군도郡島의 총 248개 선거구에서 총수 283명의 민선 의원을 선출했는데 후보자는 1,013명으로 평균 3.6대 1의 경쟁률을 보였다. 그리고 2만 5,000여 명의 선거 운동원이 활동했다. 선거구가 넓고 교통이

---

[89] 「牛島內務局長談」, 『京城日報』, 1933년 4월 1일, 조간 2면.

불편한 곳은 1, 2주 전부터 투표를 개시했으며 대부분의 지역은 5월 10일에 투표를 시작해 당일 개표가 진행되었다.[90]

여기서는 경기도회를 사례로 분석한다. 그 이유는 경기도회의 경우 1936년과 1937년분의 회의록이 온전하게 존재하기 때문이다.[91] 이는 그 동안 단편적으로 신문이나 잡지 등을 통해 알려진 도회 회의의 실제를 보다 구체적이고 풍부하게 파악할 수 있게 한다. 구체적으로는 1933년 경기도회의 선거 과정과 구성에 관해 살펴보고 1936년과 1937년 회의록을 통해 회의의 실제를 고찰한다.

도회 선거와 구성

경기도회의 정원은 총 42명이다. 이 중 관선의원이 정원의 3분의 1에 해당하는 14명이고 민선의원이 28명이다. 5월 10일 민선의원을 뽑는 도회선거를 앞두고 도당국은 관선의원 후보자에 대한 하마평이 구구한 가운데 극비리에 14명을 결정하고 그들과 4월 하순부터 만나 취임에 대해 사전 승낙을 얻어 5월 1일 언론에 공개했다.[92] 이어 5월 11일 도지사는 민선의원 선거 결과 발표와 함께 〈표 17〉과 같이 관선의원을 정식 임명했다.[93]

---

90 『京城日報』, 1933년 5월 11일, 석간 1면; 『매일신보』, 1933년 5월 12일, 5면.
91 「京畿道會議錄: 第4, 5回」, 국립중앙도서관(http://www.nl.go.kr). 이하 각 회를 연도로 바꾸어 각각 '1936년 회의록', '1937년 회의록'으로 줄여 씀.
92 『매일신보』, 1933년 5월 3일, 4면.
93 『京城日報』, 1933년 5월 11일, 조간 2면; 『매일신보』, 1933년 5월 11일, 5면.

〈표 17〉 경기도회 관선의원 신상명세(1933년)

이름	지역	직업	연령	이름	지역	직업	연령
肥塚正太	경성부	목축업	68	원덕상	경성부	회사중역	51
古城菅堂	경성부	회사중역	77	한만희	경성부	회사중역	38
石原磯次郎	경성부	주조업	70	김사연	경성부	회사원	38
森悟一	경성부	은행중역	53	吉田秀次郎	인천부	운송업	62
谷多喜磨	경성부	회사중역	50	岡本豊喜	개성부	인쇄업	58
戶嶋祐次郎	경성부	양조업	51	김정호	개성부	회사중역	49
한상룡	경성부	중추원참의	54	김태집	시흥군	회사원	48

출처: 『京城日報』, 1933년 5월 11일, 조간 2면; 『매일신보』, 1933년 5월 11일, 5면

우선, 눈에 띄는 것은 조선인과 일본인의 비율로 14명 중 조선인은 6명이며 일본인은 8명이었다. 이는 나중에 보는 바와 같이 민선의원에서 조선인이 압도적으로 많은 것을 고려한 인선이었다. 즉, 도당국은 도지역의 경우 조선인 유권자가 압도적으로 많아 조선인 의원이 절대 다수를 차지하므로 관선을 통해 최소한의 일본인 의원을 확보해서 도회 내 조선인 의원과 일본인 의원과의 격차를 완화하려 한 것이다. 다음에, 선출지역을 보면 대부분 경성부를 중심으로 한 부지역이다. 이는 부지역에 일본인이 다수 거주하고 있었으므로 앞에서 말한 대로 일본인을 적극 선출하기 위해 지역을 안배한 것이었다. 그리고 직업을 보면 대부분 자영업자나 회사중역 등 자본가 집단임을 알 수 있다. 지역 사회에서 축적한 자본을 바탕으로 정치적 기반을 확대하려는 세력과 그들을 매개로 안정된 지배를 도모하려는 당국의 의도가 맞닿은 것이었다.

총 28명을 뽑는 민선의원 선거 결과 및 당선자의 신상명세는 〈표

18)과 같다. 1933년 5월 3일 오후 12시에 입후보자 등록을 마감했는데, 3개 부와 20개 군 등 총 23개 선거구에서 118명이 입후보했다. 이 중 조선인은 108명, 일본인은 10명이었다.[94] 총 유권자 수는 2,411명이며 조선인 23명, 일본인 5명이 각각 당선되었다. 민선에서는 조선인이 압도적 우위를 차지하고 있다. 관선과 민선을 합친 총 42명 중 조선인이 29명, 일본인이 13명으로 조선인이 약 70%를 차지하고 있다.

민선의원 선거 결과를 살펴보면 다음과 같다. 우선 조선인과 일본인의 경쟁 구도가 뚜렷했다. 경성부를 제외하면 일본인이 당선된 곳은 부천군과 진위군(현 평택시) 뿐이다. 조선인이 다수인 대부분의 군에서 일본인과 조선인의 경쟁 구도가 자리했기 때문에 일본인은 당선 가능성이 매우 낮다고 판단해 거의 입후보하지 않았던 것이다.

다음에 경쟁률을 보면 전체적으로 4.2 대 1인데, 부지역을 제외하면 약간 더 높은 4.6대 1이다. 단일 후보인 이천군과 일본인과의 경쟁 때문에 후보를 최소화하였던 부지역을 제외하면 비교적 높은 경쟁률이라고 할 수 있다. 이는 선거권 및 피선거권이 제한되었다고는 하지만 특히 지역정치에 참여하려는 조선인 정치세력들이 다수 존재하고 있었음을 보여준다.

이어서 23명의 조선인을 중심으로 학력 및 경력·직업·선수를 살펴보면 다음과 같다. 첫째, 학력을 보면 일본의 게이오대학을 포함해 근대적 고등교육을 받은 확인 가능한 사람은 12명이다. 여기에 경찰, 군수, 군서기, 군속, 면장, 토지조사국, 언론 등의 경력을 가진 사람으로 명확히 알 수 없으나 근대 교육을 받았을 것으로 추정되는 사람들

---

[94] 『매일신보』, 1933년 5월 5일, 1, 4면.

〈표 18〉 경기도회 민선의원 선거결과 및 당선자의 신상명세(1933년)

이름	선거구	정원	후보자수	유권자수	득표수	학력 및 경력	직업	나이	선수
近藤秋次郎	경성부	4	5	48	10		회사중역	41	신
增田三穗					8		가구상	62	신
濱田虎熊					8		변호사	44	신
조병상					8	선린상업학교, 공립학교 교사	생명회사 사장	42	신
임한선	개성부	1	2	27	15	경성전수학교, 회사 중역, 신간회 지회 간사	인삼판매업	38	2
김윤복	인천부	1	2	30	14	경찰	회사중역	64	2
神部正雄	부천군	1	5	132	37				2
신현태	이천군	1	1	98	83	군수	식량품회사 중역	48	신
이두용	시흥군	1	5	88	25	관립인천실업학교, 군서기	신탁회사 중역	44	신
김현조	장단군	1	5	96	45	면장	운수회사 대표	36	신
정영진	파주군	1	7	96	21	보성전문학교, 군서기, 면장	학교경영	46	2
森賢吉	진위군	1	8	104	24				신
이의종	김포군	1	3	86	63	보통학교 교사, 면장	공업	37	신
박기환	광주군	1	5	144	62	임시토지조사국 기수			2
유흥진	고양군	2	6	134	28	관립한성외국어학교 및 대동법률전문학교, 군수	회사중역	49	신
김지환					24	경성학당, 공옥학교 2년 수료, 도쿄제국철도청	회사중역	50	3
송성진	가평군	1	6	56	24	지주	회사중역	43	신
박필병	안성군	1	2	118	74	경성학당, 지주 민립대학 설립운동	회사사장	50	3
전은하	여주군	1	5	94	34	한성외국어학교, 군서기, 군속		40	신

이름	선거구	정원	후보자수	유권자수	득표수	학력 및 경력	직업	나이	선수
최재엽	수원군	2	4	196	69	군속(郡屬)	재목상경영	39	신
신현익					55	경성의학전문학교, 도립병원의원	병원경영	36	신
변재수	양주군	1	7	150	34	『동아일보』 지국장			신
박창열	연천군	1	8	118	28	『동아일보』 지국 기자	회사중역		신
윤병현	포천군	1	8	104	46	면장			신
이범기	양평군	1	6	110	38	군서기(대한제국), 회사 중역	군소작위원회 촉탁	70	3
황우천	강화군	1	7	126	46	일본 게이오기주쿠대학 (慶應義塾), 회사 중역	제사업경영	40	3
조성준	개풍군	1	4	140	73	관립공업전습소, 면장	과수원경영 양잠업	45	신
조빈행	용인군	1	7	116	불명	『중외일보』 용인지국장	회사중역		신
계			28	118	2,411				

출처: 후보자 수 및 득표 수는, 『매일신보』, 1933년 5월 12일, 5면; 『京城日報』, 1933년 5월 11일, 조간 2면, 5월 12일 조간 2면, 석간 1면. 유권자 수는, 『京城日報』, 1933년 3월 21일, 석간 1면. 나머지는 「한국사 데이터베이스」.

을 합치면 지주인 송성진을 제외하고 거의 전부가 포함된다. 둘째, 경력은 교사·경찰·군수·군서기·군속·면장·기수·의사 등 관계에서 근무한 경력이 15명으로 가장 많다. 셋째로 직업은 확인 가능한 거의 전원이 회사 중역 또는 경영자이다. 넷째, 나이는 확인 가능한 18명 중 40대가 9명으로 가장 많고 30대가 5명으로 뒤를 잇고 있으며 50대가 2명, 60대와 70대가 각각 1명이다. 마지막으로 선수를 보면 28명 중 신인이 19명으로 약 68%에 육박하고 있다. 이러한 배경에 대해 관헌은 도회가 의결기관이 되면서 당시 항간에는 일본의 후켄회처럼 정말 민의를 충분히 반영시킬 수 있어 '(중앙)참정권 부여의 전제'라는 소문이 돌아 유권자들도 진지한 태도로 선거에 임했고 그 결과 종래의 '문벌 재벌' 등을 배경으로 당선되었던 사람들은 거의 모두 낙선하였다고 분석하고 있다.[95] 즉, 근대적 지식을 바탕으로 관직 경험을 통해 자본을 축적한 젊은 세대가 당국으로부터 획득한 신용과 지역주민의 지지를 바탕으로 지방정치에 참여하게 된 것이다.

도회 회의의 진행

회의 일정

정기 회의는 기본적으로 년 1회 개최되었다. 1936년 제4회 경기도회 회의는 제1일 2월 20일(목)에 시작해서 제11일 3월 4일(수)에 끝났으며, 1937년 회의는 제1일 2월 20일(토)에 시작해서 제12일 3월 5일(금)에 끝났다. 같은 날 시작되었으나 후자의 경우 하루 더 길게 진행되었다. 제1일 회의는 오전 10시에 '소집'되었는데 의원들과 함께 의장을 겸한 지사, 그리고 참여원이 참석했다. 1936년의 경우 도의 산업부장·내무부장·경찰부장·지방과장·학무과장·토목과장·회계과장·이재理材과장·산업과장·농무과장·산림과장·위생과장·보안과장·관방주사 등 14명이 참여원으로 참석했다.[96] 전체적인 회의 일정은 아래와 같다.

---

[95] 「各種運動情況, 政治運動, 道會議員의 選擧情況」.
[96] 「1936년 회의록」, 1-4쪽.

〈표 19〉 경기도회 회의 일정

		1936년 제4회 회의		1937년 제5회 회의
제1일	2·20(목)	지사 연술, 내무부장 세입출예산 개요 설명	2·20(토)	지사 연술, 내무부장 세입출예산 개요 설명
제2일	2·22(토)	제1호의안 제1독회(토목비)	2·22(월)	제1호의안 제1독회(토목비)
제3일	2·24(월)	제1호의안 제1독회(토목비, 권업비, 수산비)	2·23(화)	위와 같음
제4일	2·25(화)	제1호의안 제1독회(권업비, 수산비, 농촌진흥비)	2·24(수)	제1호의안 제1독회(권업비, 수산비, 농촌진흥비, 치산사업비)
제5일	2·26(수)	제1호의안 제1독회(농촌진흥비, 치산사업비, 교육비)	2·25(목)	위와 같음
제6일	2·27(목)	제1호의안 제1독회(교육비)	2·26(금)	위와 같음
제7일	2·28(금)	제1호의안 제1독회(교육비, 기타), 제6호의안 제1독회	2·27(토)	제1호의안 제1독회(교육비)
제8일	2·29(토)	제1호의안 및 제6호의안 제2독회	3·1(월)	위와 같음
제9일	3·2(월)	위와 같음	3·2(화)	제1호의안 제1독회(기타)
제10일	3·3(화)	제1호의안 및 제6호의안 제2독회, 제3독회, 의견서 채택, 제2호의안-제5호의안, 제7호의안-12호의안, 제13호의안-제15호의안 독회 생략, 제16호의안 의견서 채택	3·3(수)	제1호의안 제2독회
제11일	3·4(수)	제13호의안-제15호의안(결산) 확정	3·4(목)	제1호의안 제2독회, 제2호의안-제21호의안, 제25호의안-제26호의안, 25호의안 외 독회 생략
제12일			3·5(금)	제22호의안-제24호의안(결산) 확정

출처: 「1936년 회의록」; 「1937년 회의록」.

제1일 회의는 지사의 개회인사라 할 수 있는 연술演述로 시작되었다. 우선 지사는 일본 황실의 안녕과 번영을 기원하며 국내외 정세에 대해 간략히 언급한 후 도치道治에 대한 소견을 밝히고 신규사업을 중심으로 예산안에 대해 설명한 후 제출된 의안에 대한 신중한 심의를 부탁했다.[97] 이어 지사가 의장 역을 맡아 제1호의안인 세입출예산을 상정하고 제1독회 개최를 선언한 후 낭독을 생략하고 내무부장이 세출입예산의 개요, 즉 예산의 편성 및 내용에 대해 자세히 설명했다.[98] 그리고 관례에 의해 제1일 회의는 오전만 진행하고 당일 오후 및 다음날은 '연구를 부탁하는 의미로' 휴회한 후 제2일 이후 회의는 기본적으로 오후 1시에 개회해서 오후 4시에 폐회할 것을 결정했다.[99]

제2일 회의부터는 제1호의안인 세출입예산건에 대한 제1독회가 진행되었다. 토목비를 시작으로 권업비·수산비·농촌진흥비·치산사업비·교육비·기타 순으로 대부분의 일정을 소화하고 간단히 제2독회가 이어졌다. 이어 제2호의안 이하의 안건은 대부분 독회가 생략된 채 큰 수정 없이 원안대로 채결되었다. 그리고 최종일 전날 제출된 의견서에 대해 역시 거의 논쟁 없이 채택되었다.

회의 출결 상황

정원은 총 42명이었는데, 1936년 회의에는 결원이 1명이었고 1937년 회의는 결원이 2명이어서 각각 41명과 40명으로 줄었다.[100] 이중 개회

---

[97] 「1936년 회의록」, 4-12쪽; 「1937년 회의록」, 3-9쪽.
[98] 「1936년 회의록」, 12-21쪽; 「1937년 회의록」, 9-20쪽.
[99] 「1936년 회의록」, 21-22쪽; 「1937년 회의록」, 20-21쪽.
[100] 「1936년 회의록」, 3쪽; 「1937년 회의록」, 3쪽. 1명의 결원은 고죠(古城菅堂)가

시 출석인원, 지각 및 결석인원은 다음과 같다. 단지 결석인원은 결석계를 정식으로 제출한 인원이며 지각자의 출석 여부는 확인할 수 없으므로 실제 결석인원은 조금 더 많았을 것으로 생각된다.

먼저 개회 시 출석율은 1936년의 경우 확인할 수 없는 하루를 제외한 10일 간의 평균은 약 35명으로 85%정도이다. 1937년의 경우 12일 간의 평균은 33명으로 약 83%이다.

다음에 결석상황은, 1936년의 경우 결석자는 총 15명이다. 전체적으로 11일에 32명이므로 하루 평균 3명 정도로 약 7%이다. 요시다吉田秀次郎가 6일, 바바馬場節가 5일, 김사연金思演, 다니타谷多喜磨, 곤도近藤秋次郎가 3일, 한만희韓萬熙·조병상曺秉相이 2일, 히즈카肥塚正太·김정호金正浩·한상룡韓相龍·하마다濱田虎熊·모리森賢吉·도시마戶嶋祐次郎·조광식趙光植·오카모토岡本豊喜가 1일이다. 요시다와 바바가 많은 일수 결석하고 있는 것을 감안하면 그리 많다고 할 수는 없다. 1937년의 경우 결석자는 총 6명이다. 전체적으로 12일에 14명, 하루 평균 1명 정도인 3% 미만이므로 낮다고 할 수 있다. 다니타가 5일, 요시다가 3일, 바바가 2일, 김정호·신현태·김사연이 1일이다.

마지막으로 지각 상황은, 1936년은 11일에 33명으로 결석과 마찬가지로 평균 3명 정도로 약 7%이다. 1937년의 지각은 12일에 68명으로 평균 6명꼴로 15%이다. 1937년이 월등히 지각이 많으며 비교적 높은 비율이다. 앞에서 말한 대로 실제 지각이 결석으로 이어졌는지 알 수 없으나 전체 출석률은 1936년이 93%, 1937년이 97%로 높다고 할 수 있다.

1934년 11월에 사망함으로써 생긴 것이며 다른 1명은 변기수인데 그 이유는 알 수 없다.

〈표 20〉 경기도회의원 회의 출결표

회의/연도		1936				1937		
제1일	출석	36명	지각	0명	개회 시 출석	40명	지각	0명
	결석	5명(한만희, 조병상, 肥塚正太, 김사연, 김정호)			결석	0명		
제2일	출석	37명	지각	0명	개회 시 출석	36명	지각	3명
	결석	4명(한만희, 한상룡, 조병상, 김사연)			결석	1명(谷多喜磨)		
제3일	출석	33명	지각	0명	개회 시 출석	31명	지각	6명
	결석	4명(谷多喜磨, 吉田秀次郎, 近藤秋次郎, 馬場蓊)			결석	3명(谷多喜磨, 吉田秀次郎, 馬場蓊)		
제4일	출석	33명	지각	0명	개회 시 출석	34명	지각	5명
	결석	4명(谷多喜磨, 吉田秀次郎, 近藤秋次郎, 濱田虎熊)			결석	1명(谷多喜磨)		
제5일	출석	37명	지각	0명	개회 시 출석	31명	지각	6명
	결석	4명(吉田秀次郎, 近藤秋次郎, 森賢吉, 馬場蓊)			결석	3명(谷多喜磨, 吉田秀次郎, 신현태)		
제6일	출석	37명	지각	3명	개회 시 출석	32명	지각	8명
	결석	1명(吉田秀次郎)			결석	0명		
제7일	출석	35명	지각	4명	개회 시 출석	31명	지각	8명
	결석	2명(谷多喜磨, 馬場蓊)			결석	1명(吉田秀次郎)		
제8일	출석	29명	지각	9명	개회 시 출석	29명	지각	9명
	결석	3명(戶嶋祐次郎, 吉田秀次郎, 馬場蓊)			결석	2명(吉田秀次郎, 김사연)		
제9일	출석	35명	지각	4명	개회 시 출석	35명	지각	3명
	결석	2명(조광식, 吉田秀次郎)			결석	2명(馬場蓊, 김정호)		

회의/연도	1936				1937			
제10일	출석	불명	지각	불명	개회 시 출석	33명	지각	7명
	결석	1명(岡本豊喜)			결석	0명		
제11일	출석	34명	지각	5명	개회 시 출석	30명	지각	9명
	결석	2명(김사연, 馬場鍈)			결석	1명(谷多喜磨)		
제12일	해당 없음				개회 시 출석	30명	지각	10명
					결석	0명		

출처: 「1936년 회의록」, 3, 25, 55, 89, 133, 161, 197, 251, 281, 327, 377쪽; 「1937년 회의록」, 3, 25, 59, 101, 141, 179, 217, 255, 287, 323, 363, 415쪽.

회의 발언

1936년 회의에서 41명 중 36명(88%)이 질문에 나섰다. 송성진宋星鎭이 7일로 가장 많고 정영진鄭永軫·김태집金泰潗·이두용李斗用이 6일, 최재엽崔在燁·임한선林漢瑄·박기환朴箕煥·간베神部正雄·신현익申鉉益이 5일, 하마다·전은하田殷夏·오카모토·황우천黃祐天·조성준趙晟濬·조병상이 4일, 김윤복金允福·이의종李懿鍾·한만희가 3일, 조빈행趙斌行·모리·김현조金顯祚·조광식·이범기李範基·곤도·이시하라石原磯次郎가 2일, 가다賀田直治·원덕상元悳常·히즈카·변재수卞在洙·바바·김정호·김사연·신현태申鉉泰·한상룡·다니타·도시마가 1일로 뒤를 잇고 있다. 한 번도 질문하지 않은 의원은 김지환金之煥·요시다·박창열朴昌烈·박필병朴弼秉·이모리伊森明治 등 5명이다. 9일 전체 발언자 수는 107명으로 하루 평균 약 12명이다.

1937년 회의에서는 40명 중 33명(83%)이 질문했으며, 이두용·송성진·박기환·조병상이 5일, 정영진·원덕상·최재엽·하마다·전은하·이의종·심현익·김사연이 4일, 황우천·조성준·임한선·모리·오카모토·김현조·김윤복·한상룡이 3일, 이시하라·고시마·간베·한만희·바바가 2일, 박필병·이모리·곤도·히즈카·조빈행·조광식·신현태·이범기가 1일이다. 한 번도 질문하지 않은 의원은 가다·김지환·다니타·요시다·박창열·김태집·김정호 등 7명이다. 10일 전체 발언자 수는 99명으로 하루 평균 약 10명이다.

정영진·이두용·박기환 등이 2년 연속 앞장서 발언하고, 김지환·요시다·박창열은 2년 내내 침묵하고 있다. 또 한 가지 의아한 것은 1936년에 7일로 선두에 섰던 김태집이 결석하고 있지 않음에도 1937년에는 전혀 질문하고 있지 않다. 그리고 언제나 발언을 신청하는 의원이 많았다. 이 때문에 발언을 허락하는 것이 '불공평'하다는 불만도 나왔다. 예를 들면 정진영은 의사진행 발언을 통해 3, 4회 발언을 신청하는 사람이 나중에 발언을 신청하는 사람에게 발언 순서를 빼앗기는 일이 있다며 먼저 발언을 신청한 사람에게 발언권을 줄 것을 요구했다.[101] 이러한 상황을 감안하면 1936년도 88%와 1937년도 83%의 발언률은 비교적 높다고 볼 수 있다.

한편, 조성준과 이범기에게는 통역이 배치되었다.[102] 경기도평의회에서 가장 먼저 일본어가 상용화되었는데 도평의회 초기에는 통역원을 배치해서 일본어와 조선어의 통역을 시도했으나 시간이 길어지고 분위기가 지루해지는 등 진행상의 문제가 대두했다. 이에 점차 조

---

[101] 「1936년 회의록」, 100쪽.
[102] 「1936년 회의록」, 57, 169쪽; 「1937년 회의록」, 184, 336, 348쪽.

〈표 21〉 경기도회 회의 발언자

	1936년 제4회 회의	1937년 제5회 회의
제2일	13명: 정영진·조빈행·濱田虎熊·최재엽·전은하·김태준·임한선·송성진·이두용·박기환·岡本豊喜·森賢吉·황우천	10명: 황우천·정영진·박필병·조성준·임한선·이두용·원덕상·최재엽·송성진·石原磯次郎
제3일	13명: 이두용·송성진·조성준·김태준·김현조·神部正雄·정영진·賀田直治·박기환·원덕상·肥塚正太·김윤복·최재엽	8명: 戶嶋祐次郎·한상룡·濱田虎熊·森賢吉·전은하·岡本豊喜·이의종·김현조
제4일	7명: 임한선·岡本豊喜·김태준·이의종·신현익·황우천·한만희	6명: 최재엽·원덕상·이두용·정영진·송성진·박기환
제5일	11명: 전은하·조성준·조광식·이두용·송성진·김윤복·변재수·조빈행·神部正雄·박기환·정영진	8명: 신현익·전은하·神部正雄·김사연·한만희·원덕상·濱田虎熊·조병상
제6일	13명: 임한선·최재엽·이범기·近藤秋次郎·馬場鍈·이두용·이의종·김태준·신현익·조성준·조병상·황우천·岡本豊喜	10명: 조광식·伊森明治·조성준·森賢吉·濱田虎熊·岡本豊喜·송성진·박기환·김윤복·이의종
제7일	14명: 神部正雄·송성진·전은하·박기환·조광식·한만희·신현익·조병상·정영진·김태준·최재엽·이두용·岡本豊喜·조병상	8명: 정영진·송성진·김사연·이두용·전은하·임한선·황우천·近藤秋次郎
제8일	13명: 김정호·임한선·김윤복·최재엽·김사연·石原磯次郎·濱田虎熊·정영진·森賢吉·신현태·김현조·송성진·이범기	9명: 한만희·신현익·최재엽·조병상·박기환·김현조·岡本豊喜·신현익·森賢吉
제9일	9명: 황우천·神部正雄·정영진·김태준·신현익·조성준·송성진·이의종·한만희	11명: 조병상·肥塚正太·조빈행·송성진·濱田虎熊·김윤복·박기환·김사연·전은하·이두용·戶嶋祐次郎
제10일	14명: 谷多喜磨·이두용·戶嶋祐次郎·近藤秋次郎·임한선·조병상·박기환·神部正雄·신현익·전은하·石原磯次郎·濱田虎熊·한상룡·송성진	16명: 한상룡·박기환·조병상·神部正雄·원덕상·조성준·신현태·岡本豊喜·馬場鍈·森賢吉·최재엽·이범기·신현익·조병상·정영진·濱田虎熊
제11일		13명: 石原磯次郎·황우천·이의종·김윤복·김사연·김현조·임한선·馬場鍈·송성진·濱田虎熊·한상룡·이의종·이두용
제12일		

출처: 「1936년 회의록」; 「1937년 회의록」. 단, 중복 발언 및 단순한 의사 진행 발언은 제외함.

선어 통역이 없어지고 일본어만으로 회의가 진행되었다. 그리고 일본어를 이해하지 못하는 의원은 통역 미부자尾附者로 분류되어 개인 좌석 옆에 통역 1명씩을 배석시켰다.[103] 일본어를 이해하지 못하는 조선인의 존재를 인정할 수밖에 없는 현실도 동화주의를 내건 일본의 지배정책이 그리 쉽게 실적을 거두지 못하고 있었음을 보여준다.

도회 회의의 논의

도회 회의에서 의원들에게 심의, 의결을 부탁한 안건은 1936년 16개이며 1937년은 26개이다. 의안 개수에 약간 차이가 있으나 대체적인 내용은 큰 변화가 없다. 구체적으로는 당해 연도 세출입예산 건, 도회의 권한 위임 건, 기채에 관한 건, 각종 세금에 관한 건, 특별회계 세입출예산에 관한 건, 의견서 제출 건 등이었다. 이 중에서 회의의 대부분은 제1호의안 세출입예산 건을 심의하는 데 할애되었다. 나머지 안건들은 거의 논의 없이 짧은 시간에 일사천리로 처리되었다.

논의는 대체로 의원이 질문한 데 대해 관련 분야의 관료가 답변하면 집요한 추궁 없이 일단락되었다. 그러한 가운데 1936년 회의에서 관행부역문제가 비교적 여러 의원들이 논의에 가세하여 심도 있게 다루어졌으며 결국 지사의 답변으로 마무리되었다. 간혹 심각한 갈등은 아니지만 어느 정도 의견 대립이 있을 경우 이러한 패턴으로 정리

---

103 전성현, 앞의 논문, 74-76쪽 참조. 충청남도회의 경우 1933년 제5일 회의부터 조선어 통역을 폐지하고 통역미부자를 실시하였는데 '미부자'는 5명이었다(『매일신보』, 1933년 3월 14일).

〈표 22〉 경기도회 회의 안건

	1936(의안번호)	1937(의안번호)
세출입	1936년도 경기도 세입출예산 건(1) 1936년도 경기도 아동장학기금 특별회계 세입출예산(11) 1934년도 경기도 아동장학기금 특별회계 세입출결산 보고 건(14) 1936년도 경기도 은급(恩給) 특별회계 세입출예산(12) 1934년도 경기도 은급 특별회계 세입출결산 보고 건(15) 1934년도 경기도 세입출결산 보고 건(13)	1937년도 경기도 세입출예산 건(1) 경기도 아동장학기금 특별회계 규칙 개정안(12) 1937년도 경기도 아동장학기금 특별회계 세입출예산(20) 1937년도 은급 특별회계규칙 명칭 개정안(13) 1937년도 경기도 은급 특별회계 세입출예산(21) 1935년도 경기도 세출입결산 보고 (22-24)
채권	자작농지설정 조성자금 기채 건(4) 공공단체 전대(轉貸)자금 기채 건(5) 지방진흥 토목사업비 및 치산사업비 기채 건(3) 경기도 도채상환자금 적립규정 설정 건(10)	자작농 창정조성자금 기채 건(8) 공공단체 전대자금 기채 건(9) 중소하천개수공사 계속비 기채 건(2, 3) 사방사업 기채 건(4) 한수해구제사업 기채 건(5) 도로하천 복구경비 상환 기채 건(6) 농사시험장 및 원잠종 제조소 이전비 기채 건(7)
세금	경기도 도세부과규칙 제정 건(6) 경기도 공립학교 수업료 및 입학시험 수수료 징수 규칙 중 개정 건(7) 경기도립의원 수가규정 제정 건(8)	경기도 도세부과규칙 중 개정 건(25) 목탄검사 수수료 징수규칙 제정 건(10) 의생강습소 수업료 징수규칙 제정 건(11)
기타	도회의 권한위임 건(2) 경기도 자작농지설정사업 결손보전금 적립규정 설정 건(9) 의견서 제출 건(16)	도회의 권한위임 건(26) 기본재산 및 각종 적립금 등의 관리규칙 개정안(14-19)

출처:「1936년 회의록」, 353, 366, 377쪽;「1937년 회의록」, 3, 378-382, 415쪽.

되었다고 생각된다. 물론 나중에 제3부에서 알 수 있는 것처럼 첨예한 대립으로 이어져 도(평의)회나 부(협의)회 운영이 마비된 사례도 존재한다. 또한 내용이 광범위한 경우 위원회를 구성해서 미리 별도의 논

의를 거쳐 회의를 원만하게 진행하기도 했다.[104]

의원들은 당국으로부터 제시된 회의 안건을 수동적으로 심의·의결하는 것과는 별도로 능동적으로 의견서를 제출해서 자신들의 의사를 관철하려 했다. 의견서 제출은 '도제 제14조의 규정'[105]에 의한 것으로 '건의'라는 문서로 건의자와 찬성자의 연명으로 경기도지사 또는 조선총독 앞으로 제출되었다. 의견서의 구체적인 내용은 별지의 의견서로 첨부되었는데 거기에는 의견서 제목·이유·제출일·수신처 등이 기재되었다. 1936년에는 회의 마지막 전날인 제10일 회의에서 의장이 '건의안' 심의를 부탁하고 제16호 의안으로 '의견서 제출의 건'이 상정되었다. 1937년 역시 회의 마지막 전날인 제11일 회의에 의장이 '의견서', '협의'를 부탁하고 건의안으로 소개했다. 이처럼 건의안과 의견서라는 말이 함께 통용되었으며 1936년은 정식 의안으로 상정된 데 비해 1937년에는 회의 진행 과정에 일반 안건으로 다루어졌다.[106]

따라서 여기서는 관행부역문제를 둘러싼 심의 과정과 의견서 제출 이유 및 채택 과정을 중심으로 도회 논의의 실제를 살펴보기로 한다.

---

[104] 「1936년 회의록」, 245-247쪽. 1936년 회의에서 제1독회가 끝난 후 제6호안 도세 개정의 경우가 그것이다. 전체회의에서 진행하면 철저히 논의할 수 없다는 이유로 제2독회에 앞서 15명의 위원을 임명해 충분히 논의한 후 본회의에 넘겨졌다.

[105] 도제 제14조는 '도회는 도의 공익에 관한 사건에 관해 의견서를 도지사 그 외 관계 관청에 제출할 수 있다'라고 규정하고 있다(「朝鮮地方制度改正令」, 55쪽).

[106] 「1936년 회의록」, 351-363쪽; 「1937년 회의록」, 388-404쪽.

관행부역문제를 둘러싼 논의

식민지기의 부역은 1910년대에는 주로 지방비법, 1920년대 이후에는 도로규칙과 (읍)면제에 각각 의거해서 행해졌다. 본고에서 다루는 소위 관행부역은 1915년 조선총독부 부령 제11호로 공포된 도로규칙에 의한 것으로 도로의 유지·수선과 관련된 것이다. 구체적으로는 관계 부락마다 수로修路담당구역을 지정하고 그 지역 주민들에게 부역을 부과해서 도로의 유지·수선을 책임지우는 것이다. 관행부역 시기는 상시와 정기(춘추) 및 임시(농한기)로 나뉘어졌는데 정기와 임시 기간을 통해 대대적인 부역 동원이 이루어졌다. 3·1운동 이전에는 정기의 경우 경찰과 관헌이나 군수가 순시하는 가운데 도로심사가 진행되어 심사결과에 따라 집단적 처벌을 하는 등 강제적으로 주민들에게 도로를 유지·수선하게 했다. 그러나 이러한 도로심사제에 의한 강제부역은 주민들의 불만이 높아져 3·1운동 이후에는 잘 작동하지 않았다. 이에 도지사와 군수들은 도로품평회를 열어 도로의 유지·수선을 꾀했는데 주민들은 도로품평회 때 장기간 관행부역에 다시 동원됨으로써 또 다시 불만이 높아졌고 도회에서는 관행부역을 비판하고 폐지 또는 개선을 요구하는 목소리가 높아졌다.[107]

문제 제기

1936년 2월 22일, 제2일 회의가 시작되자 정영진은 관행부역의 폐해가 일일이 열거할 수 없을 만큼 많다며 아래와 같이 대표적인 관행부

---

[107] 식민지기 부역에 관한 자세한 내용은, 박이택, 「식민지기 부역의 추이와 그 제도적 특질」, 경제사학회, 『경제사학』 제33호, 2002년; 小林拓矢, 「일제하 도로 사업과 노동력 동원」, 서울대학교 국사학과, 『한국사론』 제56권, 2010년 등 참조.

역의 폐해를 지적하며 문제를 제기했다.[108]

1. …1년 중 몇 십 회나 과다한 노역을 강요하고 있음에도 불구하고 변함없이 균일제도인 관행 부역을 그대로 유지한 결과 소수의 부자에게는 좋지만 다수의 빈민에게는 부담이 과중하다.
2. 관행부역은 어차피 임금을 받는 것이 아니기 때문에 아무도 열심히 일하지 않아 쓸데없이 시간을 낭비한다.
3. 노약장정(老弱壯丁) 똑같이 하루 부역 양을 인정하기 때문에 장정은 바보 같은 일이라고 생각해 기피하고 점차 노약만이 나가게 되어 일의 능률이 오르지 않아 도로 수선 등이 늦어져 예정대로 잘 진행되지 않는다.[109]

정영진은 관행부역의 동원 횟수가 증가함에 따라 빈부 및 연령 격차를 무시하고 무임금으로 실행되는 노동조세인 관행부역이 비능률적이고 빈민에게 지나친 부담을 지운다며 관행부역을 폐지하고 금납조세인 부역 대납금제를 실시할 것을 주장했다. 그리고 그 이점을 아래와 같이 제시했다.

1. 빈부의 격차에 따라서 부담을 공평하게 할 수 있다.
2. 임금을 지불하는 인부이므로 감독권을 충분히 행사할 수 있어

---

[108] 한편, 1933년 3월 도평의회 회의에서도 의견서로서 '도로 부역 경감의 건'이 제출되어 당장 전폐를 주장하는 의원들과 우선 경감을 주장하는 의원들 간에 논쟁이 진행되어 원안이 채결되었다(『매일신보』, 1933년 3월 21일, 4면).
[109] 「1936년 회의록」, 26쪽.

노동 능률을 올려 노동시간을 절약할 수 있다.
3. 빈민은 약간의 대납금을 내고 바로 다액의 노임을 받아 빈민구제의 목적을 달성 할 수 있다.
4. 노약장정 똑같이 부역 양을 인정하는 불공평이 자연 없어진다.
5. 일의 능률이 올라 종래 인부 수의 3분의 1로 일이 끝나므로 부자가 전보다 2배 3배를 부담하여도 결국 같은 부담이 된다.[110]

대납금제를 실시하면 앞에서 지적한 당시 시행중인 관행 부역의 폐해인 빈부격차와 연령 격차에 의한 불평등을 해소하고 부역의 효율성을 제고하고 빈민에게 혜택을 줄 수 있다고 정영진은 주장했다. 특히 그는 관행부역제도는 '몇 백 년 이전의 관습'으로서 '미풍양속'이 아니라 '매우 시대착오'적인 제도이므로 '시대에 순응'해서 '오로지 민중의 이해'를 관철하는 방향으로 개정해야 한다고 주장했다.[111]

정영진은 현금인 대납금을 징수하는 것이 빈민이 대다수를 차지하고 있는 당시 농촌의 사정상 매우 곤란하다며 다음과 같이 실행 방법을 제시하며 당국의 의견을 물었다.

평소에 부역대납금의 준비 작업, 즉 재래의 납세조합 같은 것이라도 만들어서 부업 수입의 일부를 내어서 축적하든가, 또는 종래의 관습인 동계(洞契)와 같은 것을 이용해서 추수기에 소요 금액을 똑같이 나누어 부담하든가, 이 경우 관계 금융조합과 특약해서 금액을 그때그

110 「1936년 회의록」, 26-27쪽.
111 「1936년 회의록」, 27쪽.

때 융통해서 대신 내는 등 여하튼 각 부락의 실정에 적합한 여러 방법이 있을 것이다.[112]

이에 대해 토목과장은 다음과 같이 답변했다.

[대납금 징수 방법]은 시간과 지역의 성격에 따라서는 정말로 적절한 방법이라고 생각하지만, 대납금을 징수하는 데 상당한 곤란이 따르기 때문에 우리들도 여러 가지로 연구하고 있으나 지금 바로 제안한 방법을 전반적으로 채용하는 것은 아직 결정할 수 없다. 지역에 따라서는 대납금은 아니지만 금전을 갹출해서 노력 제공을 대신하는 경우도 조금 있다. 자발적으로 하는 곳은 매우 성적이 좋기 때문에 현 상황에서 말씀드리면 대납금 징수 방법은 반드시 나쁘지는 않지만 지방 사람들의 마음가짐 여하에 달려있다. 한 군(郡) 전체 또는 도 전체에 실시하면 잘 시행될지 우선 의문이다. 따라서 지방마다 적합한 방법을 찾을 것을 권하고 싶다.[113]

토목과장도 대납금 징수의 필요성에 대해서는 인정했지만 전면 실시에 대해서는 부정적인 의견을 제시하고 지역에 따라 자발적으로 적절한 방법을 찾을 것을 권하고 있다.

이와 같이 정영진은 당시 관행부역으로 인해 가장 큰 피해를 받고 있는 것은 도민의 대다수를 차지하고 있던 농촌의 '빈민' 또는 '민중'

---

[112] 「1936년 회의록」, 27쪽.
[113] 「1936년 회의록」, 28쪽.

이라고 보고 그들의 입장에서 문제를 제기하고 있다. 이를 둘러싼 토론이 제2일 회의의 대부분을 차지하고 제3일 회의에까지 이어졌다.

토론

먼저 조빈행은 원래 관행부역은 작은 부락도로를 농한기에 주민들이 보수하는 것인데, 1, 2, 3등 도로와 같은 큰 도로[114]를 능률이 오르지 않는 강제 부역으로 하는 것은 '시대착오'이며 당시 당국이 적극 추진하고 있던 농촌진흥운동에도 폐해가 적지 않으며 특히 농번기의 부역은 심각한 문제라고 주장하면서 다음과 같은 근거에서 자동차영업자에게서 도로사용료를 징수해 부역을 철폐 또는 경감할 것을 제안했다.

> …보행자, 물품을 지고 걷는 자에게는 그렇게 큰 도로는 필요하지 않다. 이는 순전히 자동차 영업자의 영업용도로라고 말해도 무방하다. 자동차영업 허가가 누구에게나 떨어진다면 문제는 없겠으나 현재 자동차영업권은 전매특허처럼 특정 개인이나 회사에만 불합리하게 허가나기 때문에 일반 민중의 비난 목소리가 커지고 있는 상황에서 우리 도민으로서는 부역할 의무가 없는 것이 아닌가 생각한다. 극단적으로 말하면…자동차영업자에 대해서 도로규칙 제13조, 제14조에 의해서 도로사용료를 징수해 그 세입으로 도로수선비를 충

---

[114] 조선총독부는 1911년 4월, 도로규칙을 제정, 시행하였는데, 도로를 1·2·3등 도로와 등외도로로 구분했다. 1등도로는 주로 군사상·경제상 특히 중요한 도로 등이며, 2등도로는 인접 도청소재지를, 3등도로는 인접 부청 또는 군청 소재지를, 각각 연결하는 도로 등이며, 나머지는 등외 도로였다(小林拓矢, 앞의 논문, 282-283쪽 참조).

당하고 부역을 철폐하든지 아니면 일부 줄여주는 것이 타당하다고 생각하는데 당국의 성의 있는 답변을 부탁한다.[115]

조빈행은 부역에 동원되고 있는 도로들은 자동차를 위한 것으로 일반 사람들이 이용하지 않고 있다며 도로 파괴의 주범이고 특혜를 받아 운영되고 있는 자동차업자들에게 수익자 부담원칙에 따라 세금을 부과해서 해결하는 것이 타당하다고 주장했다. 여기서 조빈행도 역시 소수의 이익을 위해 침해된 대다수 농민들, 즉 '일반 민중'의 이익 보호를 이유로 관행부역의 철폐 또는 경감을 주장하고 있다.

이에 대해 토목과장은 다음과 같이 답변했다.

…물론 자동차가 도로를 파괴하는 것은 사실이지만…상당히 날씨가 도로를 파괴한다. 또한 도로변의 사람들도 항상 도로를 이용하고 있다. 자동차가 도로를 손상시키기 때문에 자동차영업자에게 도로 수리 부담을 지우라는 의견은 지당하지만 그들에게만 부담지우라는 데는 의견이 다르다. … 자동차에게도 상당한 부담을 지워서 도로를 유지하는 것에 관해서는 이전부터 의원들의 요구도 있어 금년도 예산에 반영했다. 자동차가 상당히 도로 유지비를 부담하고 있다는 것을 알아주었으면 한다.[116]

---

115 「1936년 회의록」, 29-30쪽.
116 「1936년 회의록」, 30쪽.

자동차만이 도로파괴의 주범이라는 데에는 동의하지 않고 날씨 또한 손상시킨다며 특히 일반인들도 큰 도로 소위 등급도로를 이용한다고 반론했다. 하지만 자동차가 도로를 파괴시키는 데에는 일부 동의하고 세금을 부담시키고 있다며 의원들의 동의를 구했다.

다음에 송성진은 경기도는 '선진도'이기 때문에 1, 2등 도로에 대한 관행부역을 하루라도 빨리 철폐했으면 한다고 짧게 요구했다. 이에 대해 토목과장은 1, 2등 도로에 대한 관행부역 철폐는 지당하다고 동의하며, 당장 폐지하는 것은 불가능하다며 가능하면 차츰 경감해서 폐지에 가깝게 될 수 있도록 하겠다고 같은 답변을 되풀이했다.

이와 같이 주로 조선인들이 관행부역 폐지를 주장하며 질의하자 일본인 의원 오카모토가 관행부역은 조선의 '미풍양속'이라며 폐지론에 반대하고 존치론을 주장하며 당국의 개선 노력과 성과를 물었다.

> 관행부역 문제에 관해서는 오늘날 폐지론도 상당히 있지만 나는 처음부터 부역 존치론자이다. 나는 이는 조선의 미풍양속으로서 존치하고 싶다고 매년 주장해왔다.…듣는 바에 의하면 그 방법과 양에 개선할 점이 상당히 많다. 이에 관해 개선론을 주장한 적이 있는데 어떠한 식으로 개선하고 있는지 만약 알고 있다면 구체적으로 어느 정도 최근 경감되고 있는지 대체적인 수치라도 좋으니 답변을 부탁한다.[117]

---

[117] 「1936년 회의록」, 45쪽.

오카모토는 관행부역의 개선에 대해서는 필요성을 느끼지만 폐지에 대해서는 조선의 '미풍양속'으로서 존치해야 한다며 폐해에 대한 구체적인 경감 방법과 양에 대해 질의한 것이다.

이에 대해 토목과장은 관행부역이 조선의 '미풍양속'인가에 대해서는 아무런 언급 없이 그 폐해에 대해 농번기에 부역에 나가는 것과 부역 일수가 너무 많다는 점을 들었다. 그 폐해를 줄이기 위해 농번기에는 부역을 절대로 피하고 가능하면 일의 능률을 높이기 위해 각 지방의 상황에 맞게 실행해 부역 일수를 줄이고 있다며 구체적인 수치를 다음과 같이 제시했다.

> 최근 5, 6년 전의 수치와 비교하면 전체 사람 수는 상당히 줄고 있다. 해에 따라 다소 다르지만 5, 6년 전의 평균수는 70만 내외인데 최근 1, 2년의 평균 수는 대충 50만을 조금 밑돌고 있다. 요약하면 약 3, 4할 줄고 있다.[118]

토목과장의 답변이 끝나자마자 이두용이 '조선의 미풍양속으로서 존치했으면 한다'는 오카모토의 말에 '절대로 반대한다'고 항의 발언했다.[119] 그는 나중에 다른 발언에서도 알 수 있는 바와 같이 '조선의 미풍양속'이라는 말에 크게 반발한 것이다.

일본인 의원 모리가 부역 전폐는 매우 곤란하지만 경감을 고려해야 한다며 유등 도로에 대한 부역 폐지가 대세이므로 농촌진흥운동의

---

[118] 「1936년 회의록」, 46쪽.
[119] 「1936년 회의록」, 46쪽.

추진을 위해서도 비효율적인 강제 부역을 '부역 환산금'으로 대체하는 것이 하층민 구제 목적에도 부합된다고 주장했다.[120]

토목과장은 유등 도로에 대한 금전 징수는 '먼 장래의 이상론'이라며 각 지역에 따라서는 '가까운 장래'에 실현하는 곳이 있을지 모르지만 폐지보다는 우선 경감을 추진하고 있다고 재차 밝혔다.[121]

최재엽이 다시 오카모토의 소위 조선의 미풍양속론에 대해 '정말로 의외로 생각한다'며 부역의 비효율성을 지적하고 금전을 부과하는 안을 제시했다. 특히 그는 부호와 빈곤자가 똑같이 부역을 부담하는 것은 매우 불합리하므로 능력에 따라 응분의 부담을 지워서 관행 부역을 경감하고 가능하면 폐지할 것을 주장하며 당국의 생각을 캐물었다. 이에 대해 토목과장은 '금전으로 하는 것에는 즉답할 수 없고 충분히 고려하겠다는 말밖에 할 수 없다'고 답변했다.[122]

황우천도 관행부역에서 '무산대중'이 가장 곤란을 겪고 있다며 도로가 늘어남에 따라 부역도 늘어나고 있다며 부역의 철폐 또는 개선을 주장하고 연구회라도 만들어서 문제를 빨리 해결할 것을 촉구했다. 이에 토목과장은 연구의 필요성을 지당하다고 적극 인정하면서 이전부터 연구를 계속해 왔고 현재 각 지방마다 벼나 금전을 갹출하거나 조합을 만들어서 일정한 사람에게 부역을 담당하게 하는 등 개선 노력을 하고 있으며 앞으로도 연구를 게을리하지 않겠다고 답변했다.[123]

한편, 부역 문제를 중심으로 토의가 진행된 가운데 회의 종료 시간

---

[120] 「1936년 회의록」, 47-48쪽.
[121] 「1936년 회의록」, 48-49쪽.
[122] 「1936년 회의록」, 49-50쪽.
[123] 「1936년 회의록」, 50-51쪽.

인 4시가 되자 의장이 30분 시간 연장을 제의하고 5분 휴식 후 4시 8분에 재개했다. 이때 이두용은 의사 진행 발언을 통해 대부분의 의원들이 돌아갔음을 이유로 폐회할 것을 제의했다. 이에 의장이 찬성자가 적었다고 하자, 이두용이 많았다고 반론하여 결국 4시 11분에 폐회를 선언했다.[124]

다음 날 일요일 하루를 쉬고 월요일 제3일 회의가 개회하자마자 앞에서 짧게 반대 의사를 밝히며 제2일 회의에서 의원들이 적음을 이유로 폐회를 주장했던 이두용이 다시 관행부역문제를 제기했다. 이두용은 오카모토의 관행부역이 조선의 미풍양속이라는 말을 듣고 '굉장히 분개했다'며 또 다시 그의 발언을 문제 삼았다. 그는 이전에 조선에서는 유등도로가 없었기 때문에 현재와 같은 관행부역은 존재하지 않았다며 하루라도 빨리 철폐하기 위해 도당국이 부역을 돈으로 환산해서 계획을 수립할 것을 요구했다.[125] 이두용은 당시 조선사회에서 불만이 고조되어 있는 관행부역이 '조선의 미풍양속'이라는 일본인 의원의 발언은 조선의 문화와 사회를 이해하지 못한 데에서 나온 것이라며 분개한 것이다. 이는 조선인과 일본인 간의 감정 대립을 드러낸 것이며 또한 일제가 표방한 동화정책이 쉽게 실현되지 못하고 있음을 보여주는 것이다.

토목과장은 최근 1년간 부역 인원은 평균 50만 명 내외이고 그것을 돈으로 환산하면 대략 30만 원 정도로 추정했다. 이는 1인당 60전으로 계산한 것인데 토목과장은 실제 반나절 일하는 등 능률이 5분의

---

[124] 「1936년 회의록」, 51-52쪽.
[125] 「1936년 회의록」, 55쪽.

1밖에 되지 않은 경우도 있어 실제 연 인원은 반드시 50만 명이 아니라고 덧붙였다.[126] 여하튼 처음 토목과장이 구체적인 환산금 액수를 제시했다.

이에 김태집이 관행부역은 '조선 전체의 중대 문제'라며 근본적으로 해결하기 위해서는 도로규칙을 개정할 것을 제안했다. 그는 도로규칙 제12조에 의하면 '1, 2, 3등 도로, 등외 도로 전부를, 관계 부락민에게 부역시킬 수 있다'라고 되어 있는데, 이는 법률 해석상 반드시 부역시킨다는 것이 아님에도 불구하고 관행부역이 행해지고 있다고 판단했다. 따라서 그는 토목과장이 추산한 30만 원의 환산금 때문에 관행부역을 폐지하는 못하는 것은 아니라고 확신한다면서 제12조를 개정할 것을 주장했다. 또한 이 문제가 경기도만의 문제가 아니라 전체 조선의 문제라며 의장의 답변을 요구했다.[127]

그러나 의장이 답변하지 않고 토목과장이 답변했다. 그는 부역 문제는 도로규칙 제12조에 규정된 것이 아니라 제46조에 정해져 있다며,[128] 개정문제에는 확답을 피한 채 환산금 문제에 대해서 다음과 같이 설명했다.

---

[126] 「1936년 회의록」, 56쪽.
[127] 「1936년 회의록」, 55-60쪽.
[128] 토목과장은 도로규칙 제12조의 부역은 도로를 새로 만들거나 폭을 확장하는 적극적인 새로운 일을 하는 경우의 부역을 규정한 것이고 도로의 유지 수리 관행부역, 즉 구역담당주의에 의한 노력봉사의 수리에 관해서는 도로규칙 제46조에 정해져 있다고 주장했다. 그러나 이는 토목과장이 잘못 파악한 것이다. 도로규칙 제12조는 제2장 「도로의 관리」에 포함되어 있는데, 그 내용은 '행정청은 도로의 축조 또는 유지 수선을 시행하기 위해 관계 부락에 대해서 관행에 의해 부역 또는 현품을 부과할 수 있다'라고 되어 있어 토목과장의 주장과는 달리 도로의 유지 수선에 관한 사항을 포함하고 있다. 이에 비해 제46조는 제4장 「도로의 유지 수선의 표준」에 관한 것으로 '도장관은 부의 구획 내를 제외하고 그 관내의 1등 도로, 2등 도로 및 3등 도로의 상시 유지 수선에 관해 관계부락으로 담당구역을 정해 경미한 것을 시행해야 한다'고 되어 있다(『조선총독부관보』, 1915년 10월 29일자 부령 제11호 「도로규칙」).

30만 원이라고 한 마디로 말하지만 꽤 쉽지 않은 돈이다. 또한 본도만이 아니라 다른 도의 사정도 총독부로서는 함께 생각해야 한다. 따라서 … 지금 바로 30만 원 염출을 계획해서 다른 사업을 그만두고 모든 도로 수리를 도비로 하라는 것은 무리한 주문이다. 점차 그렇게 될 수 있도록 현재로서는 무리한 부역을 피하고 경감해 나갈 방침이다. 이 점 양해해 주기 바란다.[129]

토목과장 역시 경기도만의 문제가 아니라며 재정적 부담을 이유로 경감 방침을 재확인했다. 이에 김태집은 의장이 답변하지 않은 데에 대해서는 별도의 불만을 표시하지 않고 자신의 질문의 초점은 30만원의 예산문제가 아니라 근본문제의 해결 즉 법률 개정에 있다며 재차 질문했다. 이에 토목과장은 당장 현재의 관행 부역을 대신할 방법이 없으며 그것은 조선 전체에 충분한 재원이 확보되어야만 가능하다며 거듭 부역 폐지 불가를 확인했다.[130]

또한 김현조는 관행부역은 여러 사정으로 폐지하는 것은 어렵다고 생각한다면서 두 가지 문제를 질문했다. 하나는 부역에 나오는 사람들에게 도시락값으로 5전씩이라도 지급할 의향이 없는가이다. 그는 봄철이 되면 먹을 것이 없어 도시락도 싸오지 못하는 다수의 사람들에게 부역을 부과하는 것은 인정상 또는 도덕상 볼 수 없으며 일의 능률을 올리기 위해서라도 도시락값을 지급할 것을 제안했다. 다른 하나는 관공서직원에게 관행부역을 부과하지 않는 이유에 대해서이다. 김

[129] 「1936년 회의록」, 60-61쪽.
[130] 「1936년 회의록」, 62쪽.

현조는 군민의 의무로써 세금을 내지 않으면 안 됨에도 불구하고 부락에 거주하는 관공서직원만 부역을 안 하는 것은 매우 이상하며 일반인들의 비난이 굉장히 많은 데에 대한 당국의 의견을 물었다.[131]

토목과장은 도시락값 지급은 이전에 도시락 때문에 부역을 하는 경향도 있다는 예를 들어 그 폐해가 우려되어 도시락값 지급을 전혀 고려하고 있지 않다고 답변했다. 그리고 관공리 부역문제는 관공리가 부역에 나오는 곳도 있고 돈을 내는 곳도 있는 등 관습에 맡기고 있어 도당국으로서는 이래라 저래라 할 의향이 없다고 밝혔다. 단지 농민이 열심히 하고 있음에도 관공리가 만약 모르는 체하고 있다면 그것은 도덕상의 문제이므로 실제 있다면 진지하게 주의를 주는 방법도 있을 거라고 답변했다.

이처럼 관행부역을 둘러싼 논쟁이 길어지자 최재엽이 토목비 문제에 대한 질문이 거의 끝났다고 생각한다며 제1독회를 마치고 나머지는 제2독회에서 토론할 것을 제의하자 의장이 동의를 받아 제1독회가 끝났다.[132]

제4일 권업, 수산관계의 제1독회가 진행되었는데,[133] 신현익이 농촌진흥에 대해 질문하는 가운데 농촌의 자본가가 점차 도시로 이주해 가는 현상을 막아야 하며, 이를 위해서는 의원들이 현장에서 직접 느끼는 이주 원인을 도민들을 대표해서 당국에 전하면 당국이 이를 적극 반영해야 한다고 주장했다. 그러나 도당국이 그렇게 하지 않는다며

---

131 「1936년 회의록」, 63쪽.
132 「1936년 회의록」, 67-68쪽.
133 「1936년 회의록」, 89쪽.

그 실례로서 앞에서 논의한 부역철폐문제에 대한 토목과장의 답변을 들었다. 그리고 신현익은 앞의 오카모토의 미풍양속 발언을 '비행기 위에서의 관찰'과 같은 현실을 도외시한 추상적인 파악이라고 주장하며 부역문제의 구체적인 실상에 대해 다음과 같이 말했다.[134]

> 우리들이 늘 시골에 있으면서 실제 목격하고 있는 바를 말하면, 정말 가장 바쁜 농번기에 그것도 춘궁으로 배가 고파 허리띠를 졸라매고 식사를 대신해 눈물겹게 불평하면서 부역에 나가고 있다. 만약 의식(衣食)이 충분하여 짬짬이 후의로 기꺼이 하는 경우에는 미풍양속이라고 할 수 있을지도 모르지만, 저렇게 빈약하고 얼굴이 창백하고 전혀 일할 힘도 없을 것 같은 농민이 그것도 농번기 춘궁에 부역에 나가는 것이 무슨 미풍양속인가. 제발 길의 울퉁불퉁을 고치기보다 2백만 도민의 마음의 울퉁불퉁을 평탄하게 하기 위해 50만 원, 60만 원의 돈을 지불하는 것이 오히려 낫다고 통감하지 않을 수 없다. 농촌진흥을 위해 관행부역을 철폐할 의지는 있는가? 없는가? 이에 대한 토목과장의 답변은 재삼재사 들었으므로 특별히 의장 각하의 성의 있는 답변을 부탁한다.[135]

토목비 제1독회에서 나왔던 문제의 연장선상에서 농번기 빈민들의 문제를 들어 관행 부역이 조선의 '미풍양속'이라는 오카모토의 말로 대표되는 부역존치론을 비판하고 금납제를 통한 부역폐지를 주장

---

134 「1936년 회의록」, 112쪽.
135 「1936년 회의록」, 113쪽.

한 것이다. 특히 토목과장의 반복되는 존치론에 대해 비판하고 도당국의 최고 책임자인 의장(지사)의 답변을 요구한 것이다.

지사의 정리

이에 대해 지사는 우선 등외 도로에 대한 부역은 '미풍양속'이라면서 공공단체의 재정 여건상 존치할 필요가 있다고 주장했다.

> 지금까지의 여러분의 논의는 지당하다. 한편 부역이 미풍양속이라는 관념도 완전히 부정할 수 없다. 예를 들면 농촌에서 등외 도로 소위 촌민 도로라는 것은 농촌진흥 정신에 따라서 공동의 편익을 위해 힘을 합쳐 길을 만들거나 수리한다.… 이는 매우 좋은 미풍양속이라고 할 수 있다. 이런 의미에서 내지에서도 예부터 관행되어 현재도 실행하고 있고 조선에서도 예부터 이런 미풍양속이 있다. 이런 의미에서 미풍은 어느 정도 존치할 필요가 있다. 또한 실제 공공단체의 재정이 거기까지 손이 미치지 못하기 때문에 도로 부역은 앞으로도 소위 미풍양속으로써 존치해도 좋다고 생각한다.[136]

유등 도로에 대한 부역에 대해서는 다음과 같이 개선의 필요성을 인정했다.

> 그러나 1등 도로, 2등 도로와 같이 교통이 빈번한 도로는 지금까지 여러분들이 논의한 바와 같이 도로 파손이 심한 경우 단지 그 부근

---

[136] 「1936년 회의록」, 114-115쪽.

면에 부담지우는 것은 과연 상당히 무리가 있다. 따라서 그러한 주요 유등 도로에는 가능하면 부역을 폐지해서 공공단체의 재정으로 하는 것이 이상적이다. 단지 오늘날 아시는 바와 같이 꽤 증세했는데도 아직 긴급한 문제가 아주 많이 있다.… 지금의 재정 상태로는 바로 부역을 폐지하는 것은 어렵지만 앞에서 토목과장이 설명한대로 부역의 실행 방법은 대납급의 방법에 의해 또는 지방의 합의에 의해 인부를 고용하는 등 여러 가지가 있다. 그러한 방법에 의해 불합리한 점을 교정하는 것도 하나의 방법이고 또한 도로계획을 점차적으로 추진해 어느 정도 도로 건설이 끝나면 앞으로는 그 돈을 도로를 수리하는 데 돌리는 것도 어느 정도 가능하다.[137]

그러나 지사는 현실적으로 세수확보가 중요한데 현재의 세수로서는 폐지할 수 없고 경감하는 데 머무를 수밖에 없다고 주장했다.

또한 세입은 아시는 바와 같이 몇 년 전부터 경제계 일반의 호황에 힘입어 자연 증수(增收)가 늘고 있다. 이런 자연 증수는 지금은 여러 아주 긴급한 신규 사업에 돌리고 있는데 대체로 마무리되면 가능한 한 예산을 안배해서 도로 수리 비용에 차츰 돌림으로써 부역을 점차 경감해나가는 방법도 가능하다.… 물론 이것만으로는 지금까지의 부역을 전폐할 수는 없고 마침내 전폐하게 된다면 현재의 재원으로는 곤란하고 부과금을 늘려야 한다.

앞에서 말한 대로 내년도 호별세 총액이 40만원, 이는 1호당 평균

---

[137] 「1936년 회의록」, 115쪽.

1원이다. 거의 이와 같은 액수의 세금을 거두지 않으면 안 되는 지금 바로 호별세가 내년도 1원이 배가 되는 것은 부담상 곤란하다. 한편 도로를 주로 파괴하는 차량에 대해서 부담력을 고려해 어느 정도까지 차량세 세율을 올리는 것도 하나의 방법으로 내년도에 실행한다. 앞으로 세금을 더 징수할 여지가 있지 않을까 생각한다.[138]

그럼에도 불구하고 도가 전폐하려면 조세를 증징增徵해야 하는데 증징의 범위를 정하는 것은 총독부의 관할이고 조선 전체의 문제이기 때문에 당장 실행하는 것은 무리라며 향후 총독부와 협의해 나갈 뜻을 밝혔다.

그러한 점은 조세의 증징이므로 현재 총독부가 제시한 제한 범위 내에서는 어떻게 해도 그 만큼의 소요경비를 충당하기 어렵다. 그래서 조세수입을 가능한 한 안배해서⋯마침내 이것을 전폐하려면 부과금의 제한확장이라도 없으면 할 수 없다. 이를 도에서 결정하는 것은 곤란하다. 이 점에 관해서는 총독부에도 의견을 말했는데 지금 바로 조세를 증징해서 부역을 전폐하는 것은 조선 전체의 상황에서 보아도 시기상조이다.⋯부과금의 제한 이상 증징은 조선 전체의 큰 문제이다. 또한 부역 문제는 단지 본도의 문제일 뿐만 아니라 조선 전체의 문제이다. 이러한 점에 관해서 앞으로도 총독부와 충분히 절충해서 장래의 대방침을 결정하려 한다.[139]

---

[138] 「1936년 회의록」, 115-116쪽.
[139] 「1936년 회의록」, 116쪽.

이상 살펴본 바와 같이 관행부역에 관한 도회에서의 논의는 의원들, 특히 조선인 의원들이 당시 대다수 지역주민이었던 농민 중 빈민의 입장에서 관행부역의 폐해를 없애기 위해 부역을 폐지하거나 경감하기 위해 금납제를 실시할 것을 주장했다. 이에 대해 도당국은 의원들의 주장에 이해를 표시하면서도 도재정과 제도적인 문제 등 현실적인 여건을 이유로 관행부역의 개선을 약속하며 폐지에는 찬성하지 않았다. 그리고 관행부역이 조선의 '미풍양속'이라는 일본인 의원의 주장을 둘러싸고 조선인과 일본인 간의 민족적 감정이 충돌하는 것을 감지할 수 있다. 이러한 도당국과 의원들 간의 의견 차와 조선인과 일본인 사이의 감정 대립은 지사의 정리로 아무런 반발 없이 마무리되었다. 이는 앞에서도 지적한 대로 지사의 의장으로서의 막강한 권한이 암암리에 영향을 미쳤던 것이다.

의견서 제출 및 논의

의견서 개괄 및 제출 이유

1936년에는 총 4건의 의견서가 상정되어 모두 채택되었다. 이에 비해 1937년에는 총 6건이 제출되었는데 그 중 3건만이 채택되었다. 이는 지사가 건의안은 도회의 권위를 위해 '도정 전반에 관한 상당히 큰 문제'를 다루고 '지방적 문제'는 단지 의견으로서 배청拜聽해야 한다며 6건 중 3건만을 제출할 것을 제안하자 의원들이 찬성했기 때문이다.[140]

---

[140] 「1937년 회의록」, 388쪽. 한편, 1934년에는 11건이 1935년에는 3건이 각각 제출되

〈표 23〉 경기도회에 제출된 의견서

연도	의견서명	건의자	찬성자	수신인	비고
1936	① 도립공업학교 설립에 관한 의견서 　도립공업학교를 신속히 설립할 것을 요망함	肥塚正太	김태준 외 39명	경기도지사	채택
	② 강화 김포 간 가교 촉진에 관한 의견서 　강화 김포 간 가교를 속히 시행할 것을 바람	황우천	이의종 외 36명	경기도지사	채택
	③ 유안(硫安) 시가 인하에 관한 의견서 　(이유 요약이 있음)	임한선	변재수 외 32명	경기도지사 조선총독	채택
	④ 용재림지(用材林地) 설정에 관한 의견서 (이유 요약이 있음)	박기환	戶嶋祐次郎 외 34명	경기도지사	채택
1937	⑤ 신한강 및 운하 개착에 관한 요망	石原磯次郎 외 3인	이두용 외 25명	경기도지사 조선총독	채택
	⑥ 공립중등학교를 증설 또는 확충하는 것은 현재 시급하므로 속히 실현하기를 바람	정영진	조성준 외 30명	경기도지사	채택
	⑦ 현재 4학년제의 공립보통학교를 속히 6학년제로 변경 또는 확충할 것을 고려바람	정영진	조성준 외 27명	경기도지사	채택
	⑧ 도부군에 위생지도원을 설치할 것을 요망함	신현익	近藤秋次郎 외 26명	경기도지사	반려
	⑨ 도립인천의원 출장소를 강화군에 설치할 것을 바람	황우천	조빈행 외 37명	경기도지사	반려
	⑩ 경성강릉선의 한강횡단지점인 여주에 철교를 시급히 가설할 것을 바람	전은하	조성준 외 26명	경기도지사	반려

출처: 「1936년 회의록」, 353-364쪽; 「1937년 회의록」, 389-404쪽.

한편, 1936년에 채택된 「강화 김포 간 가교 촉진에 관한 의견서」의 경우는 '지방적 문제'에 가까움에도 채택되었고 1937년도 제출된

었다(「1937년 회의록」, 36쪽).

「도부군에 위생지도원을 설치할 것을 요망함」이라는 의견서는 반드시 '지방적 문제'라고 보기 어려움에도 반려되었다. 또한 「경성강릉선의 한강횡단지점인 여주에 철교를 시급히 가설할 것을 바람」의 의견서는 이를 제출한 전은하가 '단순히 한 군 한 읍의 이익을 목적으로 하는 것이 아니라 중부 조선 4개 도의 이익을 위한 것'이라고 이유를 설명했음에도 채택되지 않았다.[141] 의견서는 기본적으로 의원이 속한 지역의 민원을 해결하는 성격을 띠고 있었다. 예를 들면, 「경성강릉선의 한강횡단지점인 여주에 철교를 시급히 가설할 것을 바람」 의견서와 「도립인천의원 출장소를 강화군에 설치할 것을 바람」 의견서의 건의자는 각각 여주 출신 의원 전은하와 강화 출신 의원 황우천이었다.

한편, 위 10개 의견서 중 채택된 7개 의견서에 나타난 제출 이유는 다음과 같다.[142]

① 「도립공업학교 설립에 관한 의견서」는 공업이 발흥함에 따라 공업기술자의 양성이 '초미의 급무'이므로 '도민 전체의 경제 향상과 생활 안정'을 위해 그리고 학생들의 진학 목적을 실현하고 입학난 완화를 위해 도립공업학교를 급히 설립할 것을 요구했다.

② 「강화 김포 간 가교 촉진에 관한 의견서」는 섬인 강화도의 특성상 해로를 통해 교통이 이루어지고 있기 때문에 교통의 불편과 두절로 인해 '도민 생활이 크게 위협받고' 강화도의 '문화 및 산업' 발전이 심하게 저해되는 것을 해결하기 위해 가교를 설치할

---

[141] 「1937년 회의록」, 404쪽. 이는 의장의 회의 진행 방식에도 의한 것이며 의장의 힘이 강대함을 보여주는 것이기도 하다. 1936년 의장은 도지사 도미나가(富永文一)였으며 1937년은 도지사 유무라(湯村辰二郎)가 전년 10월에 부임해서 처음 주재하는 도회 회의였다.

[142] 「1936년 회의록」, 353-364쪽; 「1937년 회의록」, 389-404쪽.

것을 주장했다.

③「유안 시가 인하에 관한 의견서」는 당시 조선의 유안(질소비료) 제조업자의 판매가격이 터무니없이 고가이기 때문에 '농촌의 이익을 유린하고 현재 갱생도상에 있는 조선 옹가의 정신을 감멸'하므로 적정한 가격으로 인하해서 '농민의 원성'을 잠재울 것을 요구했다.

④「용재림지用材林地 설정에 관한 의견서」는 도시 용재상이 건축용재를 고가로 매입하기 때문에 지방농촌은 '경제적으로 타격을 입어 점점 더 피폐해지고' 있으므로 도내 산재를 가지고 건축용재를 자족하기 위해 수종 및 적지를 선택해 용재림지로 설정해 용재림을 조성할 것을 요구했다.

⑤「신한강 및 운하 개착에 관한 요망 건」은 우기의 수해를 막기 위해 신한강을 굴착해서 '연안 도민의 불안'을 해소하고 운하 건설을 통해 운송을 원활히 해서 '도내 산업발달'에 이바지해야 한다고 주장했다.

⑥「공립중등학교를 증설 또는 확충 요망 건」은 초등교육 졸업생이 증가하고 있고 그들 중 많은 수가 상급학교 진학을 희망하고 있음에도 불구하고 도내의 공사립중학교만으로는 그들을 충분히 수용할 수 없으므로 학생들의 '전도와 국운의 진전'을 위해 입학난을 해소하기 위해 공립중등학교를 증설 또는 확충할 것을 주장했다.

⑦「현재 4학년제의 공립보통학교를 속히 6학년제로 변경 또는 확충 요망 건」은 4학년제의 공립보통학교 졸업생은 학력이 너무 유치하여 소위 반半문맹을 면하지 못하므로 자연히 다른 5, 6학

년제 학교에 입학하려고 하는데 그 학교는 이들을 수용할 수 없으므로 이들 중도 폐학생들을 구제하기 위해 현재의 4학년제 공립보통학교를 속히 6학년제로 변경 또는 확충할 것을 요구했다.

이와 같이 의견서는 제출 이유로서 도민 생활의 불편을 해소하는 것을 들고 있으며, 교육, 교통, 산업, 재해 예방 등 다양한 분야에 걸쳐 있었다. 의원들은 건의안 실현을 통해 지역주민의 지지를 얻어 자신들의 정치력을 더욱 확대하려 했다. 그러나 제출된 의견서가 채택되었다고 하여 곧바로 예산에 반영되어 실행되는 것은 아니었다.[143] 이 경우 의원들은 오히려 지역에서 신망을 잃을 가능성도 배제할 수 없었다. 이에 의원들은 도회 회의에서 건의안이 예산에 반영되지 않은 이유를 질의하기도 했던 것이다.[144]

의견서 논의

의견서는 대부분 만장일치로 채결되었다. 대대수가 찬성자 명단에 서명했기 때문에 당연한 것이었다. 그러나 단 한 번 이의가 제기되어 약간 문구가 수정되었는데, 1937년에 정영진이 건의한 의견서「현재 4학년제의 공립보통학교를 속히 6학년제로 변경 또는 확충할 것을 고려바람」이 그것이다.[145]

---

[143] 정영진은 1934년 11건, 1935년 3건, 1936년 4건 등 합계 18건의 건의안이 '의원 다수의 희망'으로 제출된 '도민 다년의 숙망'임에도 불구하고 대부분이 실행되지 않고 있음을 지적하고 있다(「1937년 회의록」, 25-26쪽).
[144] 예를 들면, 강화도의 황우천은 1936년에 자신이 건의한 '강화 김포 간 가교 촉진에 관한 의견서'가 만장일치로 채택되었음에도 불구하고 1937년도 예산안에 반영되지 않은 데에 대해 '유감천만'임을 밝히며 조사결과 및 미반영 이유를 추궁했다(「1937년 회의록」, 27쪽).
[145]「1937년 회의록」, 405-410쪽.

의장이 관례대로 의견서를 만장일치로 채택하려 하자 찬성자 명단에 이름을 올리지 않은 오카모토가 이의를 제기했다. 그는 이 안이 '이상적인 정말 괜찮은 안'으로 하루빨리 실현되기 바라지만, 실제 문제로서 충분한 도의 재정이 뒷받침되자 않아 실현될 수 없다며 반대 의사를 표명했다. 그는 공립보통학교를 모두 6학년제로 함으로써 결국 종적인 확장은 되지만 횡적인 확장이 그만큼 줄어둔다고 주장했다. 이에 이의종도 반대의사를 표명했다. 그러자 제안자인 정영진이 제안 이유에 대해 설명에 나섰다. 정영진은 의견서 제출 이유에서 밝힌 4년제 학교의 학력 저하와 그로 인한 문제점에 대해 설명하고 재정적으로도 '당국의 성의 있는 결심만 있으면 절대 불가능한 일이 아니'라며 만장일치로 결의해줄 것을 부탁했다.

그러나 간베가 건의안의 이유 끝부분에서 말하는 '불완비한 양적 교육정책을 버리고 완전한 질적교육정책'이라는 것이 4학년제 학교를 점점 줄이고 6학년제 학교만으로 하자는 취지인가를 확인했다. 이에 정진영은 약간 태도를 바꾸어 그렇다고 대답했다. 즉, 그는 즉시 모두 6년제로 하자는 것이 아니라 점차 실행한다는 의미라고 한 걸음 물러난 것이다. 이에 반대했던 이의종이 찬성으로 돌아서자 임한선은 이 안은 이상적인 안이나 실현 가능성이 낮기 때문에 조선 전체의 견지에서 보면 '권위 있는 건의안'이 되기 어렵다며 '가능하면 지방의 상황에 비추어 지방의 희망을 채워준다'는 식으로 온후하게 문구를 수정할 것을 제안하며 당국의 생각을 캐물었다.

이를 기다렸다는 듯이 의장은 도회 회의규정에 의하면 건의안은 다수결에 의해 결정하도록 되어 있지만 만장일치로 채택할 것을 제안했다. 그 이유는 반대가 있을 경우 총독부에 대해 설득력이 약하다는 것이다. 또한 의장은 총독부가 받아들일 수 있는 안을 제출할 것을 주장했다. 그를 위해 임한선이 수정안을 내놓았지만 건의자인 정영진이 원안을 수정해서 채택할 것을 부탁했다. 그리고 「6학년제 공립보통학교 증치확충에 관한 건」으로 해서 임한선이 말한 대로 '지방의 실정을 감안해서 가능하면 속히 6년제의 학교를 증설하기 바란다'는 식으로 정정할 것을 제안했다. 이에 제안자인 정영진이 찬성하자 의장은 이의를 제기했던 오카모토에게도 반대의사가 없는가를 확인하고 만장일치로 채택되었다.

이와 같이 의견서 채택에서는 거의 의견 차이가 없었다. 이는 앞에서도 지적한 대로 많은 수의 찬성자 연명으로 제출되기 때문이기도 하다. 그러나 이견이 노출되었을 때 역시 의장이 중재하면 의원들은 수긍했다. 이는 관행부역 논의 과정에서도 알 수 있는 바와 의장의 막강한 권한이 영향을 미친 것이다.

지금까지 살펴본 바와 같이 경기도회의 선거는 관선에 일본인을 다수 임명함으로써 민선의원을 포함한 도회 세력 분포에서 조선인의 압도적인 우위를 완화하려 했다. 민선 선거는 비교적 높은 경쟁률을 보이며 선거 과정에서 조선인과 일본인의 경쟁 구도가 형성되었다. 선출된 조선인 의원들은 근대적 교육을 받고 관료 생활을 통해 당국의 신용을 얻어 자본을 축적하고 지역주민들의 지지를 바탕으로 정치력을 확대하려 했다.

1936·7년의 경기도회 회의는 제1호의안인 세출입예산안 심의가 중심이었다. 회의 일정은 토목비·권업비·수산비·농촌진흥비·치산사업비·교육비 등에 관한 제1독회가 중심으로 진행되었고 의견서가 제출되었다. 회의 출석률은 각각 93%와 97%로 높았고 발언율도 신청

자가 다수인 가운데 각각 88%와 83%로 낮지 않았다고 할 수 있다. 실제 회의에서 의원들의 질문에 대해 관료들의 답변이 이어지고 대부분의 안건은 치열한 논쟁 없이 도당국의 의도대로 원안이 채결되었다. 의견서 제출은 지사의 조정에 의해 일부 반려되거나 수정되긴 했지만 대부분 만장일치로 채택되었다.

    이와 같이 도회 구성과 회의는 대체로 지배 당국의 의도대로 진행되었다. 지사를 겸한 의장은 강대한 권한을 배경으로 논란이 지나치게 확대되는 것을 막고 당국의 입장을 관철할 수 있었다. 그러나 선거 과정 및 결과와 관행부역을 둘러싼 도회의 논의 과정에서 볼 수 있는 것처럼 조선인과 일본인의 민족적 감정 대립이 드러났으며 조선인 의원들은 지역 주민의 불만을 해소함으로써 그들의 지지를 확보하기 위해 지배 당국에 접근전을 시도하기도 했다. 일제의 동화주의 지배는 조선에서 결코 쉽게 실현되지 않았던 것이다.

제5장

경상남도회의 구성과 회의

경기도회에 이어 경상남도회(이하 경남도회)를 사례로 든 이유는 다음의 두 가지이다. 하나는 1938년부터 1943년까지의 경남도회 회의록[146]이 온전한 형태로 존재한다. 다른 하나는 대략 이 시기가 아시아·태평양전쟁기와 일치하기 때문이다. 따라서 여기서는 아시아·태평양전쟁기에 일제가 조선에서 '내선일체'의 실현을 지배목적으로 내걸고 조선인을 전쟁에 동원하기 위해 다양한 시책들을 실시하는 데에 상응해서 도회가 어떻게 변용되어갔는지를 분석했다. 구체적으로는 선거와 구성, 그리고 도회 회의의 실제를 주로 형식적인 측면에서 고찰했다.

---

[146] 「慶尙南道會會議錄: 第10, 12, 14, 15, 17, 19回」, 국립중앙도서관(http://www.nl.go.kr). 이하 각 회를 연도로 바꾸어 '1938년 회의록'과 같이 줄여 씀.

도회 선거와 구성

1933년 5월에 첫 도회 선거가 시행된 후 아시아·태평양전쟁기에는 1937년과 1941년에 두 번 선거가 실시되었다. 경남도회를 중심으로 1937년과 1943년의 도회 선거 과정 및 구성에 관해 간략하게 언급한다.

1937년 선거

1937년 도회 선거는 4월 10일부터 선거운동이 시작되어 5월 10일 오전 9시부터 오후 4시까지 18개 부, 46개 읍, 2,327개 면, 총 2,391개 투표소에서 약 2만 5천명의 유권자가 참여한 가운데 전선全鮮에서 투표가 실시되었다.[147] 5월 3일 입후보자 등록을 마감했는데, 〈표 24〉에서 알 수 있는 것처럼 정원 283명에 857명이 입후보해 약 3대 1의 경쟁률을 보였다. 이 중 현역 의원은 134명에 불과해 80%가 신인이었다. 일본인 입후보자가 82명(약 10%)인 데 비해 조선인 입후보자는 775명(약 90%)으로 압도적으로 많았다.[148]

경남도회 선거 결과는 〈표 25〉와 같다. 우선 2개 부, 3개 읍, 19개 군 총 24개 선거구에서 총 29명을 선출했다. 부산부·동래군·밀양군·창원군·울산군 등 5개 선거구에서 각각 2명씩, 나머지 지역에서는 각각 1명씩을 뽑았다. 총 입후보자는 79명으로 2.7대 1의 경쟁률을 보여 전체 도회 선거 경쟁률을 약간 밑돌았다. 조선인과 일본인을 비교해 보면 양자 간의 경쟁 구도가 뚜렷했음을 알 수 있다. 먼저 입후보

---

[147] 『京城日報』, 1937년 5월 11일, 석간 1면.
[148] 『京城日報』, 1937년 5월 6일, 석간 1면.

〈표 24〉 도회 선거 경쟁률(1937년)

	경기	충북	충남	전북	전남	경북	경남	황해	평남	평북	강원	함남	함북	계
정원	28	14	17	20	29	30	29	20	18	23	21	20	14	283
입후보자	86	37	55	53	69	83	79	75	55	70	72	80	42	856
경쟁률	3.1	2.6	3.2	2.7	2.4	2.8	2.7	3.8	3.1	3	3.4	4	3	3

출처: 『京城日報』, 1937년 5월 6일, 석간 1면; 『京城日報』, 1937년 5월 9일, 석간 3면.

지역은 조선인은 24개 전 지역(100%)에서 입후보한 데 비해 일본인은 8개 지역(약 33%)에서 입후보하는 데 그쳤다. 일본인은 일본인이 다수 거주하는 부(부산부·마산부) 및 읍(통영읍·진주읍)과 2인을 선출하는 군(밀양군·창원군)에 주로 입후보했음을 알 수 있다. 다음에 입후보자수는 조선인이 67명(약 85%)이고 일본인은 12명(약 15%)으로 조선인이 역시 압도적으로 많다. 당선자 수는 조선인 23명(약 79%)이고 일본인 6명(21%)으로 조선인이 훨씬 많다. 당선 지역은 조선인이 불과 3곳(부산부·마산부·진주읍)을 제외한 21개 지역에서 당선된 데 비해 일본인은 일본인이 다수 거주하는 3곳(부산부·마산부·진주읍)과 2명 선거구(밀양군·창원군) 등 겨우 5곳에 머물렀다.

도당국은 민선의원 선거를 앞두고 다음과 같이 관선의원을 발표했다.

立石良雄(부산부, 재), 坂田文吉(부산부, 재), 杉村逸樓(부산부, 재), 相澤毅(부산부, 신), 大木盛三郎(부산부, 신), 김상홍(金相洪, 부산부, 신), 西田木鍬市(마산부, 신), 장응상(張鷹相, 사천군, 신), 김병규(金秉圭, 동래군, 재), 清水佐太郎(진주군, 재), 大村金治郎(울산군, 신), 植田義夫(김해군, 재), 하준석

〈표 25〉 경남도회 선거 결과(1937년)

선거구	정원	입후보자수				당선자수	
		조선인	일본인	계	경쟁률	조선인	일본인
부산부	2	1	4	5	2.5	0	2
마산부	1	2	2	4	4	0	1
통영읍	1	2	1	3	3	1	0
진주읍	1	2	1	3	3	0	1
김해읍	1	2	0	2	2	1	0
동래군	2	4	0	4	2	2	0
양산군	1	4	0	4	4	1	0
남해군	1	4	0	4	4	1	0
함안군	1	4	0	4	4	1	0
고성군	1	2	0	2	2	1	0
하동군	1	2	0	2	2	1	0
김해군	1	2	1	3	3	1	0
합천군	1	3	1	4	4	1	0
창녕군	1	2	0	2	2	1	0
의령군	1	6	0	6	6	1	0
산청군	1	3	0	3	3	1	0
밀양군	2	5	1	6	3	1	1
거창군	1	2	0	2	2	1	0
사천군	1	3	0	3	3	1	0
진주군	1	3	0	3	3	1	0
창원군	2	2	1	3	1.5	1	1
함양군	1	2	0	2	2	1	0
통영군	1	2	0	2	2	1	0
울산군	2	3	0	3	1.5	2	0
계	29	67	12	79	2.7	23	6

출처: 『京城日報』, 1937년 5월 9일, 석간 3면, 5월 11일, 조간 2면.

(河駿錫, 창녕군, 재), 노준영(盧俊泳, 함양군, 신)[149]

총 14명 중 조선인이 5명, 일본인이 9명이다. 이는 앞에서 본 바와 같이 민선의원 선거에서 조선인이 압도적 우위를 차지할 것을 감안해 일본인을 다수 임명함으로써 도회 내 전체 조선인 의원과 일본인 의원과의 격차를 완화하려 한 것이다. 그리고 부산부에서 5명을 임명한 것은 일본인이 다수를 점하고 있는 부지역에서 일본인을 적극 진출시키기 위한 것이었다. 이로써 1937년 경남도회는 관선과 민선을 포함해 정원 43명 중 조선인 의원 28명(65%), 일본인 의원 15명(35%)으로 민선의원 비율보다는 조금 차이가 좁혀졌지만 여전히 조선인이 우위를 차지했다.

한편, 민선의원의 득표수·나이·직업·선수·학력 및 경력 등을 살펴보면 〈표 26〉과 같다. 평균 득표수는 약 45표이고 평균 나이는 약 47세이다. 신인은 22명(76%)이며 재선된 의원은 7명(24%)이다. 직업과 학력 및 경력을 조선인과 일본인을 구분해서 살펴보면 다음과 같다.

일본인의 경우 총 6명 중 5명이 회사의 중역 또는 경영자였다. 나머지 1명도 농업으로 되어있지만 회사의 중역을 겸하고 있어 대부분이 회사의 중역 또는 경영자라고 할 수 있다. 학력은 1명만을 확인할 수 있어서 생략하고 주요 경력을 보면 6명 중 4명이 관계 출신이고 2명은 민간 출신이다. 전자는 조선에 관리로 부임해 근무하다가 퇴직해서 회사 경영에 뛰어들었고 후자는 처음부터 민간부문에 진출해 조선에 정착했다고 볼 수 있다.

[149] 『京城日報』, 1937년 4월 28일, 석간 1면, 29일, 석간 3면.

〈표 26〉 경남도회 민선의원 신상명세(1937년)

이름	선거구	득표수	나이	직업	신구	학력 및 경력
西條利八	부산부	21	59	조선철공업	신	경부철도(주), 조선·철공업 경영
山川定		11	67	신용조합 이사	신	경찰관, 부산신용조합 이사
常松泰	마산부	17	59	회사 중역	구	조선총독부 도기사, ㈜무산무진 취체역, ㈜마산제빙 감사역
上原三四郎	진주읍	6	71	회사 중역	신	학교조합 관리자, 진주면장, ㈜진주어채 이사
허기엽	통영읍	10	49	회사 중역	신	통영사립의성중학교 4년 수료, 경찰관, ㈜대전주조 감사, ㈜통영물산 전무이사
배인환	김해읍	11	52	농업	신	한문수학, 김해군 우부면장, 농업계장, 금융조합 평의원, 축산조합 평의원
정인두	양산군	28	37	농업	신	
이형구	함안군	47	40	농업	신	
김희찬	창녕군	70	50	농업	신	
허만채	진주군	77	36	주조업	신	보성전문학교상과졸업, 광신상회(주) 감사, 경남평론사(주) 대표
고달승	의령군	38	42	의사	신	경찰의, 의령산업조합장, 병원 개업
황순주	사천군	36	35	의사	신	3·1운동 가담, 대구의학전문학교졸업, 대구도립병원의사, 병원 개업
監見源太郎	밀양군	31	51	잠사업	신	일본 교토(京都)고등잠업학교, 경남잠사업·상묘조합장
오인덕		27	49	사법서사	신	밀양주조(주) 감사
오의상	울산군	76	39	농업	신	울산군 하상면장, 울산상사(株) 이사
안효식		57	34	의사	구	경성의전 졸업
이갑용	고성군	80	45	농업	구	고성자동차(주) 감사, 고성주조(주) 대표
정인주	동래군	34	51	어업	신	기장금융조합장, 동래군 장안면장
장진원		25	53	농업	구	경남산업(주) 이사, 구포산업조합장
이경상	합천군	78	41	농업	구	경성보성중학졸업, 합천면장
여경엽	하동군	83	48	은행원	신	남일물산(주) 전무이사

이름	선거구	득표수	나이	직업	신구	학력 및 경력
김척두	남해군	30	43	사법서사	신	
설관수	창원군	64	39	주조업	신	창원국자(주) 대표
谷垣関五郎		56	48	농업	구	총독부 농업기술원, 경남산업(주) 감사
김병우	거창군	75	45	사법서사	신	거창자동차(주) 이사
정호덕	산청군	34	42	농업	신	협성상회(주) 감사
탁동조	통영군	83	42	주조업	신	경성사범 졸업, 공립보통학교 교사, 은행사무원, 통영주조(주) 대표
노영인	함양군	38	37	상업	신	진주공립농업학교, 삼일산업(주) 감사
김경진	김해군	49	45	농업	구	김해군 김해면장, 중추원 참의
평균		45	47			

출처: 「京城日報」, 1937년 5월 9일, 석간 3면, 5월 11일, 조간 2면; 「한국사 데이터베이스」; 동선희, 앞의 책, 414쪽.

다음에 조선인의 경우 총 23명 중 직업은 농업이 10명으로 가장 많으며 의사, 사법서사, 주조업이 각각 3명으로 뒤를 잇고 있고 회사 중역, 어업, 상업, 은행원이 각각 1명이다. 농업의 경우 대부분 지주로 추정되며 확인되는 4명이 회사 중역을 겸하고 있다. 상업과 은행원의 경우도 회사 중역이다. 결국 대부분이 대지주 또는 회사의 중역이다. 학력은 아쉽게도 불과 8명밖에 파악할 수 없으나 전문학교가 3명으로 가장 많으며 중학교 수료·졸업이 2명, 사범학교와 공립농업학교 그리고 한학 수학이 각각 1명으로 뒤를 잇고 있다. 또한 확인되는 경력의 경우 대부분이 회사중역을 거치고 관계의 경우 8명만이 확실히 파악되는데 면장이 4명으로 가장 많고, 경찰관·경찰의·도립병원의사·보통학교 교사가 각각 1명씩이다.

1941년 선거

1941년 도회 선거는 4월 1일 공지되어 5월 10일에 실시되었다. 이 선거는 앞에서 언급한 대로 일본 본국에서 소위 '신체제운동'이 전개되고 '익찬선거'가 실시되는 가운데 조선에서 처음 실시된 '엄숙한 선거 肅選'¹⁵⁰였다. 일본 본국에서는 전선이 확대되면서 1940년에 전체주의적인 일국일당체제를 만들려는 신체제운동이 추진되어, 기존의 정당이 해산되고 대정익찬회가 발족했다. 이후의 선거는 대정익찬회가 정원과 같은 수의 후보자를 추천하는 소위 익찬선거 또는 추천선거가 실시되었던 것이다. 조선에서 추천선거가 처음 실시된 것은 1942년 2월 대구부회의 보궐선거에서이고, 1941년 도회 선거는 이전과 같은 소위 자유선거로 행해졌다. 하지만 일제는 아시아·태평양전쟁기의 선거인 만큼 전쟁 수행에 적극 협력할 의원을 선출할 필요가 있었다. 이에 대해 선거 직전 경기도 경찰부장 세토瀨戶는 다음과 같이 말했다.

> 이번 총선거는 때마침 우리나라 미증유의 사변 하에서 총후(銃後)국민이 멸사봉공의 정성으로 난국 극복에 매진하고 있는 중요한 시기에 시행되는 것이다. 따라서 선출되는 새로운 의원은 고도 국방국가 체제의 건설에 협심 협력해야 하는 중대한 책무를 진다. 시국은 또한 이러한 능력 있는 인물의 선임을 요망하고 있다.[151]

1941년 도회 선거는 〈표 27〉에서 알 수 있는 것처럼 283명 정원에

---

[150] 『中鮮京日』, 1941년 5월 9일, 7면, 5월 10일, 5면.
[151] 『中鮮京日』, 1941년 5월 9일, 7면.

〈표 27〉 도회 선거 경쟁률(1941년)

	경기	충북	충남	전북	전남	경북	경남	황해	평남	평북	강원	함남	함북	계
정원	28	14	17	20	29	30	29	20	18	23	21	20	14	283
입후보자	91	34	53	46	75	81	60	61	53	70	54	77	41	796
경쟁률	3.3	2.4	3.1	2.3	2.6	2.7	2.1	3.1	2.9	3	2.6	3.9	2.9	2.8
조선인	80	29	46	41	67	68	55	55	51	69	54	74	37	726
일본인	11	5	7	5	8	13	5	6	2	1	0	3	4	70

출처: 『京城日報』, 1941년 5월 6일, 석간 1면; 『釜山日報』, 1941년 5월 6일, 조간 1면.

796명이 입후보하여 2.8대 1의 경쟁률을 보였다. 이 중 신인이 74%를 차지했다. 경쟁률과 신인 비율 모두 1937년보다 약간 낮다. 조선인 입후보자는 726명(약 91%)으로 일본인 입후보자 70명(약 9%)보다 압도적으로 많다.[152] 이는 1937년과 거의 비슷하다.

경상남도의 선거결과는 〈표 27〉 및 〈표 28〉과 같다. 먼저 3개 부, 2개 읍, 19개 군 총 24개 선거구에서 총 29명을 선출했다. 1939년 10월 1일자로 진주읍이 진주부로 승격되고 진주군이 진양군으로 개칭되어 부가 1개 늘고 읍이 1개 줄었으나 선거구 수와 선거구별 정원수는 1937년 선거 때와 변함없다. 총 입후보자는 60명으로 약 2.1 대 1의 경쟁률이다. 이는 전체 도회 및 1937년 경상남도 선거의 경쟁률보다 약간 낮다. 당선자수를 보면 1937년에 이어 역시 조선인과 일본인 간의 경쟁 구도가 명확히 드러난다. 조선인이 25명(86%)인 데 비해

---

[152] 『京城日報』, 1941년 5월 6일, 석간 1면; 『釜山日報』, 1941년 5월 6일, 조간 1면; 『中鮮京日』, 1941년 5월 10일, 5면.

⟨표 28⟩ 경남도회 선거 결과(1941년)

선거구	부산부	마산부	통영읍	진주부	김해읍	동래군	양산군	남해군	소계
정원	2	1	1	1	1	2	1	1	10
입후보자	2	2	1	3	2	6	2	2	20
선거구	함안군	고성군	하동군	김해군	합천군	창녕군	의령군	산청군	소계
정원	1	1	1	1	1	1	1	1	8
입후보자	2	2	2	2	3	2	2	1	16
선거구	밀양군	거창군	사천군	진양군	창원군	함양군	통영군	울산군	소계
정원	2	1	1	1	2	1	1	2	11
입후보자	7	3	2	2	3	2	2	3	24

출처: 『釜山日報』, 1941년 5월 6일, 석간 1면.

일본인은 불과 4명(14%)이다. 1937년 보다 일본인 당선자가 2명이나 감소했다. 일본인은 1937년과 마찬가지로 부산부에서 정원 2명을 독차지하고 마산부에서 역시 정원 1명을 확보했으며 2명 정원인 밀양군에서 1명을 차지했다. 하지만 진부읍에서 진주부로 바뀐 일본인 다수 지역 선거구와 2명 정원인 창원군에서 1937년과 달리 당선자를 내지 못했다. 한편, 조선인과 일본인의 입후보지역과 입후보자 수를 비교한 자료는 입수하지 못했으나 아마도 1937년 선거와 크게 다르지 않았을 것이다.

도당국은 다음과 같이 관선의원을 임명했다.

立石良雄(부산부, 재), 김동준(金東準, 부산부, 재), 井谷儀三郎(부산부, 재), 杉村逸樓(부산부, 재), 西條利八(부산부, 재), 迫間一男(부산부, 신), 西田木惣市(마산부, 재), 植田義夫(김해군, 재), 淸水佐太郎(진주부, 재), 이장희(李章

희, 江川忠鄕, 진주부, 신), 김경진(金慶鎭, 창녕군, 신), 노준영(豊川一淸, 함양군, 재), 大村金治郎(울산군, 재), 노영환(盧泳煥, 大原次郎, 창녕군, 신)[153]

총 14명 중 조선인이 5명, 일본인이 9명이다. 이는 1937년과 같은 숫자이며 도당국의 의도 역시 그대로 관철된 것이다. 즉 민선의원 선거에서 조선인이 월등히 다수를 점할 것에 대비해 훨씬 많은 일본인 의원을 확보함으로써 도회 내의 조선인과 일본인의 불균형을 어느 정도 바로잡으려 한 것이다. 결국 1941년 경남도회는 관선과 민선을 합쳐 정원 43명 중 조선인 30명(70%), 일본인 13명(30%)으로 민선의원 보다는 양자 간의 불균형이 약간 완화되었지만 큰 변화는 없다. 오히려 1937년보다는 민선에서의 당선자 저조로 조금 더 불균형이 심화된 것이다.

한편, 민선의원의 득표 수·나이·직업·선수·학력 및 경력 등을 살펴보면 다음과 같다. 평균 득표 수는 약 54표이며 평균 나이는 약 45세이다. 신인은 17명(59%)이며 재선된 의원은 전 의원 4명을 포함해 12명(41%)이다. 1937년에 비해 신인 비율이 17%나 낮다. 직업과 학력 및 경력을 조선인과 일본인을 구분해서 살펴보면 다음과 같다.

우선 일본인의 경우 총 4명 중 3명이 회사의 중역 또는 경영자였다. 나머지 1명도 1937년 당선인과 동일인으로 농업으로 되어있지만 회사의 중역을 겸하고 있어 대부분이 회사의 중역 또는 경영자로 볼 수 있다. 학력은 1명만을 확인할 수 있어서 생략하고 주요 경력을 보면 4명 중 2명이 관계 출신이고 2명은 민간 출신이다. 앞에서 말한 대로 전자는 관리로 조선에서 근무 후 퇴직해서 회사 경영에 나섰고

---

[153] 『京城日報』, 1941년 5월 12일, 조간 1면.

후자는 민간부문에서 출발해 조선에 자리 잡았던 것이다.

다음에 조선인의 경우 총 25명 중 직업은 농업이 11명으로 가장 많고 주조업이 6명으로 뒤를 있고 있으며 의사가 3명, 한의상·신문기자·대서업·회사원·수산업이 각각 1명이다. 농업의 경우 1937년과 마찬가지로 지주로 추정되며 5명이 회사중역을 겸하고 있고 수산업과 회사원의 경우도 회사 대표이다. 대체로 대지주 또는 회사의 중역이라고 할 수 있다. 학력은 명확히 알 수 있는 14명 중 일본의 사립학교 출신이 5명으로 가장 많다. 특히 와세다대학 출신이 중퇴를 포함해 4명이다. 전문학교가 3명으로 다음으로 많고 고등보통학교 2명, 사범학교·농업학교·중학교·한학 수학이 각각 1명이다. 1937년과 비교해 일본 유학파가 약진한 것이 눈에 띈다. 또한 확인되는 경력의 경우 대부분이 회사중역을 거치고 관계의 경우 7명만이 확실히 파악되는데, 경찰관·보통학교교사·도립병원의사·면장·전문대학교수·군郡관리가 각각 1명씩이다.

이상 살펴본 바와 같이 아시아·태평양전쟁기에 치러진 1937년과 1941년 도회 선거 과정은 후자에서 엄숙한 선거가 강조되었지만 이른바 자유선거가 실시되는 등 이전 선거와 크게 다르지 않았다. 민선에서 조선인과 일본인 간의 강한 대립구도가 형성되어 조선인의 압도적인 우위가 계속되었고 그것을 완화하려고 관선에서 일본인 우위를 유지했지만 관선과 민선을 포함한 전체 도회 구성에서는 조선인이 여전히 다수였다. 이는 당시 지배이데올로기로 내세운 내선일체=동화는 표면적으로는 꽤 실현되는 것 같았지만 실제로는 쉽게 진전되지 않았음을 보여준다. 다음의 조선인 의원 창씨개명에서도 이를 확인할 수 있다.

〈표 29〉 경남도회 민선의원 신상명세(1941년)

이름(구명)	선거구	득표수	나이	직업	신구	학력 및 경력
長直人	부산부	9	56	회사 중역	신	총독부 도서기, 부산부 주사
三木源吉	부산부	7	55	회사 중역	신	총독부 도기사, 경남 수산과장, 조선협동수산(주) 대표, 선해석유(주) 이사
小林萬二	마산부	16	44	회사 중역	신	마산화물자동차(주) 대표, 마산조면공장(주) 상무이사
富士山隆盛 (최지환)	진주부	9	60	농업	신	경찰관, 협성상회(주)·진주예기권번(주) 대표, 중추원 참의
光山卓一 (탁동조)	통영읍	13		농업	재	경성사범, 공립보통학교 교사, 은행사무원, 통영주조(주) 대표
武本和典 (배상갑)	김해읍	9	34	주조업	신	경성중앙중학교, 김해약주제조회사장, 김해조선주조조합장, 국민총력김해연맹 이사
林基台 (임기태)	양산군	54	41	농업 (회사 중역)	재	동래고등보통학교, 사법서사, 선만법랑철기(합) 중역, 양산상사(유) 이사
東谷吉盛 (박노제)	함안군	54	40	농업	재	
辛島容文 (신용문)	창녕군	77	36	농업	신	창녕상사(주) 이사
松圃永靑 (정태기)	진양군	76	46	한의상	신	
金城億根 (김억근)	의령군	62	36	농업	신	관공서근무, 상공회이사장, 금융조합장, 국민총력창원연맹 이사
檜山順柱 (황순주)	사천군	70	39	의사	재	3·1운동 가담, 대구의학전문학교졸업, 대구도립병원의사, 병원 개업
河本浩龍 (하호룡)	밀양군	48	57	주조업	신	보성고등전문, 밀양주조(주) 사장, 경방단부단장
監見源太郎	밀양군	26	55	잠사업	재	일본 교토고등잠업학교, 경남잠사업·상묘조합장
安本孝式 (안효식)	울산군	100	38	의사	재	경성의전 졸업
金谷政夫 (김재문)	울산군	56	38	신문기자	신	일본 와세다대학 정경과, 울산군공직

이름(구명)	선거구	득표수	나이	직업	신구	학력 및 경력
竹城武雄 (박상요)	고성군	93	39	농업	신	원동무역(주) 이사, 고성상사(주) 이사
新原吉浩 (박길호)	동래군	26	40	농업	전	일본 와세다대학 경제학부, 경성보전 전문 교수, 정미업
杞元春盛 (유진후)		22	54	농업	신	경찰관
平田文基 (신문기)	합천군	92	46	대서업	신	
山本錫根 (강석근)	하동군	99	49	의사	전	경성고보
芝山又丈 (최익수)	남해군	46	54	농업	전	남해군 산동면장
豊山祐吉 (홍우신)	창원군	61	52	주조업	신	진해금융물산(주) 이사
玉川元昭 (설관수)		49	43	주조업	재	일본 와세다대학 정경과 졸업, 경방단 부단장, 마산조선주조조합장, 국민총력창원연맹 이사
桐本鍾洛 (정종락)	거창군	54	40	회사원	신	거창어채(주) 대표
光原義興 (오명진)	산청군	39	42	주조업	전	3·1운동 가담, 일본 와세다대학 정경과 중퇴, 산청조선주양조장(합) 대표, 산청군경방단장, 산청국민총력연맹 간부, 산청지원병후원회 회장
金村吉祐 (김영수)	통영군	137	54	수산업	신	한학수학, 거제운항(주) 대표, 거제금융조합장
豊山永寅 (노영인)	함양군	69	41	주조업	재	진주농업학교, 거창약주(주) 이사
夏山重煥 (조중환)	김해군	82	38	농업	신	일본사립대출신, 거창어채(주) 대표, 경방단장, 방공단장
평균		54	45			

출처: 『釜山日報』, 1941년 5월 1일, 8일, 9일, 조간 3면; 「한국사 데이터베이스」; 동선희, 앞의 책, 414쪽.

조선인 의원의 창씨개명

주지하는 바와 같이 창씨개명은 1940년 2월 11일, 전년 공포된 제령 제19호 「조선민사령 중 개정의 건」과 제령 제20호 「조선인의 씨명에 관한 건」에 의해 실시되었다. 앞의 제령 19호는 일본 본국의 가족법상의 제도인 '씨氏'를 조선인에게도 새로 붙인다는 것이며(창씨), 뒤의 제령 20호는 새로 만들어진 씨와 종래의 '이름名'에 대해서 '정당한 이유가 있는 경우'에 변경을 허가한다는 것이다(개씨·개명).[154] 이는 조선인을 아시아·태평양전쟁에 동원하기 위해 '황국신민화'하려는 '내선일체'의 대표적인 정책이었다.

당시의 한 잡지사에서 창씨개명 직후인 3월 10일 각 도의 관방주사官房主事에게 의뢰하여 조사한 도회 의원의 창씨개명 현황은 경기도 3명, 전라남도 2명, 충청남도 0명, 평안북도 23명(3명 제외), 함경북도 2명, 경상남도 1명, 전라북도 0명이었다.[155] 거의 대부분이 창씨개명한 평안북도가 예외적이고 전반적으로 매우 적었다.

먼저 창씨개명이 시행 즉시 이루어지지 않은 이유는 경기도의 예를 통해 엿볼 수 있다. 경기도회는 3월 4일 열린 회의에서 이미 平山正夫로 창씨개명을 한 가평군 출신 의원 송성진宋星鎭이 창씨개명은 '내선일체의 완성상 의의가 있다'며 도민의 대표인 의원들이 '솔선해서 창씨개명해 일반 민중에게 모범을 보이자'고 긴급동의를 제출해 만장일치로 가결되었다. 그러나 개성부 출신 의원 임한선林漢瑄은 창씨에 관해서 의원들이 별로 아는 바가 없다며 '창씨의 세칙에 관해서

---

154 宮田節子 외, 『創氏改名』, 東京: 明石書店, 1992년, 41-45쪽.
155 「全鮮道會議員及府協議員, 「創氏改名」錄=三月 十日 現在」 『삼천리』 제12권 제4호, 1940년 4월 1일 발행(「한국사 데이터베이스」).

권위자를 초대해 의문점을 질문하자'고 제안했다. 그 결과 6일 오전 10시 반부터 민사과장을 불러 강연을 듣고 질의하기로 했다. 이처럼 조선인 의원들은 당국의 창씨개명 방침에 겉으로는 찬성하지 않을 수 없는 상황에서 구체적인 방법 등을 둘러싸고 여전히 망설이고 있었던 것이다.[156]

다음에 대거 창씨개명이 이루어진 곳은 평안북도회에서 확인할 수 있다. 3월 2일 도회 첫날 의원간담회 석상에서 창씨개명 문제가 논의되었는데, 의주군 출신 의원 강리황姜利璜은 조선인 의원들이 '솔선해서 창씨를 적극 실행하여 170만 도민에게 모범을 보이자'고 제안하자 이틀 후에 3명을 제외한 23명이 창씨개명하기로 합의했다.[157]

경상남도의 경우 1940년 2월 27일 개회한 도회회의에서 창씨개명한 사람은 정인두鄭寅斗 단 한 명이었다. 그는 도회 개회 직전인 2월 11일 창씨개명 개시와 함께 군내 제1번으로 관할 면사무소에서 '小山寅一'로 창씨개명을 신고하고 다음과 같이 말했다.

> 황기(皇紀) 2,600년의 기원절(紀元節)을 맞아 마침내 조선민사령 개정이 시행된 것은 내선일체의 구현을 위해 정말로 경하할 일이다. 나는 이 대망의 길일(佳辰)을 택해 씨(氏)를 小山로 정해 이름(名)을 寅一로 변경한 것이다. 이에 좋은 천황 아래 사는 더없는 감격과 환희를 느낌과 동시에 황국국민의 신념과 궁지를 새로이 다지고 일시동인의

---

[156] 위와 같음.
[157] 위와 같음.

성은에 보답하려 한다.[158]

황인두에게 창씨개명은 내선일체의 구현이며 제국 일본의 국민(황민)으로서의 아이덴티티를 확립하는 것이었다.

다음 해 1941년 3월 3일에 열린 도회 회의에서는 27명 중 19명이 창씨개명했는데, 8명(황순주·김동준·김경진·김병규·안효식·오의상·이경상·고달승)은 여전히 개명하지 않았다. 이어 1942년 3월 5일에 개최된 도회 회의에서는 28명 중 26명이 창씨개명했다. 이 때 거의 창씨개명이 이루어졌다고 할 수 있다. 하지만 두 사람(김경진과 김동준)은 개명하지 않았다. 이는 1943년 3월 8일에 열린 회의에서도 그대로였다. 특히 김경진과 김동준은 관선의원임에도 불구하고 창씨개명에 동조하지 않은 것은 언뜻 이해하기 어렵다.[159] 내선일체 구현의 상징인 창씨개명이 일제의 지배정책에 적극 협력할 것으로 기대된 도회의원들에게조차 그리 쉽게 이루어진 것은 아니었다.

도회 회의의 진행

회의 일정

도회의 정기 회의는 연 1회 개최되었으며 임시회의가 1회 정도 열리

---

[158] 『釜山日報』, 1940년 2월 15일, 석간 3면.
[159] 「1940년 회의록」, 1-4쪽; 「1941년 회의록」, 1-4쪽; 「1942년 회의록」, 1-4쪽; 「1943년 회의록」, 1-4쪽. 단 임기태는 林基台로 표면적으로 변화가 없으나 한글의 임이 일본어의 林(하야시)이므로 개명한 것으로 간주했다.

기도 했다.¹⁶⁰ 임시회의의 회의록은 발견할 수 없으나 회의록이 존재하는 본고에서 다루는 경남도회 회의는 1938년 제10회 회의부터 1943년 제19회 회의까지이다. 〈표 30〉에서 알 수 있는 바와 같이 1938년 제10회 회의부터 1940년 제14회 회의까지는 이틀의 휴회를 포함해 총 10일간의 일정으로 진행되었다. 아시아·태평양전쟁이 격화되는 1941년부터는 일정이 단축되어 휴회 없이 5일로 줄어들었고 1942년과 1943년에는 3일로 대폭 축소되었다.

보통 첫 날 회의는 오전 10시경에 개회하여 오전 중에 끝났으며, 둘째 날 이후는 오후 1시경에 시작되어 대략 오후 4시 30분에서 5시 30분 전후에 종료했다. 회의에는 의장을 겸한 지사를 비롯해 의원들과 함께 도당국의 사무관·이사관·경시·기사·시학관·속·경부·주임 등 20여 명의 참여원이 참석했다.¹⁶¹

제1일 회의에서는 지사인사, 예산개요 설명, 감사전보, 결의 등이 행해졌다. 먼저 지사는 인사를 통해 황실의 번영과 국운의 융창을 기원하고 국내외 정세에 대해 간단히 언급하며 도의 주요 정책의 방향과 내용을 설명한 후 신중하게 심의할 것을 부탁했다. 이어 의원들에게 의안을 배부하고 서기가 의안의 건명만을 낭독하고 '전결처분사항의 보고'가 있는 경우 낭독 없이 배부되면, 지사는 제1호의안인 당해 연도 경상남도 일반회계 세출입예산을 부의하고 제1독회를 시작했다. 다음 참여원 중에서 도사무관인 내무부장이 일반회계 세출입 예산의

---

160 예를 들면, 경남도회는 1937년 5월 선거가 끝나고 새로운 도회 구성을 위한 임시회의(제9회)를 6월 15일에 열고 부의장을 선출했다(『朝鮮民報』, 1937년 6월 17일, 조간 1면).
161 「1938-43년 회의록」, 1-3,4쪽.

개요를 설명했다.[162]

본격적인 의사에 들어가지 전에 의원의 긴급동의에 의해 감사전보를 보내는 결의가 이루어졌다. 감사전보는 주로 매년 전쟁에서의 공로에 대해 감사를 표하는 것이었다. 예를 들면, 1938년에는 '지나사변에 출동해서 연전연승 분투에 분투를 거듭하고 있는 육해군인'에게 감사하는 감사전보를 북지나·상해방면 파견군 최고지휘관, 북지나파견 가와기시川岸부대병단장, 연합함대·지나방면 함대사령장관에게 보냈다.[163] 1939년에는 '신동아건설의 성전'에서 '혁혁한 전과를 거두고 국위를 국내외에 선양'하고 있는 데 감사하는 전보를 북지·중지·남지 파견 최고사령관, 북지부대장, 지나·남지방면 함대사령장관에게 보냈다.[164] 1940년에는 '황군'이 '미증유의 전과를 거두고 국위를 국내외에 선양하여 신아질서의 대업을 착실히 이루고 있'는 데 대해 지나파견군 총사령관, 지나방면 함대사령장관, 북지나·남지나·상해방면 군최고지휘관에게 감사전보를 보냈고, 아울러 '황군장교'에게 감사하는 전보도 보냈다.[165]

그리고 전쟁 이외의 시정 상 '혁신'적인 일이 있으면 관계 당국에도 감사 전보를 보내는 결의가 행해졌다. 예를 들면, 1938년에 '내선일체를 구현할' 지원병제도 실시에 감사하는 전보를 내각총리대신·육군대신·조선총독·조선군사령관·정무총감·척무대신에게, '교학의 진작, 조선인 초등교육의 확충촉진 실시'에 감사하는 전보를 조선

---

162 「1938년 회의록」, 4-13쪽.
163 「1938년 회의록」, 15-16쪽.
164 「1939년 회의록」, 9-10쪽.
165 「1940년 회의록」, 14-16쪽.

총독·정무총감·학무국장·문부대신에게 각각 보내기로 결의했다.[166] 1940년에는 '미증유의 대한해大旱害' 때 이재민을 위해 말에게 먹이는 군용 보리를 나누어준 조선군사령관에게 감사전보를 보냈다.[167]

또한 1941년부터는 감사전보와 함께 역시 긴급동의에 의해 결의가 이루어졌다. 먼저 1941년에는 '국책대응 익산도회 현현顯現결의'가 행해졌다. 결의문에서 의원들은 '대동아공영권 확립 도상에 국제정세가 날로 긴박해지는 미증유의 중대시국'에 직면해 있다면서 '전시체제를 강화해 제국 부동의 국책을 수행'하는 데 도회가 '전력을 다해 익찬하고 2백 30만 도민의 일대결의를 촉진'할 것을 결의했다.[168] 1942년에는 '대동아전쟁 완수결의'를 결의했다. 결의문은 '황군'이 '대동아전쟁'을 시작하여 '동아에서 미영란美英蘭의 중요거점'을 확보하고 '대동아공영권 확립 태세'를 갖추었다며 '230만 도민은 감분흥기感奮興起하여 더욱 단결하고 총력을 다해 단호히 숙적을 격쇄하여 성전聖戰 유종의 성과를 완수할 것'이라고 밝혔다. 1943년에는 '전력증강 완수결의'를 결의했다. 결의문에서 의원들은 '황군의 과감한 공격정신에 조응해서 우리들은 총후銃後에서 거도擧道 일체로 철화鐵和수련하고 필승 신념을 앙양해 한층 더 생활전력을 충실히 향상시켜 성전완수에 매진할' 것을 결의했다.[169]

제2일은 회기가 단축되기 이전에는 관례상 회의준비 등을 이유로 휴회했다. 제3일부터 본격적인 회의가 진행되었다. 회의는 주로 제

---

[166] 「1938년 회의록」, 16-17쪽;
[167] 「1940년 회의록」, 15, 17쪽.
[168] 「1941년 회의록」, 22-23쪽.
[169] 「1943년 회의록」, 12쪽.

〈표 30〉 경남도회의 주요 회의 일정

	1938년(10)	1939년(12)	1940년(14)	1941년(15)	1942년(17)	1943년(19)
제1일	2/19, 토, 지사인사, 예산개요설명, 감사 전보	2/21, 화 지사인사, 예산개요설명, 감사 전보	2/27, 화 지사인사, 예산개요설명, 감사 전보	3/3, 월 지사인사, 예산개요설명, 감사 전보	3/5, 목 지사인사, 예산개요설명, 감사전보, 대동아전쟁완수결의	3/8, 월 지사인사, 예산개요설명, 감사전보, 전력증강완수결의
제2일	2/20, 일 휴회	2/22, 수 휴회	2/28, 수 휴회	3/4, 화 제1호의안 제1독회, 국책대응익산도회현현결의	3/6, 금 제1호의안 제1독회, 제1-31호 의안 채결	3/9, 화 제1호의안 제1독회, 제1-29호 의안 채결, 도회의 권한 위임의 건 채결
제3일	2/21, 월 제1호의안 제1독회	2/23, 목 제1호의안 제1독회	2,29, 목 제1호의안 제1독회	3/5, 수 제1호의안 제1독회	3/7, 토 의견서 심의, 채택	3/10, 수 의견서 심의, 채택
제4일	2/22, 화 위와 같음	2/24, 금 위와 같음	3/1, 금 위와 같음	3/6, 목 제1호의안 제1독회, 제1-27호 의안 채결	3/8, 일 휴회	3/11, 목 휴회
제5일	2/23, 수 위와 같음	2/25, 토 위와 같음	3/2, 토 위와 같음	3/7, 금 의견서 심의, 채택	3/9, 월 휴회	3/12, 금 휴회
제6일	2/24, 목 제34-37호 의안 추가 상정	2/26, 일 휴회	3/3, 일 휴회	3/8, 토 휴회		
제7일	2/25, 금 제1·36호 의안 제2독회	2/27, 월 위와 같음	3/4, 월 위와 같음	3/9, 일 휴회		

지배와 협력　204

	1938년(10)	1939년(12)	1940년(14)	1941년(15)	1942년(17)	1943년(19)
제8일	2/26, 토 제1~37호 의안, 도회의 권한 위임의 건 채결	2/28, 화 위와 같음	3/5, 화 위와 같음			
제9일	2/27, 일 휴회	3/1, 수 제1호 의안 제1·2·3독회, 제2~24호 의안 채결	3/6, 수 제1호의안 제1독회, 제1~33호 의안, 도회의 권한 위임의 건 채결			
제10일	2/28, 월 의견서 심의, 채택	3/2, 목 의견서 심의, 채택	3/7, 목 의견서 심의, 채택			

출처: 「1938~43년 회의록」.

1호 의안 제1독회를 중심으로 진행되었다. 앞에서 언급한 대로 제1호 의안은 당해연도 경상남도의 세출입예산이다. 대부분 제2독회는 생략되고 채결했다. 마지막 전날에 제1호 의안을 비롯해 이외의 모든 의안들을 특별한 논의 없이 일괄 채택했다. 그리고 최종일에는 의견서가 채택되었다.

회의 출결

각 연도별 평균 출석률은 〈표 31〉에서 알 수 있는 바와 같이 대략 1938년 91%, 1939년 90%, 1940년 93%, 1941년 84%, 1942년 95%, 1943년 90%이다. 전체 평균 출석률은 약 91%이다. 1941년을 제외하면 90%를 모두 웃도는 높은 출석률이라고 할 수 있다. 1942년과 43년

〈표 31〉 경남도회의원 회의 출결표

		1938년			1939년			1940년			1941년			1942년			1943년	
	총	43	출	38	총	40	출	37	총	41	출	37	총	43	출	36	총	43	출	41	총	42	출	37
제1일	결5	植田義夫 이형구 하준석 西田木銛市 坂田文吉			결7	立石良雄 오의상 이경상 하준석 西條利八 김척두 안효식			결4	立石良雄 성윤경 노준영 清水佐太郎			결7	立石良雄 오의상 이경상 고달승 하준석 上原三四郎 김척두			결2	迫間一男 西條利八			결7	노준영 迫間一男 유진후 박상요 清水佐太郎		
	총	43	출	38	총	40	출	36	총	41	출	37	총	43	출	36	총	43	출	41	총	42	출	37
제2일	결5	立石良雄 植田義夫 하준석 西田木銛市 坂田文吉			결4	정인두 하준석 김척두 안효식			결4	立石良雄 성윤경 노준영 清水佐太郎			결7	植田義夫 오의상 이경상 하준석 장응상 上原三四郎 김척두			결2	迫間一男 西條利八			결5	노준영 迫間一男 박상요 김경진 清水佐太郎		
	총	43	출	38	총	40	출	35	총	41	출	37	총	43	출	36	총	43	출	41	총	42	출	39
제3일	결5	立石良雄 하준석 西田木銛市 清水佐太郎 坂田文吉			결4	植田義夫 하준석 杉村逸樓 김척두 안효식			결4	성윤경 노준영 西田木銛市 清水佐太郎			결7	植田義夫 오의상 이경상 하준석 杉村逸樓 上原三四郎 김척두			결2	迫間一男 西條利八			결3	迫間一男 박상요 清水佐太郎		
	총	43	출	39	총	40	출	35	총	41	출	37	총	43	출	37	총	43	출	41	총	42	출	39
제4일	결4	立石良雄 하준석 西田木銛市 坂田文吉			결5	황순주 杉村逸樓 植田義夫 김척두 안효식			결5	황순주 성윤경 노준영 大林金治郎			결6	탁동조 植田義夫 이경상 하준석 上原三四郎 김척두			결2	迫間一男 西條利八			결3	迫間一男 박상요 清水佐太郎		

	1938년			1939년			1940년			1941년			1942년	1943년
	총	43	출 38	총	40	출 37	총	41	출 40	총	43	출 36		
제5일	결5	황순주 立石良雄 하준석 西田木鍬市 西條利八		결3	정인주 김척두 안효식		결1	성윤경		결7	立石良雄 植田義夫 大木盛三郎 이경상 하준석 上原三四郎 김척두			
	총	43	출 39	총	40	출 36	총	41	출 40					
제6일	결5	하준석 西田木鍬市 西條利八 大林金治郎		결3	오의상 西條利八 김척두 안효식		결1	성윤경						
	총	43	출 40	총	40	출 37	총	41	출 40					
제7일	결3	하준석 西田木鍬市 大林金治郎		결3	清水佐太郎 김척두 안효식		결1	성윤경						
	총	43	출 39	총	40	출 34	총	41	출 39					
제8일	결4	立石良雄 하준석 西田木鍬市 西條利八		결6	立石良雄 오의상 정인주 清水佐太郎 김척두 안효식		결2	立石良雄 성윤경						

출처: 「1938년 회의록」, 1-4, 19-22, 45-48, 71-74, 93-96, 143-146, 183-186, 203-206쪽; 「1939년 회의록」, 1-4, 21-23, 51-53, 85-87, 119-121, 155-157, 189-191, 207-209쪽; 「1940년 회의록」, 1-4, 19-22, 53-56, 91-94, 129-132, 163-166, 207-210, 243-246쪽; 「1941년 회의록」, 1-4, 19-22, 59-62, 93-96, 125-128쪽; 「1942년 회의록」, 1-4, 23-26, 77-80쪽; 「1943년 회의록」, 1-4, 15-18, 45-48쪽. 제1-8일은 휴회일을 제외하고 순차적으로 붙인 일자임.

은 매우 짧고 1941년에 당선되었으므로 이들을 제외하고 1937년 당선된 의원들의 4년 간의 결석자 중 3회 이상 비교적 많이 결석한 사람은 다음과 같다. 우선 1938년의 경우 하준석과 니시다西田가 8일 전일 결석하고 있으며 다치이시^{立石}가 5회, 사카다^{坂田}와 사이죠^{西條}가 각각 4회이다. 1939년은 김척두와 안효식이 전일 결석하고 있으며 오의상·하준석·정인두가 3회이다. 1940년은 성윤경이 전일 결석하고 있으며 노준영이 4회, 시미즈^{淸水}가 3회이다.

1941년의 경우 결석률이 제일 높다. 5일임에도 불구하고 이경상·하준석·김척두·우에다^{植田}가 5회 전일 결석, 우에하라^{上原}가 4회, 오의상이 3회이다. 특히 눈에 띄는 것은 하준석이 1940년도를 제외하고 꾸준히 높은 결석률을 보이고 있으며, 김척두도 1939년과 41년 전일 결석하고 있다.

회의 질의

회의에서의 질의는 앞의 경기도회 회의에서 볼 수 있는 바와 같이 질의를 원하는 의원이 손을 들어 발언을 신청하면 의장의 허가를 받아 질의하는 소위 '자유질의'였다. 그러나 1941년도 회의에서는 질의자를 추첨에 의해 결정하는 '추첨질의'로 변경했다. 의원들은 당국의 권유를 받고 회의 첫날 의원간담회를 열고 익찬도회의 의의를 달성하기 위해 의원의 질의 및 참여원의 답변에 대해 논의했다. 그 결과 그들은 의사진행의 '익찬의 방법'으로서 '질문에서 군말을 일소하고 요점 골자만으로 시간을 단축하며 적어도 실행 불가능한 예산이나 추상적인 이상론은 자숙하기로' 했다. 구체적으로 추첨질의의 방법은 다음과 같다. ①제1독회는 질의사항을 피력해서 미리 추첨에 의해 번호순으로 의장으로부터 발언 허가를 받는다. ②의원이 질문요지를 의장에게 제출하면 참여원들이 각 분야의 답변을 미리 충분히 준비해서 성의껏 답변한다. ③의원들은 답변이 명료하지 않다고 재질문하거나 서로 다

〈표 32〉 경남도회의 질의자

	1938년	1939년	1940년
제1일	7명: 谷垣閑五郎, 이갑용, 탁동조, 안효식, 허만채, 정인두, 노준영	5명: 탁동조, 谷垣, 이갑용, 고달승, 황순주	6명: 탁동조, 小山寅一, 황순주, 안효식, 김병규, 김경진
제2일	5명: 황순주, 서경엽, 고달승, 김병규, 정호덕	5명: 황순주, 監見, 노준영, 서경엽, 허만채	7명: 탁동조, 谷垣, 이갑용, 고달승, 김척두, 허만채, 오의상
제3일	6명: 김병우, 이경상, 김척두, 장응상, 이형구, 오의상	5명: 서경엽, 오의상, 정호덕, 오인덕, 김병우	6명: 서경엽, 監見, 김병우, 이경상, 고구옥, 하준석
제4일	13명: 藤田熊吉, 배인환, 장진원, 오인덕, 고구옥, 김경진, 杉村逸樓, 植田義夫, 김병규, 常松泰, 홍우신, 相澤毅, 淸水佐太郎	6명: 大林金治郎, 藤田, 山川, 上原, 김경진, 김병규	5명: 谷垣, 하준석, 杉村, 홍우신, 정호덕
제5일	20명: 谷垣, 허만채, 안효식, 監見源太郎, 서경엽, 김경진, 황순주, 정호덕, 上原三四郎, 탁동조, 노준영, 山川定, 정인두, 이갑용, 오인덕, 홍우신, 오의상, 김병우, 장진원, 常松	12명: 立石良雄, 김병규, 장응상, 배인환, 하준석, 홍우신, 이경상, 정인주, 황순주, 정호덕, 장진원, 谷垣	8명: 장진원, 西田, 常松, 김경진, 植田, 오인덕, 藤田, 大林
제6일	7명: 노준영, 정호덕, 김경진, 이갑용, 허만채, 監見, 上原	7명: 監見, 고달승, 西田木銕市, 常松, 허만채, 오인덕, 山川	8명: 淸水, 立石, 김동준, 정인주, 井谷, 노준영, 조노제
	1941년(추첨)	1942년(한정)	1943년(한정)
제1일	7명: 이갑용, 박노제, 常松, 監見, 西田, 김병규, 임기태	12명: 노준영, 임기태, 監見, 김영수, 최익수, 김억근, 안효식, 植田(기권), 하호룡, 황순주, 金在文, 조중환, 배상갑(추가)	18명: 신문기, 오명진(포기), 조중환, 배상갑, 김재문, 황순주, 하호룡, 정종락, 植田, 안효식, 설관수, 강석신, 신용문, 김억근, 최익수, 박길호, 監見, 임기태
제2일	8명: 福島源次郎, 허만채, 장진원, 황순주, 배인환, 안효식, 小原爲, 오인덕		
제3일	7명: 고달승, 노준영, 谷垣, 김병우, 정인주, 立石良雄, 임기태		

출처: 「1938-43년 회의록」. 단 의사발언 진행 발언은 제외했으며 제1-6일은 실질적인 질의가 없는 첫째 날과 마지막 날, 그리고 휴회일을 제외하고 실제 질문이 있었던 날에 순차적으로 붙인 것이다.

투지 않는다.[170]

　이어 1942년과 1943년에는 인원을 제한하는 '한정질의'로 전환했다. 개회 첫날 열린 의원간담회에서 의원들은 '익찬의회의 본능을 발휘해서 매진하기 위해' 일정을 단축하여 하루에 심의를 마치기로 합의했다. 그들은 원만한 의사진행을 위해 '익찬적으로 협력해 표리일체가 되어 건설적 의견'을 말하고, '익찬정신에 반해 실행 불능한 질문이나 지엽적인 질문, 중복질문'은 피하기로 했다. 그 결과 의사진행은 발언의원을 1942년에는 12명, 1943년에는 18명으로 한정하기로 하고 희망자 중에서 결정했다.[171]

　여기서는 추첨 또는 한정 질의 이전인 1938–1940년의 질의 현황을 간단히 분석하고자 한다. 우선 질의자 수를 보면 회의일자마다 불규칙하다. 이것은 주로 질의시간이나 답변시간의 장단에 의한 것이다. 1938년은 하루 평균 약 10명이며, 1939년과 1940년은 모두 약 7명이다. 1938년의 제4일(13명)과 제5일(20명), 그리고 1939년의 제5일(12명)을 제외하면 대체로 5–8명임을 알 수 있다. 다음에 중복 발언자를 제외한 실제 발언자는 1938년의 경우 34명이고, 1939년은 30명, 1940년은 35명이다. 결석자를 감안하면 대체로 한 회기에 한 번씩은 질의에 나서고 있음을 알 수 있다.

---

[170] 「1941년 회의록」, 23–24쪽.
[171] 「1942년 회의록」, 26–27쪽; 「1943년 회의록」, 18쪽.

도회 회의의 심의

의안의 심의 및 채택

의안은 당국이 제시하는 의안에 의장이 제안하는 「도회의 권한 위임의 건」, 그리고 「보고」 사항인 「도제 제26조 및 동 제29조의 규정에 의해 전결 처분할 건」[172]으로 구성되어 있다. 우선, 당국이 제시한 의안 수는 1938년 37개, 1939년 24개, 1940년 33개, 1941년 27개, 1942년 31개, 1943년 29개였다. 다음에 「도회의 권한 위임의 건」은 1938년과 1940년, 1943년에 존재한다. 1938년은 내용을 알 수 없으나, 1940년은 「방공관계예산의 추가」 건을, 1943년은 「예산추가 경정액 개정」 건을 의장이 제안해서 채결했다.[173] 마지막으로 보고 사항은 1938년과 1939년에 들어있으나 내용을 알 수 없다.[174]

실제 회의에서는 의안 중 거의 제1호 의안인 당해 연도 경상남도 세출입예산안만이 심의되었다. 그 외 기채에 관한 건, 각종 세금에 관한 건, 특별회계 세출입예산에 관한 건 등은 내용상 대동소이하다. 따라서 여기서는 가장 의안수가 많은 1938년의 의안을 예시하고자 한다.[175]

---

[172] 도회 제26조는 도회에서 의결할 사항에 관해서 임시로 시급히 시행할 필요가 있는 경우에 도회가 열리지 못하거나 도지사가 도회를 소집할 여유가 없다고 인정할 때에는 도지사가 이를 전결 처분할 수 있다고 규정하고 있다. 또한 도회 29조는 도회의 권한에 속하는 사항의 일부는 그 의결에 의해 도지사가 이를 전결 처분할 수 있다고 규정하고 있다(「朝鮮地方制度改正令」, 58쪽).
[173] 「1940년 회의록」, 242쪽; 「1943년 회의록」, 44쪽.
[174] 「1938년 회의록」, 「1939년 회의록」, 「목차」.
[175] 「1938년 회의록」, 「목차」.

제1호 의안 1938년도 경상남도 세입출예산(이하 제 및 호의안 생략)

2. 1938년도 경상남도 아동장학자금 특별회계 세입출예산
3. 경상남도 조선간이생명보험 적립금의 예입에 의한 예금부자금전대자금, 특별회계규칙제정의 건
4. 1938년도 조선간이생명보험 적립금의 예입에 의한 예금부자금전대자금, 특별회계세출입예산
5. 경상남도 은급특별회계와 은급기금설치 및 관리규칙제정의 건
6. 1938년도 경상남도 은급특별회계 세입출예산
7. 1937년도 경상남도 세입출추가경정예산
8. 지방진흥사업 항만수축공사비 기채조건 중 변경의 건
9. 중소하천개수공사비 기채조건 중 변경의 건
10. 낙동강유역 사방공사비, 낙동강유역 외 사방공사비, 민영사방조성공사비, 수산교가설공사비, 중등학교 신영비 기채조건 중 변경의 건
11. 낙동강유역 사방공사비 계속년기 및 지출방법 변경의 건
12. 낙동강유역 사방공사비 기채의 건
13. 낙동강유역 사방공사 부역부가의 건
14. 중소하천 개수공사비 계속년기 및 지출방법 변경의 건
15. 중소하천 개수공사비 기채의 건
16. 3등도로 재해복구공사비 기채의 건
17. 하천 재해복구공사비 기채의 건
18. 금산도로개수공사를 위한 계속비 설정의 건
19. 1, 2, 3등 도로 개수공사비 기채의 건제
20. 낙동강유역 외 사방공사비 기채의 건
21. 낙동강유역 외 사방공사 부역부과의 건

22. 민영사방조성공사비 기채의 건

23. 재해림지 복구공사비 기채의 건

24. 지방진흥사업 항만수축공사비 기채의 건

25. 자작농지설정 및 유지자금 기채의 건제

26. 조선간이생명보험 적립금 전대자금 기채의 건

27. 경상남도 도세부과규칙 중 개정의 건

28. 공립학교 수업료 및 입학시험수수료 징수규칙 중 개정의 건

29. 도립병원 유지자금 관리규정 중 개정의 건

30. 경상남도 지방비 특별기본재산 설치 및 관리규정 중 개정의 건

31. 경상남도 지방비 아동장학자금 특별회계규칙 중 개정의 건

32. 1936년도 경상남도 세출입결산보고의 건

33. 1936년도 경상남도 아동장학자금 특별회계 세출입결산보고의 건

34. 경상남도 이재구조기금 설치 및 관리규정 제정의 건

35. 경상남도 이재구조기금 특별회계규칙 제정의 건제

36. 1938년도 경상남도 세출입추가경정예산

37. 1938년도 경상남도 이재구조기금 특별회계세출입예산

도회의 권한위임 의 권(의장 제안)

보고 도제 제26조 및 동 제29조의 규정에 의해 전결 처분할 건

앞에서도 말했듯이 실제 회의의 대부분은 제1호의안인 당해 연도 경상남도 세출입예산안을 중심으로 심의가 진행되었다. 의원이 질문하면 관련 분야의 참여원인 관료가 답변하고 대부분 집요한 추궁 없이 마무리되었다. 나머지 안건들은 거의 논의 없이 제1호 의안 채결 직후 일괄 채택되었다. 특히 1941년 이후는 이미 살펴보았듯이 일정의 단

축과 질의 방식과 질의자수의 한정 등으로 인해 더욱 제한된 심의가 진행되었다. 따라서 여기서는 지면관계도 있어 자세한 심의 과정에 관한 검토는 생략하고 6년간의 세출입예산의 주요 항목과 1942년 세출입예산 증액 및 신규 사업의 내용을 분석하는 데 머물고자 한다.

먼저 본격적인 심의에 앞서 내무부장(1940년은 지방과장이 대리)이 설명한 세출입예산의 주요 항목은 다음과 같다.

1938년은 일반 평시의 예산 항목 및 사업 형태를 띠고 있으나 1939년부터 전시기의 형태로 바뀌고 있다. 예를 들면 제1항목 '경신숭조와 국민정신총동원제비'와 제6항목 '사회사업과 총후원호시설비'가 그것이다. 이는 1937년 7월 중일전쟁의 전면화를 전후하여 일제가 지배이데올로기로 내선일체를 내세우고 이듬해 1938년 국가총동원법을 통과시켜 전시동원체제를 법제화하여 조선에서 전시동원을 원활히 하기 위해 이루어진 여러 정책의 실시를 반영한 것이다. 즉, 1937년 10월의 황국신민서사皇國臣民誓詞 제정, 1938년 2월의 육군특별지원병령 공포, 3월의 조선교육령 개정(제3차), 7월의 국민정신총동원조선연맹 발족, 1940년 2월의 창씨개명 실시, 10월의 국민총력조선연맹 발족, 1941년 3월의 국민학교규정 공포, 1942년 5월의 '조선인 징병 실시' 각의 결정, 10월의 조선청년특별연성령 공포, 1943년 3월의 조선교육령 개정(제4차) 등이 그것이다.[176] 이후 전쟁이 격화되면서 일제의 조선에서의 인적·물적 동원의 필요성이 점점 커지고 예산의 주요 항목과 사업명이 약간씩 바뀌면서 줄곧 전시 형태를 유지하고 있음을 알 수 있다.

---

[176] 이에 관한 자세한 내용은, 최유리, 앞의 책 참고.

〈표 33〉 경남도회의 세출입예산 주요 항목

연도	예산의 주요 항목 (주요 사업)
1938	1. 토목방면(1, 2, 3등도로 교량개수공사, 금산도로개수공사, 중소하천개수공사, 3등도로재해복구공사, 지방하천재해복구공사, 지방진흥사업항만수축공사, 등외도로개수공사보조) 2. 산업방면(낙동강유역사방공사, 낙동강유역 외 사방공사, 민영사방조성공사, 재해임지복구사업, 면양(綿羊)장려경비, 축우증산경비, 산촌부업장려비, 방풍방조림조성보조, 도림개설보조, 중소공업조성경비), 3. 교육방면, 4. 위생방면, 5. 농산어촌 진흥시설방면, 6. 사업사회방면, 7. 기타 방공(防空)관계, 8. 사무비
1939	1. 경신숭조(敬神崇祖)와 국민정신총동원제비(신사공진비, 신궁대마(大麻)봉제회 경비보조, 국민정신총동원비, 국민정신총동원연맹 경비보조), 2. 교육제비(초등학교 확충시설, 중등학교확충시설, 실업보습학교확충 및 간이학교 증설) 3. 토목사업비, 4. 산업제시설비(보통농사장려시설, 면작 및 양잠장려시설, 축산증식시설, 임업시설, 수산장려시설, 상공업조장시설), 5. 보건위생시설비(의료기관의 확충시설, 체위향상시설), 6. 사회사업과 총후원호시설비(사회사업시설, 총후원호시설), 7. 농산어촌진흥시설비(단기농민훈련소시설, 부인지도원의 설치), 8. 기타 주요시설비(방공시설, 소방시설, 임시국세조사)
1940	1. 경신관념의 계양, 2. 국민정신총동원운동의 강화, 3. 교학진작과 단체적 훈련, 4. 체위(體位)와 향상과 위생제시설, 5. 미곡증산계획, 6. 면작 및 양잠, 7. 축산, 8. 임업, 9. 수산, 10. 상공, 11. 토목, 12. 한해대책제시설, 13. 군사원호, 14. 방공, 15. 소방, 16. 국세조사
1941	1. 국민정신앙양강화시설(경신숭조의 미풍계배, 교학의 쇄신, 국민총력운동의 강화, 지도자의 양성과 단체훈련, 국민체위의 증강시설), 2. 생산력의 확충과 경제력의 유지 안정(주요 식량의 증산, 대마의 증산과 면작 및 양잠장려, 축산의 증식과 수산운동, 임업시설, 상공업대책시설, 토목사업), 3. 군사원호와 방공 기타의 제시설(군사원호시설, 방공시설) (이하 결본)
1942	1. 국체명징 국민정신앙양대책(경신신념의 앙양시설, 국민총력운동강화 철저시설, 교학진흥시설, 황국청년의 연성시설), 2. 산업경제교통대책(식량대책시설, 중요물자증산시설, 상공업대책시설, 토목시설), 3. 기타 시국대책(군사원호시설, 국민체위의 향상 및 노무대책시설, 국토방위시설, 하급직원 처우시설)
1943	1. 국체본위의 침투와 도민의 연성(경신신념의 앙양, 국민총력운동의 강화철저, 도민의 연성시설), 2. 교육기관의 확충과 교학의 쇄신, 3. 생산력확충의 대책(농업생산력의 확충대책, 기타 각종산업에 대한 시책), 4. 토목사업, 5. 국토방위강화시설, 6. 기타 위생비 등

출처:「1938년 회의록」, 9–13쪽;「1939년 회의록」, 10–18쪽;「1940년 회의록」, 8–14쪽;「1941년 회의록」, 9–15쪽;「1942년 회의록」, 9–17쪽;「1943년 회의록」, 7–11쪽.

한편, 1938년 내무부장은 예산안의 대강을 설명하는 데 있어 아무런 도입부분 없이 곧바로 사무적으로 시작했다. 그러나 1939년부터는 아래와 같이 결코 짧지 않은 양의 국내외 정세를 개괄하고 예산의 주요 항목을 열거했다. 특히 국내외정세는 바로 아시아·태평양전쟁의 전개상황을 반영한 것이며 예산항목의 순서와 비중도 전시체제에 대응한 것이었다.

…지금은 신동아건설의 약진적 단계에 처해 점점 견고단련, 견인지구, 장기 건설에 견딜 수 있는 기백과 경제적 충실이 긴요하고 긴급하다. 즉 물심 양 방면의 비약적 향상으로 국책에 순응하여 총후경영에 만전을 기해야 하는 중대한 시기에…(1939년) 이제 우리나라는 제국 부동의 방침에 따라 거국일치, 진충보국(盡忠報國)의 왕성한 국민정신과 확고부동의 경제력 배양이 절실하다. 즉 강력한 인적 물적 자원의 확충강화에 기초한 국방력의 신장을 꾀하지 않으면 안 된다. 본도 도치의 근본방책을 국민정신의 앙양과 도민총력에 의한 흔들림 없는 총후경영에 두고…(1940년) 중대 정세 하에 제반 시설 경영을 한층 전시체제에 즉응시키려는 취지로…(1941년) 대동아전쟁에 대한 필승의 국책을 도정 제반 시설에 철저히 구현할 것을 최고방침으로 도의 재정력을 총동원해 전시 하 도정의 기본방책인 거도필승체제의 강화를 반드시 완성하려는 신념으로…(1942년) 대동아전쟁 하 도민의 연성과 생산력의 확충 및 국토방위에 주안을 둠으로써 국가의 요청에 응하려고…(1943년)[177]

[177] 「1939년 회의록」, 10쪽; 「1940년 회의록」, 8쪽; 「1941년 회의록」, 9쪽; 「1942년

〈표 34〉 경남도회의 세출입예산 증액 및 신규 사업 (1942년)

		증액 및 새로 편성된 사업 항목
국체명징 국민정신 앙양대책	경신신념의 앙양시설	신사조영비(10,000), 증액(265,310, 전년 10월 15일)
	국민총력 운동강화 철저시설	국민총력운동비 증액(24,389), 국민총력연맹보조(19,840) 증액
	교학진흥시설	국민학교 증설 및 학급 증가 보조 증액(152,890), 도립중학교 보급 확충 보조 증액(1,373,423), 국민학교 교원재교육비 증액(2,744), 교육설비비(13,300), 중등학교 무도장, 이화학교실, 기숙사, 실습장, 총기고 등 건축비 신규(347,372)·운동장확장비(5,000)·교련재료정비(10,000)·이화확실험설비비(5,000)·기타 실습설비(15,100) 신규, 교련비, 실험실습비 등 증액, 국어보급강습회보조(6,275)
	황국청년의 연성시설	황민연성도장비 증액(8,529), 도청년단보조 증액(1,500), 초등학교졸업생 지도학교비보조(5,250), 도체육협회보조 증액(1,000), 육균특별지원병 제비(1,967)·후원회 보조(3,910)
산업경제 교통대책	식량대책시설	미곡증산기술보조 증액(26,755), 농민미곡생산장려금(1,995,160), 미곡매수가격보조(706,655), 식량대책시설비 보조 증액(100,450), 식량밭작물(보리) 증산경비(259,021), 답리작음거(畓裏作暗渠) 배수공사비 신규(38,919), 채소증산 기술 및 장려시설 보조 신규(7,460), 감자장려보조(18,300), 농사시험장 조사시험비 증액(1,269), 씨황소사육비보조 신규(3,980), 어선인양장 설치보조(3,000), 수산장려비보조(3,000), 수산자원조사시험비 신규(5,000), 소지구토지개량사업비(416,580), 소규모토지개량사업비(17,600), 자작농가창설유지비 증액(127,500)
	중요물자 증산시설	면화증산보조 증액(4,352), 견(繭)검정소 신설임시비(47,655), 도유림제탄비 증액(15,500), 목탄사업비 신규(22,059), 탄요(炭窯)축조장려금 신규(8,150), 목탄창고건설비 신규(6,600), 목탄증산장려비 신규(5,160), 신탄(薪炭)수급조정비 신규(500), 채벌적지조림비보조 신규(29,531)
	상공업대책 시설	상공업상담소경비보조 증액(7,200), 중소공업전업비보조 증액(1,000), 공업조합경비보조 증액(4,800), 공업조합공동설비비보조 증액(21,470), 상업조합조직 보조 신규(29,200), 상공임의조합조직 보조 신규(20,000)
	토목시설	금산도로개수비(96,000), 진주교개수비보조 신규(28,500), 읍면도개수공사비보조 신규(5,000), 항만개수비 증액(37,800), 통영운하유지수선비(5,000), 치수제방비 증액(8,916), 하천조사비 신규(10,051)

		증액 및 새로 편성된 사업 항목
기타 시국대책	군사원호시설	군사부조비(13,600), 군사원호비(13,025), 총후후원제비(3,000)
	국민체위의 향상 및 노무 대책시설	마산의원병실증축비 신규(34,700), 결핵집단검진설비비 신규(10,929), 진료권구료비 증액(960), 입원구료비 증액(1,210), 순회진료비 신규(1,001), 하급노무자수용지구조성사업보조 신규(35,000)
	국토방위시설	방공통신시설정비(68,900), 방공실시비 증액(4,962), 부읍면방공시설 정비 증액(29,229), 부산소방서 소방수증원 및 소방기구기계정비 증액(60,295)
	하급직원 처우시설	

출처: 「1942년 회의록」, 11-17쪽.

다음에 1942년 세출입예산의 증액 및 신규 사업은 아래와 같다. 일반회계 세출입예산 총액은 1938년 783만 8,459원, 1939년 911만 335원, 1940년 1374만 4,580원, 1941년 1425만 6,661원, 1942년 222만 6,348원, 1943년 2539만 1,334원으로 계속 늘어나고 있는데 특히 1942년 이후 급증했던 것이다.[178] 그 이유는 〈표 34〉에서 알 수 있는 바와 같이 교학진흥시설과 식량대책시설 예산이 대폭 증가하고 있는 것을 알 수 있다. 이는 위의 세출입예산의 주요 항목과 마찬가지

---

[178] 「1938년 회의록」, 9쪽; 「1939년 회의록」, 11쪽; 「1940년 회의록」, 9쪽; 「1941년 회의록」, 9쪽; 「1942년 회의록」, 10쪽; 「1943년 회의록」, 8쪽. 한편, 세입예산은 도세수입과 국고보조금, 그리고 도채가 대부분을 차지했다. 1939년의 경우 도세수입이 289만 8,299원(32%), 국고보조금 232만 1,544원(25%), 도채 183만 6,900원(20%)로 약 77%를, 1942년에는 도세수입이 38만 5,216원(17%), 국고보조금 864만 9,039원(39%), 도채 399만 3,650원(18%)로 약 74%에 달하고 있다(「1939년 회의록」, 18-19쪽; 「1942년 회의록」, 17-18쪽).

로 아시아·태평양전쟁이 확대되면서 조선에서 인적·물적 자원을 원활히 동원하기 위해서였다.

건의안 심의 및 채택

앞의 경기도회의 경우와 마찬가지로 건의안과 의견서가 혼용되고 있는데, 건의안 제출은 '도회는 도의 공익에 관한 사건에 관해 의견서를 도지사 그 외 관계 관청에 제출할 수 있다'는 도제 제14조 규정에 의한 것이다. 이에 근거해서 경남도회는 회의 규칙 제16조 및 제17조를 두어 다음과 같이 절차에 따라 심의, 채택했다. 건의안 발의는 단수 또는 복수의 건의자가 문안을 준비해 찬성자 3명 이상의 연명으로 의장에게 제출함으로써 이루어졌다. 제출된 건의안은 폐회 전날 회의에 상정되었다. 상정된 건의안은 의원 전원으로 구성되는 전원위원회에서 심사했다. 전원위원회는 '적당히' 분과회를 설치해 '자유롭게', '적당한 방법으로 심사'했다. 그리고 회의 마지막 날에 건의안 심사위원장이 건의안 심사 경과 및 결과를 보고했다. 보고된 건의안은 1943년을 제외하고 특별한 논의 없이 만장일치로 채택되었다.[179] 제출된 건의안은 다음과 같다.

우선 건의안의 수를 보면 1938년 24건에서 대폭 줄어들어 1939년부터 10개 내외이다. 이는 앞의 경기도회보다 월등히 많은 수치이나, 이전의 자문기관인 경상남도평의회의 1931년 42건, 1932년 32건,

---

[179] 「1938년 회의록」, 202, 206-207쪽;「1939년 회의록」, 204-205, 210쪽;「1940년 회의록」, 242, 246-247쪽;「1941년 회의록」, 123, 128-129쪽;「1942년 회의록」, 75, 80-81쪽;「1943년 회의록」, 44, 48-51쪽.

〈표 35〉 경남도회에 제출된 건의안

연도 (건의 수)	건의안명(건의자)	비고
1938 (24)	①강남방수공사에 의한 사천만 및 그 연안에 미치는 피해에 대한 대상시설(황순주), ②사천군 사방공사실시(황순주), ③육지면종자 무상배부방법배려(황순주), ④지리산 국립공원 지정(김경업), ⑤임공학교설치(정호덕), ⑥거창농림학교 설치 촉진(김경진, 김상홍, 김병우), ⑦축산시험장설치(常松), ⑧각 군 1명씩 전임학교의(醫) 설치(이갑용), ⑨도세부과의 균형(이갑용), ⑩관립사범학교 설치(이갑용), ⑪남녀사범학교 설립(김상홍, 常松泰, 고달승), ⑫결핵요양소 설치(탁동주, 황순주, 고달승), ⑬밀양농잠학교 승격(오인덕), ⑭유천교 가설(오인덕), ⑮밀양, 울산도로 완성(監見), ⑯무안방수제 축조(監見), ⑰잠견(蠶繭)검정소 설치(監見), ⑱사회교화(上原), ⑲임도개설 촉진(노준영), ⑳통영공립수산학교 승격(탁동조), ㉑통영항 준설 및 동서 양 제방 축조(탁동조), ㉒한려수도 일대의 국립공원 편입 및 미륵산 등산자동차도로 개착(藤田), ㉓도립자혜병원 통영 설립(藤田), ㉔울산공립농업학교 학급증가(안효식)	⑯제안자 철회
1939 (10)	①경상남도의 산업진흥 및 공장 유치 촉진(杉村), ②도립임업시험장 설치(김병규), ③하동읍에 도립의원분원 설치(김경업), ④읍면폐합촉진(谷垣), ⑤출정군인 유가족 철저보호(함윤경), ⑥잠견(蠶繭)검정소 설치(監見), ⑦유천교 가설(오인덕), ⑧밀양, 울산도로 완성(監見), ⑨조면공장 설치(탁동조), ⑩초혼사(招魂社)건설(常松, 홍우신, 西田, 谷垣)	③, ⑦제안자 철회, ⑧부결
1940 (12)	①노무과 분장의 약(藥)가공품 사무를 농촌진흥과로 이관(김병규), ②곧 신설될 수산고등교육기관의 위치를 부산부로 결정할 것(立石), ③산업조사위원회 설치 요망(谷垣), ④결핵예방전선의 강화 철저(황순주), ⑤진주공립농업학교에 수의축산과 설치(황순주), ⑥잠견(蠶繭) 검정소 속히 설치(監見), ⑦유천교 가설(오인덕), ⑧면화통제가관 설치(김경진, 탁동조, 谷垣), ⑨묘지개선 및 화장장 설치 장려(小山), ⑩면행정구역 분장촉진(이갑용), ⑪한해구제시설인 지하수채수(上原), ⑫축산과 설치(常松)	⑤수정 채택
1941 (7)	①공업 진흥(안효식 외 2명), ②마산좌수영선2등도로 중 남강 및 덕천강에 가설된 잠수교 교체(清水), ③초등학교 학급증가(清水), ④조선 소득관계 세법개정(福島), ⑤신체제하의 농촌경제기구확립과 산업조합유지육성을 위한 본도 농정상의 최중요부문 급속실현(谷垣), ⑥토지개량사업보조규정의 일반 간척사업에의 적용 부활(小田), ⑦공립농업실수(實修)를 을종농업학교로 개편 승격(小田)	
1942 (7)	①조선인 청장년남자의 근로제도 마련, ②진주공립농업학교에 축산과 병치, ③하동 진주 간 1등도로 가수축(假修築), ④조선에 의무교육제도 시행, ⑤반도인측 초등학교도 내지인측 초등학교와 동일하게 8년제로 학년을 조속히 연장할 것, ⑥남강치수공사준공기 촉진운동, ⑦사립학교 보조금 증액	②수정 채택

연도 (건의 수)	건의안명(건의자)	비고
1943 (10)	①전선(全鮮)에 대규모자작농 창정실시, ②낙동강유역 사방사업 계속시행, ③남강굴착공사촉진, ④마구(馬邱)철도부설, ⑤진주공립고등여학교 기숙사 신축, ⑥내용불명 ⑦군(郡)의 관계직원 배치, ⑧경전선(慶全線) 및 금삼철도 연계, ⑨진해만 내의 겨울철 대구 정치어업권 조업기간 변경, ⑩도내의 공립농업전수학교에 1년 전수(專修)과 설치	⑥철회, ⑦·⑧부결, ⑨토의 채택, ⑩수정 채택

출처: 「1938년 회의록」, 206–207쪽; 「1939년 회의록」, 210쪽; 「1940년 회의록」, 246–247쪽; 「1941년 회의록」, 128–129쪽; 「1942년 회의록」, 80–81쪽; 「1943년 회의록」, 48–51쪽. 안건명은 「○○○에 관한 것」, 또는 「○○○의 것」으로 되어 있으나 지면상 생략하였으며, 1942년은 건의자가 원래 명기되어 있지 않다.

1933년 33건[180]과 비교하면 격감한 수치이다. 이 역시 아시아·태평양 전쟁의 격화에 따라 앞의 세출입예산안의 내용 변화와 마찬가지로 영향을 받았던 것이다.

다음에 건의안의 내용을 철회·부결·중복된 안건을 제외하고 채택된 총 60개의 안건을 가지고 분석해 보면, 교육시설이 17건(학교 설립, 학급 증가, 학과 설치, 의무교육 실시 등)으로 가장 많고, 이어서 산업진흥이 15건(공장 설립, 공업진흥, 산업조사위원회 설치, 자작농 창정 등)으로 뒤를 잇고 있으며, 재해방재시설 6건(방수공사, 사방공사, 지하수채수, 치수공사 등), 행정 5건(균세, 읍면 폐합, 행정구역 분장), 교통 5건(항만·교량·도로·철도 설비 등), 의료·의생 시설 4건(병원 설립, 결핵 예방 등), 사회시설 4건(사회 교화, 국인유가족 보호, 장묘시설 개선 등), 관광 2건(국립공원 지정) 등이다. 교육과 산업진흥을 중심으로 다양한 분야에 걸쳐 대부분 지역 주민의 생활상 불편을 해소하거나 경제적 혜택을 확보하

---

[180] 전성현, 앞의 논문, 60-61쪽.

려는 사안들이다.

한편, 제출된 건의안은 제안자가 자진 철회하거나 부결 또는 수정 채택했다. 자진 철회의 이유는 알 없으나 아마도 대다수의 의원이 반대의사를 표하고 제안자가 그것을 받아들였을 것이다. 부결의 경우는 1939년에 ⑧ '밀양, 울산도로 완성'에 관한 건은 '너무 지방적으로 치우칠 우려가 있다는 이유'로 채택되지 않았다.[181] 1943년 ⑦ '군郡의 관계직원 배치'는 필요 없다는 이유로 대다수가 찬성하지 않았고, ⑧ '경전선慶全線 및 금삼철도 연계'는 제안의 취지는 일단 찬성하지만 도회로서 건의안을 제출하는 것이 오히려 성공을 저해할 우려가 있다는 이유로 채택되지 않았다.[182]

수정 채택된 경우는 다음과 같다. 1940년 ⑤ 「진주공립농업학교에 수의축산과 설치」 건은, 진주공립농업학교라고 특정학교를 지정하는 것은 '매우 바람직하지 않으므로' 학교 지정은 당국에 일임하자는 의견이 다수여서 진주라는 2자를 삭제하여 「공립농업학교에 수의축산학과를 설치하는 건」으로 다시 제안하여 만장일치로 채택했다.[183] 이어 1942년에도 ② 「진주공립농업학교에 축산과 병치」를 '진주'를 빼고 '도내 공립농업학교'로 정정해서 채택했다.[184] 1943년 ⑩ 「도내의 공립농업전수학교에 1년 전수專修과 설치」 건은 재정적으로 어렵다는 도당국의 설명을 듣고 '가능하면' 설치한다고 수정 제안해서 채택

---

[181] 「1939년 회의록」, 210쪽.
[182] 「1943년 회의록」, 48쪽.
[183] 「1940년 회의록」, 246쪽.
[184] 「1942년 회의록」, 80쪽.

했다.[185]

또한 반복해서 건의하는 경우도 있었다. 1938년 ⑭「유천교 가설」은 1940년에 설명과 함께 다시 건의되었으며,[186] 1938년 ⑰「잠견蠶繭 검정소 설치」는 1939년과 1940년에는 '속히'를 넣어서 재등장했다.

이와 같이 건의안이 매우 형식적인 심의이기는 하지만 자진 철회하거나 부결되기도 하고 때로는 수정 채택되기도 했다. 의원들은 지역 주민의 지지를 얻기 위해 지역의 이해관계를 관철해야 하는 입장에서 수동적으로 임하는 의안 심의 보다는 오히려 능동적으로 지역의 현안을 해결하려는 건의안 채택에 적극 나섰다고 할 수 있다. 이 때문에 도당국은 건의안의 수를 가능하면 줄이려고 했던 것이다.

지금까지 살펴본 바와 같이 아시아·태평양전쟁기의 식민지 조선의 도회는 일제가 전쟁을 수행하기 위해 지배이데올로기로 내선일체를 내걸고 주민들을 전쟁에 동원하면서 변용을 피할 수 없었다. 1938년에서 1943년까지의 경남도회 회의록을 중심으로 도회의 선거와 구성, 도회 회의의 진행과 심의 과정을 분석한 결과와 특징은 다음과 같다.

첫째, 도회 선거와 구성에서 큰 변화는 없었다. 우선 선거 방식의 경우 이전과 마찬가지로 엄숙한 분위기 속에서 소위 자유선거가 유지되었다. 앞에서 살펴본 대로 추천선거가 본격적으로 도입된 것은 1943년이다. 다음에 민선에서 조선인과 일본인 간의 뚜렷한 경쟁구도가 계속되고 관선에서의 일본인 우위에도 불구하고 전체 도회 구성에

---

185 「1943년 회의록」, 50-51쪽.
186 유천교(楡川橋)는 경상북도를 경계로 하는 밀양군 상동면 유천(유천역 앞)과 밀양강을 연결하는 가교를 말한다(「1940년 회의록」, 247쪽).

서 조선인의 우위가 지켜졌다. 전쟁이 확대되면서 내선일체의 지배이데올로기가 강화되었지만 그것이 쉽게 실현되지 않았다. 이는 조선인 의원의 창씨개명에서도 확인할 수 있다.

둘째, 도회 회의의 진행에서는 두드러진 변화가 보였다. 먼저 회의 일정은 기존의 10일에서 1941년에 5일로 단축되고 1942년 이후는 3일로 대폭 줄어들었다. 그리고 의원들은 본격적인 의사에 들어가기 전에 긴급동의를 통해 전쟁에서의 공로에 대해 주로 현지의 군지휘관들에게 감사전보를 보냈으며, 1941년부터는 전쟁 승리를 위해 후방에서 헌신한다는 결의를 다졌다. 또한 질의에서는 질의를 원하는 의원이 손을 들어 자유롭게 발언권을 얻어 질의하는 자유질의에서, 재질문이나 논쟁 등을 지양하고 익찬도회를 실천하기 위해 1941년에는 소수의 질의자를 추첨에 의해 결정하는 추첨질의로, 1942년 이후는 질의 인원 자체를 제한하는 한정질의로 바뀌었다.

셋째, 도회 회의의 심의에서도 현저한 변화가 나타났다. 1939년부터 세출입예산의 주요 항목과 사업에서 전시동원을 촉진하기 위한 정책을 반영해서 '경신숭조와 국민정신총동원제비'와 '사회사업과 총후원호시설비' 등의 항목과 그에 따른 사업을 추진했다. 특히 1942년부터는 인적·물적 동원을 위한 '교학진흥시설'과 '식량대책시설' 예산을 중심으로 예산액이 급증했다. 또한 주민들의 입장을 대변하는 내용의 건의안 수가 대폭 감소했다.

식민지 조선의 도회는 도행정기관의 의결기관으로서 선거권과 피선거권이 제한되고 의장에게 강대한 권한이 주어지는 등 매우 불완전한 지방정치참여제도였다. 하지만 최근 연구에서 지적하고 있는 바와 같이 도회 의원들은 지역 주민들의 삶과 직접 관련된 문제를 해결하기 위해 지배당국과 대립하거나 타협하는 등 지역정치를 전개한 측면도 존재했다. 하지만 아시아·태평양전쟁기에 그러한 의미의 지역정치는 점점 더 소멸되어 갔다.[187] 그 결과 일제가 아시아·태평양전쟁을 수행하기 위해 조선에서 간절히 원했던 밑으로부터의 자발적인 동원은 지난해지고 위로부터의 강제적인 동원이 불가피했던 것이다. 일제가 지배목표로 내걸은 내선일체=동화는 표면적으로는 진전되는 듯했으나 실제로는 전쟁에 내몰리는 주민들의 고통과 불만이 더해져 일제의 지지기반은 한층 약화되어갔다.

---

[187] 이와 관련해서 함양군 출신 의원 김구옥(金龜玉)은 1939년 도회 회의에서 다음과 같이 발언했다. "반도에서 도회는 이미 6년 전에 의결기관이 되었다. 의결기관이라면 도회에 제안해서 채택된 도회의 의견을 조금 더 존중해서 도정에 반영해야 한다고 생각한다. 지금까지의 도회는 마치 형식적인 연중행사의 자문기관에 지나지 않는다고 말해도 과언이 아니다. 민중의 요망과 당국이 실제 하는 것과의 사이에 상당한 괴리가 있다. 민중의 희망이 도정에 반영되는 것이 매우 적다는 것이 각 도회의원의 불만이다. 즉 도회의원인 우리 공직이 전달하는 민중의 총의를 조금 더 도정에 반영할 것을 부탁한다"(「1939년 회의록」, 133쪽).

제3부

부(협의)회·도(평의)회의 정치적 전개

식민지 조선에서 제한된 참정권의 형태로 실제 행해진 지방정치과정은 주요 행위자인 부·도당국과 부(협의)·도(평의)회의원, 그리고 지역주민이 제각기 자신들의 목표를 달성하기 위해 다양한 방향성을 갖고 상호작용하며 복잡하게 전개되었다. 삼자 모두 여러 가지 모순과 문제점을 안은 채 설정한 목표를 쉽게 이룰 수 없었다. 그들 사이에는 표면적으로는 대체로 협력의 모습이 보였지만 내면적으로는 크고 작은 갈등과 대립이 늘 잠재되어 있었으며 그것은 끊임없이 표출되었다. 일제의 지역 지배는 강력한 물리력을 바탕으로 유지되었지만 결코 안정된 상태가 아니었다. 각 행위자가 설정한 목표와 그것을 달성하는 과정에서 안고 있었던 문제점은 각각 다음과 같다.

우선 일제의 지배 정책을 집행하는 지방행정기관인 부·도당국은 막강한 물리력을 배경으로 부(협의) · 도(평의)회의 협력을 얻어 지역주민의 불만을 해소하고 안정된 지배를 지속하려했다. 특히 부·도당국은 일제의 지배이념인 동화주의를 실현하기 위해서 부(협의) · 도(평의)회의원 모두의 일방적인 협력은 물론 일본인 의원과 조선인 의원 간의 융화를 강하게 기대했다. 그러나 이러한 부·도당국의 목표는 쉽게 달성될 수 없었다. 왜냐하면 부(협의) · 도(평의)회의원은 더 많은 주민들의 요구 실현을 당국에 재촉하였고 자신들의 정치력 확대를 멈추지 않았다. 그리고 조선인에 대한 차별을 둘러싼 일본인 의원과 조선인 의원 간의 갈등도 언제 터질 줄 모르는 시한폭탄과 같은 것이었기 때문이다. 결국 부·도당국은 강력한 물리력에 의존할 수밖에 없었다.

다음에 부(협의) · 도(평의)회의원은 부·도당국의 신망을 바탕으로 권력을 분점 받아 지역주민이 요구하는 이익을 지역사회에 제공하고 그들의 지지를 획득함으로써 자신들의 정치력을 확장하려 했다. 그들은 부·도당국과 지역주민 사이에서 매개적인 역할을 수행했던 것이다. 이들 역시 목표를 달성하는 것은 어려운 일이었다. 그 이유는 부·도당국의 의원에 대한 신망은 매우 가변적이었으며 주민에게 배분할 자원은 그들의 점증하는 요구를 충족시키기에는 한정적이었기 때문이다. 특히 조선인 의원의 경우 당시 첨예한 민족모순이 존재하는 지역사회에서 압도적 다수를 차지했던 조선인의 지지 없이는 정치활동이 불가능한 상황에서 매개적인 역할을 수행하는 것은 굉장히 곤란한 일이었다.

마지막으로 지역주민은 부(협의)·도(평의)회의원에게 그들에 대한 지지를 대가로 각종 지역의 이익을 실현하려 했다. 그리고 그것이 여의치 않을 경우 직접 부·도당국을 상대로 집단행동에 나섰다. 하지만 주민들 역시 그들의 목표를 이루는 것이 간단하지 않았다. 부(협의)·도(평의)회의원이 그들의 다양하고 중층적인 이익을 대변해서 부·도당국을 움직일 만한 충분한 정치력을 갖고 있지 못했으며, 점점 늘어가는 주민의 요구를 들어줄만한 충분한 자원을 보유하지 못한 부·도당국은 물리력으로 주민의 직접 행동을 탄압했기 때문이다.

제3부에서는 이와 같이 부(협의)·도(평의)회의 정치적 전개를 각 행위자가 여러 가지 문제점을 안고 서로 대립하며 갈등하는 모습에 초점을 맞추어 분석했다. 여기서 다룬 사건들은 당시 조선 전체에 알려질 정도로 큰 규모의 것이었다. 이보다 작은 사건은 물론 사건으로까지 번지지는 않았지만 무수한 대립과 갈등이 부(협의)·도(평의)회의 정치적 전개 과정에서 이어졌다.

한편, 사건의 발단이 된 주된 이슈는 기본적으로 당시 지역주민들이 해결을 원하는 것이었다. 여기에 민족적 차별이라는 요소가 가미되어 이슈의 파괴력을 더했다. 제4장 '신당리 토지 문제'는 비교적 순수한 지역문제로 다루어졌지만 나머지 사건들은 모두 조선인의 입장에서 차별을 시정하고 이익을 요구하는 데에서 발단했다. 이 때문에 제5장 '조선인 의원 총사직 사건'에서 조선인과 일본인의 전략적인 제

[그림 2] 부(협의)회 및 도(평의)회의 정치적 전개

출처: 중앙정치과정의 「분석의 틀」, 김동명, 앞의 책, 10쪽; 「도평·도의, 일제당국, 지역민의 상호관계」, 동선희, 앞의 책, 174쪽을 참조하여 재작성.

휴 움직임도 있었지만 결국 사건의 전개 과정에서 예외 없이 양자 간의 첨예한 대립구도가 형성되었다. 이는 당시 조선에서 가장 기본적이며 절대적으로 존재했던 민족 모순을 바탕으로 일제 지배에 대응하는 조선인의 지방 정치의 모습을 여실히 보여주는 것이다.

제1장

전남도평의회의 '조선인과 일본인 알력 사건'

1928년 전남도평의회에서 일어난 조선인 도평의원과 일본인 도평의원 사이의 알력 사건(이하 '조선인과 일본인 알력 사건')은 조선인 도평의원들이 일본인 도평의원 야마노 로조山野瀧三가 회의장 밖에서 행한 발언 내용이 조선인을 무시한 것이라며 그의 사과를 요구하고 도평의회 심의를 거부하면서 붉어졌다. 이에 지사가 중재에 나서 야마노가 조선인 도평의원들에게 사과함으로써 사건이 마무리되는 듯했다. 그러나 이번에는 일본인 도평의원들이 강하게 반발하면서 조선인과 일본인 간의 감정 문제로 확대되었다. 그들은 회의장 밖에서의 야마노의 발언을 회의장 안에서 거론한 것은 의사규칙 위반인데도 도지사가 조선인 도평의원들의 반박 연설을 허용하고 야마노에게 사과를 강요한 것은 부당하다고 주장했다. 그러자 조선인 도평의원들이 다시 조직적으로 항의해 도당국이 화해를 주도했음에도 불구하고 사직서를 제출했다. 결국 지사가 사직의원들과 교섭해 사퇴를 철회하면서 사건은 일단락되었다.

한편, 이 사건에 관해서는 당시 전라남도참여관으로 사건 해결에 직접 관여했던 박철희朴喆熙가 작성한 「전라남도 도평의회원 내선인 알력의 전말(全羅南道ヶ評議会員内鮮人軋轢ノ顚末)」[1]이 남아있다. 이 문서는 그가 비록 자신의 입장에서 기술한 것으로 객관성이 결여되어 있기는 하지만, 식민지기 지방에서의 정치과정에 관한 기록이 많지 않은 상황에서 매우 귀중하다. 왜냐하면, 같은 자료는 관변 자료나 신문 등에 보도되는 표면적이고 형식적인 도평의회의 운영에 관한 내용뿐만 아니라 도당국자들의 생각과 막후 교섭과 같은 비공식적인 모임 등을 잘 기록하고 있어 실제 도평의회의 정치과정을 이해하는 데 많은 시사를 던져주기 때문이다.[2]

야마노의 조선인 무시 발언과 조선인 도평의원의 반발

'조선인과 일본인 알력 사건'의 발단은 1928년 제9차 전남도평의회

---

[1] 「全羅南道ヶ評議会員内鮮人軋轢ノ顚末」『齋藤實關係文書』78-29, 日本國立國會圖書館 憲政資料室 소장(영인본, 高麗書林, 1990년), 4卷, 381-418쪽. 이하 「内鮮人軋轢ノ顚末」. 문서번호는 日本國立國會圖書館 憲政資料室 소장번호이며, 권수 및 항수는 영인본에 의함.

[2] 박철희는 1877년 태어나 한성관립중학을 졸업하고 1900년 탁지부 견습생을 시작으로 다음해 탁지부 주사, 탁지부 전주 재무감독국 영암재무서장과 재무관을 거쳐, 병합 후인 1911년 임피 군수에 임명되었다. 이후 옥구·전주·금산·전주 군수를 역임하고 1923년 충청북도 참여관, 1927년 전라남도 참여관에 임명되었으며 1934년부터 39년까지 중추원 참의를 지냈다(박은경, 『일제하 조선인 관료연구』, 학민사, 1999, 206쪽). 한편 박철희는 이 사건의 책임을 지는 형태로 칙임명예승진으로 사직했다. 그는 사직에 항의해서 총독부를 방문해 총독부 지방과장·정무총감·총독을 만나 인재 등용과 인사의 불공정성을 지적하고 시정할 것을 요구했다. 그는 자신이 '총독정치의 이해를 위해서 혹은 사상 선도를 위해서 상당히 노력해'왔음을 이유로 자신의 사직이 공정하지 못한 인사였음을 주장했다. 이 문서는 박철희가 자신의 사직이 부당함을 알리기 위해서 작성한 것으로 생각된다.

석상에서 조선인 도평의원들이 일본인 도평의원 야마노의 발언을 문제삼으면서부터이다. 도평의회 회의는 1월 7일부터 10일간의 일정으로 개최되었는데, 회의 개최 기간 동안 마지막 날을 제외하고 하루도 빠지지 않고 외부로부터 초대하는 갖가지 형식의 연회가 열렸다.[3] 연회가 진행되면 주최 측의 환영사에 답해 도평의원 대표가 사사謝辭를 했다. 사사는 관례상 도평의원 중 가장 연장자가 담당했는데 당시 전남도평의회에서 최연장자는 목포 관선 도평의원인 일본인 야마노였다. 그는 목포상업회의소 회두와 『광주일보』 및 『목포신보』 두 신문의 사장직을 맡고 있었다. 그런데 야마노의 말에는 '탈선脫線'이 많아 다른 사람의 오해를 사기 쉬웠다. 제9차 회기 중에도 야마노는 다음과 같은 발언으로 조선인 의원의 반발을 초래했다.[4]

야마노는, ①무덕전武德殿[5] 초대연에서 '위대한 경찰력에 의해 이 같은 대건물이 세워졌다'고 발언했다. ②주민 유지가 송정리공민학교에의 원조를 요청하기 위해 초대했을 때에는 '공민학교가 현재 직업기능을 받고 있으나 형무소의 죄수들이 수감 중에 토목 등의 기술을 습득해도 출옥 후에 취직이 곤란한 상황이다'라고 말했다. ③광주금융단이 초대한 자리에서 '최근 조선 농촌 피폐의 원인은 보통학교의 남설濫設에 있다'[6]고 주장했다.

이에 대해 조선인 도평의원들은 매우 격양하여 각각에 대해 다음

---

3 『동아일보』1928년 1월 19일, 4면;「內鮮人軋轢ノ顚末」, 398쪽.
4 「內鮮人軋轢ノ顚末」, 398-400쪽.
5 무덕전은 전라남도 도청 맞은편에 세워진 전형적인 일본식 목조건물로, 1932년 이곳에서 도평의회가 소집되기도 했다.
6 「內鮮人軋轢ノ顚末」, 398-399쪽.

과 같이 야마노의 발언을 반박했다. ①야마노는 무덕전 건립 기금을 조선인이 낸 것은 경찰력을 무서워해서라고 했는데 사실은 대부분의 조선인 유력자가 자발적으로 기부한 것이다. ②야마노가 조선인이 주로 다니는 공민학교 학생을 형무소 죄수에 비유한 것은 적절하지 못하다. ③야마노는 조선의 농촌이 발전하지 못한 원인이 보통학교를 무분별하게 세운 데 있다고 했는데, 일본 본국의 경우 조선 보다 더 많은 학교를 세워 농촌 진흥을 이끌고 있으므로 잘못된 것이다. 이어 그들은 야마노의 이같은 발언은 모두 조선인을 멸욕蔑辱한 폭언이라고 규정하고 그가 진사陳謝하지 않으면 용서할 수 없다고 주장했다.[7] 말하자면, 조선인 도평의원들은 야마노의 발언이 조선인에 대한 차별의식에서 나온 조선인을 무시한 치욕적인 것이라며 그에게 사과를 요구한 것이다.

이 중에서 이 글에서 다루는 사건의 직접적인 계기가 된 것은 앞의 ③ 발언이다. 1월 12일 밤 광주금융단이 도평의원들을 초대한 연회석상에서 야마노는 주최 측의 환영사에 답사하는 가운데 최근 조선 농촌이 극도로 피폐해지는 것은 조선인 교육을 위하여 보통학교를 지나치게 설치했기 때문이라고 말했다.[8] 이에 대하여 조선인 도평의원들은 크게 분개했다. 즉석에서 반박 연설을 하려는 사람도 있었으며 여기저기서 조선어로 불만을 얘기하는 등 야마노의 발언에 대해 반발행동을 하려했다. 그러나 당시 도참여관 박영철의 설득도 있어 조선인 의원들은 '무사히 산회'했지만, 여관에 돌아와서도 이구동성으로 야마

---

7 「內鮮人軋轢ノ顚末」, 399-400쪽.
8 『동아일보』, 1928년 1월 19일, 4, 5면.

노의 발언은 '조선인을 모욕한 언사다'라고 말하는 등 좀처럼 분을 가라앉히지 못하고 있었다.⁹

이러한 야마노의 발언에 대한 조선인 도평의원들의 불만은 다음 날 열린 도평의회 회의에서 분출되었다. 13일 열린 도평의회 회의는 오전에는 자문안 제1호의 권업비 심의를 마치고 오후 1시 30분부터 교육비를 심의할 예정이었다. 이에 조선인 도평의원들은 야마노의 발언이 교육과 관련된 것으로 보고 오후 교육비 심의 때 문제를 제기하기 위해서 대표 2명을 선정했다. 그들은 오후에 의장이 회의 시작을 선언하자마자 야마노의 발언을 비판하기 시작했다. 먼저 박준규朴準圭가 연설에 나서 야마노를 반복해서 공격했다. 이어 박이규朴珥圭가 연설하자 회의장은 점점 더 소란에 휩싸였다. 이들은 야마노가 조선인 교육을 안중에 두고 있지 않을 뿐만 아니라 오히려 그것을 무시한다며 그의 조선인에 대한 멸시감을 낱낱이 폭로하고 야마노처럼 조선인의 교육을 이해하지 못하는 자와는 도저히 교육비 심의를 같이 할 수 없다고 주장했다. 그리고 심의를 계속하기 위해서는 야마노가 책임지고 성의있는 사과를 할 것을 요구했다. 그렇지 않으면 본인들이 퇴장하겠다며 '일대풍파'를 연출하여 회의장에는 두세 시간 동안 살기가 등등했다. 이에 의장은 수습이 불가능해지자 5분간의 휴회를 선언했다.¹⁰

당시 의장은 조선인 도지사 석진형石鎭衡이었다. 휴회 중에 의장은 야마노와 함께 모습을 감추고 수습책을 논의했다. 또한 참여관과 도

9 「內鮮人軋轢ノ顚末」, 401쪽.
10 『동아일보』, 1928년 1월 19일, 4면, 5면; 「內鮮人軋轢ノ顚末」, 402쪽.

당국의 간부들도 선후책을 강구했다. 얼마 후 석지사는 야마노와 회의장에 나타나 개회를 선언하고 야마노는 조선인 의원들의 요구를 받아들여 '진사'했다. 이는 아마도 당시 조선인 의원이 수적으로 압도적 우위를 차지하는 상황에서 예산안 처리 등 원만한 도평의회 운영을 위해 도지사가 야마노를 설득한 결과였을 것이다. 이로써 야마노 발언에 대한 조선인 의원들의 반발은 일단 진정되었다.[11]

야마노의 진사에 대한 일본인 도평의원의 반격

그런데 이번에는 야마노의 진사에 대해 일본인 도평의원들이 격노했다. 목포의 민선 도평의원인 무라가미村上直助는 사표를 제출할 정도였다. 일본인 도평의원들이 야마노가 진사한 데에 반발한 이유는 다음과 같다.[12]

> 야마노 씨의 발언이 정상적인 궤도를 벗어났다 하더라도 의장 밖에서의 문제인데 그것을 조선인 의원이 의장 내에서 반박 연설을 한 것은 의사규칙 위반이다. 그럼에도 지사는 의장으로서 이를 제지하지 않고 오히려 야마노씨의 진사를 강요해서 결국 의장 내에서 사죄하게 한 것은 부적절하다.

---

11 「內鮮人軋轢ノ顚末」, 403-404쪽. 1927년에 구성된 전남도평의회는 정원 34명 중 조선인 의원이 27명(79%)이었다. 관선 의원은 11명 중 5명(45%), 민선의원은 23명 중 22명(96%)이었다 (동선희, 앞의 책, 93쪽 참조).
12 「內鮮人軋轢ノ顚末」, 404쪽.

말하자면 일본인 도평의원들은 야마노의 발언이 회의장 밖에서 행해졌기 때문에 의제와 관계없는 문제라고 보고 조선인 도평의원들이 이를 회의장에서 거론한 것은 의사규칙을 위반한 것이라고 주장했다. 따라서 그들은 도지사가 조선인 도평의원들의 반박 연설을 방치하고 나아가 야마노로 하여금 강제로 진사하게 한 것은 부당하다고 항의한 것이다.

한편, 당시 도평의회 회의 규정에 의하면 토론은 의제 밖의 것을 할 수 없으며 의장은 도평의원이 의제 밖의 문제라고 판단되는 발언을 하면 그것을 중지해야 한다고 규정하고 있다.[13] 일본인 도평의원들은 이에 근거해서 발언한 것이다. 그러나 문제는 야마노의 발언을 의제와 관련 있다고 보느냐 그렇지 않느냐에서 일본인과 조선인 도평의원 사이에 의견이 대립되었던 것이다.

일본인 의원들은 도평의회가 종료하기 전에 의장인 도지사를 직접 방문해 거듭 야마노의 문제는 의장 밖에서의 문제인데 그것을 의장 내에 끌어들인 것은 의사규칙 위반임을 지적하고 '앞으로 결코 이같은 실체失體를 보이지 않겠다는 것을 폐회 인사에 넣을 줄 것'을 요구했다. 이에 의장은 쾌히 승낙했다. 하지만 의장이 폐회 인사 때 이를 명백히 말하지 않자 일본인 의원들이 다시 분개하는 가운데 제9차 전남도평의회는 일단 예정대로 막을 내렸다.[14] 이로써 야마노의 발언을

---

13 「平安南道道評議會會議規程」『道評議會ト評議會員』(平安南道, 1923년 12월 개정), 전라남도의 회의규정은 현재 입수할 수 없으나 평안남도의 것과 대동소이했을 것으로 생각된다.
14 「內鮮人軋轢ノ顚末」, 404-405쪽. 한편, 당시『동아일보』는 제9차 전남도평의회가 도당국으로서는 대성공이었다고 평가했다. 그 이유로서 도당국이 도평의회에 제출한 예산안에 대해 약간의 논쟁이 있었지만 여하간 수정 없이 원안이 통과되었다는 점을 들고 있다(『동아일보』, 1928년 1월 19일, 4면).

둘러싼 조선인과 일본인 사이의 갈등 문제도 종말을 고하는 듯했다.

그런데 13일 야마노가 사과한 이후 4, 5일간 회의가 계속되는 동안 이 문제를 전혀 보도하지 않고 침묵을 지켰던 야마노가 사장으로 있는 『광주일보』와 『목포신보』는 평의회가 폐회하고 도평의원들이 각기 귀향하기 시작한 날부터 다시 「필봉을 일치하여」 3-5일 동안 야마노 진사 문제를 대서특필로 다루었다. 두 신문은 의장 외에서 생긴 문제를 의장 내에서 거론한 것은 불법이라며 이를 주도한 조선인 도평의원들과 이를 허용한 의장인 조선인 도지사를 맹렬히 공격했다. 특히 야마노는 자신이 '도지사의 강요에 의하여 부득이 사과했다'고 폭로하기에 이르렀다. 더욱이 『광주일보』는 보도를 시작한지 5일째 되는 날 '1928년 1월 13일(야마노씨 진사의 날)은 재선在鮮 내지인 동포 50만의 영원히 잊을 수 없는 치욕기념일이다'라고 보도했다.[15] 이로써 야마노 발언을 둘러싼 문제는 마침내 도내 일반 조선인과 일본인 간의 감정문제로 비화되어갔다.

도당국의 중재

이처럼 야마노 등 일본인들이 조선인에 대한 언론 공격을 감행하자 도당국과 조선인 도평의원도 대책 마련에 부심했다. 우선 도평의회가 무사히 끝나고 사건이 일단락된 데에 안심하고 있던 도당국은 두 신문

---

15 「전남도의원 분규사건(1)」『동아일보』, 1928년 3월 1일, 4면, 이하 「전남도의원 분규사건(1)」로 줄여 씀; 「內鮮人軋轢ノ顚末」, 405-409쪽.

보도로 다시 사건이 조선인과 일본인 간의 갈등으로 번져가자 크게 당황했다. 특히 도지사 석진형은 '혼비백산하여 조선인으로 태어난 것을 한탄하며' 분개하여 참여관 박철희를 불러 다음과 같이 사직 의사를 밝혔다.[16]

> 석: 신문기사는 [조]선인 지사를 무시한 것이다. 나는 사직을 결심했다.
> 박: 신문 공격은 [조]선인에 한하지 않고 이번 사건은 내선인 융화상에 관계되는 점이 많다. 귀하가 사직해도 후임의 입장도 괴로울 것이니 단념하였으면 한다.
> 석: 미즈노(水野), 사이토(齋藤), 유아사(湯淺) 제씨에게도 이미 사의를 밝혔다. 통신을 했고 [조]선인이 [조]선인을 떠나서 생활할 수 없으므로 이 차에 사직하는 것이 [조]선인의 동정을 얻을 수 있는 것이다.
> 박: [조]선인 지사 또는 참여관이 배일적 행동을 해도 조선인은 신용하지 않기 때문에 그만 두어도 동정은 얻지 못한다.
> 석: 이때 사직한다면 일반 [조]선인은 '석[진형]은 일하기 위해서 관계에 들어갔으나 필경 내지인의 세력에 압도되어 사직한 것이다'라고 말해줄 테니 이번에 사직하는 것이 현명한 일이다.[17]

석지사는 조선인의 입장에서 일본인들로부터 무시당한 것에 데에 반발하며 관료사회에서의 조선인과 일본인 간의 차별이 존재함을 시

---

16 「전남도의원 분규사건(1)」; 「内鮮人軋轢ノ顚末」, 406쪽.
17 「内鮮人軋轢ノ顚末」, 406-408쪽.

사하고 특히 조선인 사회의 지지를 강하게 의식하고 있다. 이는 석지사가 다음 날 당시 호남은행 전무 현준호玄俊鎬에게 사의를 흘린 데에서도 엿볼 수 있다.[18] 현준호는 1927년 전남 도평의원에 재선되었는데 같은 해 말 일본 천황의 취임 축하를 위한 기념사업비용을 조선인과 일본인이 반씩 부담하는 데에 반대하여 도평의원 등 모든 공직의 사퇴를 선언했다. 현준호는 조선인의 입장에서 일본인이 더 부담할 것을 주장하자 일본인들이 일본 황실에 대한 불경으로 비난한 데 항의하여 사직한 것으로 생각된다.[19] 석지사는 아마도 이미 공직 사퇴를 공언한 경험이 있는 현준호에게 상의함으로써 박참여관 말대로 자신이 조선인의 입장에 있는 것을 선전하려 하였을 것이다. 이어 석지사는 총독부를 방문해 사표를 제출하고 돌아왔다.[20] 이는 한편으로는 자신의 조선사회에서의 입지를 굳히고 다른 한편으로는 총독부의 책임 추궁을 피하려는 식민지기 조선인 관료의 복무 모습의 한 형태를 잘 보여준다.[21]

---

18 「內鮮人軋轢ノ顚末」, 408쪽. 참여관 박영철은 석지사가 현준호에게 사의를 흘린 것이 '일종의 자기 선전'이라고 보고 있다.
19 동선희, 「일제하 조선인 도평의회·도회의원 연구」, 한국학중앙연구원 한국학대학원 박사학위논문, 2005, 323~324쪽 참조. 이는 현준호가 1928년 10월에 광주공설운동장을 신설하기 위해 기부금을 모을 때 조선인과 일본인과의 액수배정문제를 둘러싸고 논쟁하다가 다시 사의를 표한 데에서 알 수 있다. 당시 신문은 그가 10여년 동안 전라남도 도평의원·광주면협의원·광주번영회장 등의 10여 개의 공직을 가지고 지역에서 활동하면서 조선인 측의 이익을 적극적으로 옹호하여 일본인 공직자들과 의견 충돌이 빈번했다고 밝히고 있다(『동아일보』, 1928년 10월 24일, 4면). 다음 해 2월 현준호는 '지방유지의 간절한 권유'에 의해 사의를 철회했다(『釜山日報 湖南日日』, 1929년 2월 23일, 석간 5면).한편, 동선희는 출처를 밝히지 않고 현준호가 1927년에 사퇴한 것으로 단정하고 있으나 이같은 이후의 행적으로 보아 그 때에도 사의를 표명하는 데 그친 것으로 판단된다.
20 「내선인 알력의 전말」, 408쪽;「전남도의원 분규사건(1)」. 한편,『동아일보』는 석지사가 총독부 각 국을 방문해 양해를 얻기 위해서 애걸복걸하였다고 보도하고 있어 석지사가 총독부에 간 이유는 사직서 제출보다는 문제 해결이었음을 보여준다.
21 이에 관해서는, 김동명, 「이념과 현실 – 조선인과 일본인의 관료 복무 – 」, 한일관계사연구논집편찬위원회편, 『일제강점기 한국인의 삶과 민족운동』, 경인문화사,

다음에 『광주일보』와 『목포신보』의 보도에 크게 분개한 조선인 도평의원들은 조직적 반격을 시작했다. 도평의회가 끝난 후 이미 반 수 이상은 귀향하고 그때까지 광주에 남아있던 10여 명이 만나서 대책을 강구하였는데 그 의견은 대개 세 가지였다. 첫째는 사건의 진상을 규명하고 두 신문 보도에 대해 반박문을 발표하는 동시에 지구전을 선언하자는 것이며, 둘째는 사건의 진상을 규명하는 성명서만을 발표하자는 것이고, 셋째는 지방의 작은 신문을 상대로 하지 말고 아예 불문에 붙이자는 것이었다. 논의 끝에 결국 둘째 안이 다수의견으로 결정되어 박이규(담양), 이재혁(李載爀, 함평), 오헌창(吳憲昌, 화순), 정창욱(鄭昌旭, 광양) 등 4명을 위원으로 선정하여 이들에게 성명서 발표 건을 일임하고 헤어졌다.[22]

이에 다급해진 도당국은 성명서 발표 준비 위원들에게 성명서를 발표하려면 '출판법에 의하여 허가를 얻어서 하라'며 '형사의 미행'까지 붙여 감시했다. 석지사는 총독부를 재차 방문하여 문제 해결을 논의하고 박철희는 성명서 발표를 저지하기 위해 성명서 발표 준비 위원들을 설득하기 시작했다. 우선 그는 박이규와 만나 협력을 요청하고 이어 이재혁과 정창욱에게도 협조를 요청했다.[23] 이 때 박참여관이

2005년 참조.
22 「전남도의원 분규사건(1)」.
23 「전남도의원 분규사건(1)」. 한편 참여관 박영철에 따르면 석지사는 처음에는 조선인 도평의원들의 성명서 발표 중지 노력에 소극적이었으나, 경찰부장이 총독부에 갔다 온 이후에 무엇인가 상부의 지시가 있었는지 태도가 바뀌었다고 말하고 있다. 아마도 석지사는 앞의 박참여관과의 대화로 미루어 볼 때 처음에는 다수의 조선인이 일본인 도평의원들을 비난하는 상황에서 조선인 편에 섬으로서 그들의 지지를 획득하려 하였던 것 같다. 그러나 더 이상 사건이 확대되는 것을 두려워한 총독부가 경찰부장을 통해 석지사에게 사태 수습을 지시하자 태도를 바꾸었을 것이다.

제시한 타협안은 다음과 같다.

> 내선인 의원을(신문기자 입회 하에) 한 자리에 모이게 해서 우선 지사가 의장 밖의 문제를 받아들인 의장으로서의 실수를 사과하고 [조]선인 의원은 의장 밖의 문제를 의장에서 논의한 것을 사과하고, 내지인 의원 및 신문기자는 의장 및 [조]선인 의원들이 이와 같이 양해한 이상 본인들로서도 아무 일도 없었던 것처럼 한다는 인사를 주고받음으로써 화해할 것.[24]

중재안은 결국 조선인 석지사가 의장 밖의 문제를 의장 내에서 논의하게 허용한 것을 자신의 실수로 인정하고 조선인 도평의원 역시 의장 밖의 문제를 도평의회 규정을 어겨 의장 내에서 논의한 데 대해 일본인에게 공개 사과하고 일본인 도평의원들이 이를 양해하고 묻어버리자는 것이었다.

그러나 조선인과 일본인 측 모두 박참여관이 제시한 중재안에 선뜻 응하지 않고 자신들의 입장을 굽히지 않았다. 특히 조선인 도평의원들은 장외의 문제를 장내에서 논의하여 의사규칙을 위반하였다는 『광주일보』와 『목포신보』의 비난에 대해 강하게 반발했다. 그들은 자신들이 야마노의 발언을 문제삼은 것은 조선인의 교육문제를 다룬 것으로 그것은 결코 장외 문제가 아니라 지방비 예산안 중 가장 중요한 교육비 심의와 직접 관련된 내용을 장내에서 논의한 것이므로 '엄연한 합법'이라고 거듭 주장했다. 또한 그들은 사실을 왜곡하는 다량의

---

[24] 「内鮮人軋轢ノ顚末」, 412쪽.

기사를 작성해서 민중을 미혹迷惑하게 하는 두 신문을 상대로 자신들이 성명서를 발표하는 것은 정당한 일임에도 불구하고 왜 도당국이 기어이 저지하려는지 납득할 수 없다고 주장했다.[25] 한편, 일본인 도평의원들이 중재안을 받아들이지 않은 이유는 자료에서 발견할 수 없으나 재조일본인의 '치욕기념일'이라는 극단적인 표현까지 쓰며 신문 등을 통해 투지를 불태웠기 때문에 간단한 구두 사과만으로 사건을 덮어버리기가 쉽지 않았을 것이다.

도당국의 일방적 화해 추진과 조선인 도평의원의 사직

이와 같이 도당국의 중재안에 대해 조선인 도평의원과 일본인 도평의원이 모두 반대하자 도당국은 특히 완강히 중재를 거부하는 조선인 도평의원들을 상대로 설득에 적극 나섰다. 이는 참여관 박영철이 맡아 담판을 시작했다. 그는 매일 밤낮을 가리지 않고 요정에 비중 있는 조선인 도평의원과 성명서 발표 준비 위원을 초대해서 양해를 구했다. 그러나 박참여관이 1주일간 자지도 먹지도 않고 노력해도 조선인 도평의원들은 좀처럼 담판에 응하지 않았다. 이에 궁지에 몰린 박참여관은 결국 눈물로 호소하며 자신이 책임을 지고 사표를 제출할 의사를

---

[25] 「전남도의원 분규사건(2)」『동아일보』, 1928년 3월 2일, 4면, 이하 「전남도의원 분규사건(2)」로 줄여 씀. 조선인 도평의원들에 따르면 평소 도평의회를 개최할 때마다 '어떤 곳에 축전을 치자, 어떤 사람에게 기념품을 보내자, 기부금을 모집하자는 등' 본회의와 하등 관계가 없는 안건을 논의하는 일이 비일비재하였다고 한다.

밝혔다. 그러자 마침내 그 동안 좀처럼 움직이지 않았던 성명서 발표 준비 위원들이 박참여관의 성의에 흔들려 일단 부분적으로 화해가 성립했다.[26]

이에 도당국은 서둘러 사건을 마무리하려고 각지에 돌아가 있는 도평의원들에게 성명서 발표 준비 위원의 명의로 '성명서를 발표하지 않고도 원만한 해결을 짓게 되었으니 이에 대해 의견을 말해주십시오'라는 내용의 전보를 보냈다. 그리고 동시에 각 군수에게 전화를 걸어서 각 군의 도평의원들이 빨리 성명서 발표준비 위원 명의로 보낸 해결안에 승낙한다고 답신하도록 조치할 것을 지시했다. 이에 박참여관이 주도한 화해안의 구체적 내용을 전혀 모르는 도평의원들은 사건의 전후 관계로 추측하고 군수의 권유도 있어 『광주일보』와 『목포신보』가 조선인 도평의원들에게 사과했다는 것으로 이해하고 아무런 의심 없이 승낙한다는 답전을 보냈다.[27]

2월 11일 각지의 도평의원들의 승낙 전보를 입수한 도당국은 도회의실에서 도지사, 각 부장, 『광주일보』와 『목포신보』 대표(도평의원 야마노-필자), 성명서 발표 준비 위원 4명과 박준규 등이 참석한 가운데 미리 준비한 원고를 낭독하고 조선인과 일본인과의 갈등이 원만하게 해결되었다고 선언했다.[28]

특히 도당국은 대다수 조선인 도평의원의 양해 하에 사태가 해결

---

[26] 「內鮮人軋轢ノ顚末」, 412-413쪽. 이는 앞에서도 밝힌 바와 같이 참여관 박영철이 자신의 입장에서 공을 과장해서 기록했다고 생각된다. 특히 그가 인간적인 감정에 호소해서 회유와 설득만으로 도평의원들의 마음을 움직였다고 말하고 있지만, 실제로는 그와 병행해서 지배 당국이 물리력을 행사할 수 있다는 압력도 가했을 것이다.
[27] 「전남도의원 분규사건(2)」.
[28] 「전남도의원 분규사건(2)」.

되었다는 인상을 주기 위해 당시 전남도평의원 중에서 일반인들에게 가장 인기가 있어 '화형(花形, 볏)의원'이라는 칭호를 받고 있었던 장성의 도평의원 박준규를 반드시 화해 선언 발표 장소에 참석시키려 했다. 앞에서 살펴본 것처럼 박준규는 도평의회에서 야마노 발언 문제를 앞장서 제기하였다. 이 때문에 그가 참석을 거부할 것으로 판단한 도당국은 그에게는 전보를 치지 않고 박참여관과 도평의원 박이규가 도청자동차로 직접 장성까지 달려가서 다각도로 그에게 참석을 설득했다. 그러나 박준규는 강경하게 거절했다. 이에 도당국은 박준규에게 참석은 하되 사건에 대해서는 절대 침묵을 지켜도 좋다며 참석을 종용했다. 결국 박준규는 할 수 없이 아무 말도 하지 않기로 하고 광주까지 끌려와서 참석하게 되었다. 그리고 이러한 사실이 일반에게 알려져 실소를 자아냈다.[29]

이때 도당국이 발표한 화해안의 구체적인 내용은 알 수 없으나 이후의 사건 전개로 볼 때 앞에서 박참여관이 제시한 중재안 중에서 도지사의 실수를 제외하고는 대동소이했을 것으로 생각된다. 총독부로부터 사태를 조속히 해결할 것을 강하게 요구받은 도당국은 조선인 도평의원들과 일본인 도평의원들을 협박 내지는 회유하여 의장 밖의 문제를 의장 내에서 논의한 조선인 도평의원들이 먼저 사과하고 이를 일본인 도평의원들이 받아들임으로써 문제를 해결하려 했을 것이다. 이는 이 문제를 도평의회에서 처음 제기하고 당시 조선인 사회로부터의 지지를 가장 많이 받고 있던 박준규가 반대의사를 밝히고 침묵을 강요당한 채 참석한 데에서도 엿볼 수 있다.

---

[29] 「전남도의원 분규사건(2)」.

도당국이 화해를 선언하는 날 밤, 도지사는 각 관계자를 요정에 초대하여 성대한 연회를 베풀고 구슬픈 눈물을 흘리며 사건의 단초를 제공한 야마노를 향하여 '○○[야마노-필자]씨! 만약 내가 잘못하였으면 나는 이보다 더 얼마든지 사과하겠습니다'라고 말했다. 이때 옆에 있던 경찰부장은 코웃음을 치면서 '노~노~' 하고 곁에 앉은 기생을 데리고 옆방으로 나가버렸다. 이에 야마노도 역시 울면서 '일이 이렇게 될 줄 알았더라면 우리들도 그렇게까지 하지 않았을 것이에요'라는 '희비극'을 연출하였다.[30]

이와 같이 도당국 주도하에 소수의 조선인 도평의원과 일본인 도평의원 사이의 화해가 중앙에서 진행되고 있을 때 지방에 산재하여 성명서 발표 없이 원만한 해결을 바란다는 답전을 보낸 도평의원들은 성명서 준비 위원들의 책임 있는 전말 보고를 기다리고 있었다. 그러나 그들은 위원들로부터 아무런 소식이 없는 가운데 『광주일보』와 『목포신보』가 조선인 측에서 일본인 측에 사과했다는 보도를 접했다. 앞에서도 말한 대로 그들은 『광주일보』와 『목포신보』가 조선인 도평의원에게 사과했다고 생각하고 군수의 권유도 있어 승낙 답전을 보냈기 때문에 자신들의 상상과는 정반대의 신문기사에 크게 당황했다. 어찌된 영문이지 알지 못한 의원들은 제각기 연락이 닿는 대로 탐문하여 도당국의 화해안의 내용을 확인했다. 그 결과 그들은 당국의 화해안 발표에 참여한 발표 준비 위원들이 '정신병자적'으로 행동했다고 비웃고 비난했다. 또한 도당국이 모호한 태도로 '기만적 행위'를 했다고 분개

[30] 「전남도의원 분규사건(2)」.

하고 그냥 묵과할 수 없다며 사직 움직임을 보였다.[31]

마침내 조선인 도평의원 노재승(순천, 관선), 손영(광주, 민선), 김상필(장성, 민선) 3명이 사건의 진상과 자신들의 의견을 성명서로 발표하고 사직서를 도당국에 제출했다. 이들은 지난 번 개최된 도평의회에서 문제가 된 야마노의 발언에 대해 언론기관이 '사실을 오전誤傳 또는 과장하고 정확하게 보도하지 않음은 매우 유감'이라며 도평의원직 사퇴를 선언했다.[32] 이어 화해 선언 발표장에 마지못해 참석해 침묵을 지켰던 화형의원으로 불리는 박준규(관선, 장성)도 단연히 사표를 제출했다.[33]

한편, 나름대로 조선인과 일본인 간의 중재에 성공했다고 생각한 박참여관은 지방개량시찰단을 이끌고 일본에 갔었는데 도쿄에서 '조선인 의원 총사직의 형세이므로 속히 귀청하라'는 총독부의 전보를 받고 시찰 용무도 마치지 않고 조선에 돌아왔다. 그 후 그가 파악한 바에 따르면 손영과 노재승 두 도평의원이 갑자기 사직하고 다른 의원들에게 사직을 권유하였는데, 손영과 노재승이 사직한 이유는 다음과 같다. 즉, 두 사람은 석지사가 법관양성소의 교관으로 재직할 때 가르친 학생으로 그의 '꼬붕(子分, 부하)'이었는데, 손영이 석지사를 방문했을 때 석지사는 '이번 사건은 조선인 의원이 좀 더 강하게 나갔더라면 이렇게는 되지 않았을 것이다'라고 말하자 손영이 즉시 노재승에

---

31 「전남도의원 분규사건(2)」.
32 『동아일보』, 1928년 3월 11일, 4면; 『경성일보』, 1928년 3월 20일, 4면. 『동아일보』 기사에는 손영이 장흥의 관선의원으로 잘못 보도되고 있다.
33 『동아일보』, 1928년 3월 21일, 4면.

게 격문을 보내 사표를 제출하게 하였다는 것이다.[34]

박참여관은 그가 주도한 조선인과 일본인 간의 화해가 조선인의 지지를 받지 못할 것을 우려한 석지사가 그 책임을 회피하기 위해서 제자들을 사주하여 마치 본인은 중재에 관여하지 않은 것처럼 하고 그 책임을 자신에게 떠넘겼다는 것이다.

사건이 해결되지 못하고 조선인 의원의 사직 움직임이 이어지자 석지사는 다시 인책 사직하려고 총독부에 사직서를 제출하였으나 정무총감이 반려했다. 3월 19일 석지사는 급거 상경하여 20일에 총독부 비서과에 들어가서 장시간 비밀리에 협의했다.[35] 협의 내용을 구체적으로 알 수는 없으나 총독부는 석지사의 사표를 거듭 만류하며 사건을 조속히 해결할 것을 독려하고 석지사 대신 박참여관을 사직시키는 데 석지사와 의견이 일치한 것 같다.

이후 사건 해결의 실마리가 보이지 않자 마침내 성명서 작성 및 발표위원 4명 중 한 명인 광양군 민선 도평의원 정창욱鄭昌旭이 사표를 제출했다. 그는 흥분한 상태로 '우리 네 사람 소위 위원은 『광주일보』와 『목포신보』의 비사실적 논조에 대하여 성명서 및 반박문을 발표하도록 피선되었는데 위임을 맡은 사건을 이행치 못하였음은 물론이요 정반대로 사과를 하게 되었으니 양심이 있는 사람으로서는 가책을 받지 않을 수 없을 뿐입니다. 우리 네 사람은 같은 보조를 취하려고 노력하였으나 뜻대로 되지 않았고 나 한 사람만이라도 도민과 조선인 평

---

34 「내선인 알력의 전말」, 414-415쪽. 한편, 이 자료에는 법학전문교수로 되어 있으나 법부 법관양성소 교관의 오기로 보인다. 왜냐하면 손영과 노재승은 대한제국 법부의 법관양성소 출신이기 때문이다.

35 『조선일보』, 1928년 3월 21일, 석간 2면. 한편, 이 기사는 '조선인 의원 전부가 총사직했'다고 보도하고 있으나 이는 이후의 기사 내용으로 볼 때 오보로 판단된다.

의원들에게 사과할 수밖에 없습니다'라고 사직 이유를 밝혔다.[36]

그 후 여러 달 동안 조선인 도평의원 사직 문제는 흐지부지 되자 석지사는 9월 6일 사직한 박준규·김상필·노재승·손영·정창욱 5명을 초청하여 사표를 철회하도록 교섭했다. 그 결과 같은 달 7일에는 사직 도평의원들이 일제히 무조건 사직을 철회했다. 이로써 오랫동안 분규 중에 있던 전남도평의회의 문제는 일단락되었다.[37] 구체적인 교섭과정을 알 수 있는 자료는 없으나 도당국의 사퇴 철회 압력이 가중되고 조선 사회의 지지가 대규모 시민대회 등의 형태로 발전하지 않는 상황에서 사직 도평의원들이 계속 버티기는 쉽지 않았을 것이다.

한편, 사건의 중심에 있었던 조선인 도평의원 중 경력과 학력 등을 전혀 알 수 없는 정창욱을 제외한 7명의 성명서 발표위원과 사직의원의 신상명세는 〈표 36〉과 같다.

도평의원들을 사건 전의 학력과 경력을 중심으로 몇 개의 유형으로 나누어 살펴볼 수 있다. 물론 여기서 다루는 도평의원 수가 극히 소수이기 때문에 이러한 유형화를 일반화하기는 어렵다. 하지만 도평의원의 대체적인 모습을 엿볼 수는 있을 것이다. 첫 번째 유형은 유학 등을 통해 근대적 지식을 읽혀 지역에서 청년회활동과 민립대학기성회 등 민족운동에 참가하여 조선인의 지지를 받아 당선된 이재혁·김상필·박준규이다. 이들은 재계와 언론계 등에 진출해 자본을 축적하고 당국과의 협력관계도 유지하며 지역의 유력자로 활동했다.

두 번째는 박이규의 경우로 일본 유학을 통해 특히 사회주의 사상

---

36 『동아일보』, 1928년 4월 30일, 3면.
37 『동아일보』, 1928년 9월 15일, 4면.

을 갖고 귀국해 조선노동공제회와 조선노농총동맹 등의 간부로서 활발한 강연활동 등을 통해 전국에 사회주의 사상과 운동을 전파하다가 지역에 돌아와 조선인의 입장에서 활동하는 경우이다. 이들은 첫 번째 유형과는 달리 도당국과 일정한 거리를 두고 활동했을 것이다.

세 번째는 오헌창과 같은 타입으로 기본적으로 도당국과 긴밀한 유대관계를 유지하면서 사안에 따라 가끔 조선인의 입장에도 서는 경우이다.

네 번째는 노재승과 손영과 같이 법조관료 출신으로 퇴직 후 변호사 활동을 하면서 조선인의 입장을 대변하면서도 도당국과의 협력관계를 동시에 갖고 있는 경우이다. 예를 들면 노재승은 1927년 고윤상高允相 외 100명의 치안유지법 위반 등의 재판에서 이인李仁·김병로金炳魯·허헌許憲 등과 변호인을 맡고 있다. 그리고 1929년에는 금융조합장 직을 맡고 있다.

1928년 전라남도 도평의회에서 발생한 '조선인과 일본인 알력 사건'은 도평의회 회기 중 일본인 도평의원 야마노가 회의장 밖에서 열린 연회에서 발언한 내용에 대해 조선인 도평의원들이 도평의회 회의 석상에서 조선인을 무시했다며 사과를 요구하고 심의를 거부하면서 시작되었다. 도지사의 중재로 야마노가 조선인 도평의원들의 요구를 받아들여 진사함으로써 사건은 일단락되는 듯했다. 그러나 이번에는 일본인 도평의원들이 야마노의 발언이 회의장 밖에서 행해졌음에도 회의장 안에서 거론한 것은 의사규칙 위반임에도 불구하고 도지사가 조선인 도평의원들의 반박 연설을 허용하고 야마노에게 진사를 강요한 것은 부당하다며 신문 등을 통해 강하게 반발하면서 사건이 조선인과 일본인 간의 감정 문제로 확대되었다. 조선인 도평의원들이 사건

〈표 36〉 성명서 발표위원 및 사직서 제출 의원의 신상명세

서명	생년 (연령)	당선 연도	학력	사건 전 주요경력	사건 후 주요경력
박이규		민선 (1927)	일본 유학	담양청년회참여(1919), 조선노동공제회총간사·위원장(1920), 조선인산업대회발기인(1921), 입학난구제기성회 실행위원(1922), 조선노농동맹회발기취지선전위원(1924)	
이재혁	1893 (35)	민선 (1924, 27) 관선 (1930, 33)	일본 니혼대 법과	지주, 동아일보창간 발기인, 함평청년회회장(1921), 민립대학설립기성회 함평지부집행위원장(1923), 함평흥산(주) 사장·함흥궤도(주)감사(1927)	함평금융조합장(29) 임전보국단, 함평군 건준위원장, 함평군 초대노인회장
김상필	1894 (34)	민선 (1927, 33, 37)	일본 주오대 경제과	지주, 민립대학설립기성회(1923)	황룡면수리조합조장(1929), 금융조합조장, 동아일보 장성지국 고문(1938), 대한국민총회발기인(1945), 신탁통치반대국민총동원위원회중앙위원(1946)
박준규	1892 (36)	민선 (1924), 관선 (1927)		초등교육계, 각 읍 금융조합 이사, 남일물산(주) 지배인, 광양해태(海苔)조합이사, 광양청년회회장(1919), 면협의원(1920), 광양청년회 집행위원(1925), 광양금융조합장, 호남은행·장성 지점장(1926-)『조선일보』광양고문(1923), 조선청년총동맹전남청맹 경제위원회 위원(1928)	『동아일보』 보성지국 고문(1932), 호남은행 목포지점장(1933), 임전보국단 발기인, 전남 건준/인민위원장(1945), 전남지사고문회(1945), 민전위원장(1946), 인민위원회 간부
오헌창		민선 (1927, 30, 33)		광주철도기성회 상임위원(1928)	국민협회전남총지부장(1931), 참정권청원서명(1935)
노재승		관선 (1924, 27)	법부 법관 양성소	총독부 판사(1912년 사직), 변호사, 순천금융조합장(1927)	영산포금융조합장(1929)
손영	1882 (46)	민선 (1924, 27)	법부 법관 양성소	총독부 판사, 변호사	변호사

출처: 동선희, 앞의 박사학위논문, 324-325쪽;「한국사 데이터베이스」.

의 진상을 규명하는 성명서 발표를 준비하며 조직적 대응을 시도하자 도당국이 주도적으로 화해안을 발표하여 사건을 마무리하려 했다. 이에 항의해 조선인 의원들이 사건의 진상과 자신들의 의견을 성명서로 발표하고 사직서를 제출했다. 이후 결국 지사의 교섭으로 사직의원들이 사퇴를 철회하면서 사건은 일단락되었다.

    이와 같이 전개된 사건의 일련의 과정으로부터 동화주의를 지배이념으로 내걸은 일제가 동화의 한 단계로 설정하고 일방적인 협력을 기대했던 지방행정기관의 자문기관에서조차도 실제로 일본인 도평의원의 조선인에 대한 차별의식이 존재했으며 이에 대해 조선인 도평의원들은 조선인의 입장에서 도당국과의 갈등과 대립을 무릅쓰고 반발하였음을 잘 알 수 있다. 일제가 조선의 정치과정을 조정해서 탄압과 회유 등을 통해 조선인의 합의를 도출해서 지배이념을 실현하는 것은 결코 쉽지 않았다. 조선인 도평의원 역시 지배당국과의 협력과 대립 관계 속에서 조선인의 지지를 얻어 자신들의 경제적 기반을 유지·확대하고 더 많은 권력을 분점 받는 일 또한 간단하지 않았다. 이는 바로 조선에서 전개된 일제가 안고 있었던 난점과 조선의 지방정치의 실제를 잘 보여주는 것이다.

제2장

경남도평의회의 '김기정 징토 시민대회 사건'

1927년에서 1928년에 걸쳐 경남 통영에서 일어난 '김기정金淇正 징토懲討 시민대회 사건'은 당시 경남도평의원이었던 김기정이 도평의회 회의 등에서 행한 발언과 행동에 대해 통영 시민들이 조선민족을 무시하는 행위라며 항의하면서 시작되었다. 그들은 김기정의 일련의 언행을 규탄하는 '시민대회'[38]를 개최하여 그의 공직 사퇴 등을 요구했으나 거절당하자 항의 시위를 확산했다. 이를 도당국이 탄압하며 '시민대회' 간부들을 구속하자 통영 시민들이 더욱 조직적으로 시위에 나섰다. 이에 당황한 도당국은 탄압을 강화하고 김기정이 공직을 사퇴하자 추가로 시위 참가자들을 구속하여 실형을 언도함으로써 사건을 마무리했다.

---

38 여기서 다루는 '시민대회'는 일제강점기 조선에서 전개된 '주민대회'의 하나로 볼 수 있다. '주민대회'는 식민지기 지역주민들의 수많은 집합행동 가운데에서 만들어졌는데, 부·군·읍·면·리 등 각급 행정단위 주민 전체의 이름으로 공식적이고 공개적으로 해당 지역의 공적 사안에 대해 결의를 이끌어내는 일종의 집회이다. 식민지기 '주민대회'에 관해서는, 한상구, 「일제시기 지역주민의 집합행동과 '공공성'」, 역사문제연구소, 『역사문제연구』 제31호, 역사비평사, 2014년 참조.

김기정 언행의 문제화

김기정은 통영에서 면협의회원, 보통학교학무위원 등으로 활동하며 1924년 경남도평의원에 민선으로 당선되었다. 도평의원 당선 이후 그의 아래와 같은 문제 발언과 행동이 이어졌다. 먼저, 1926년 2월 5일 도평의회가 열리자 김기정은 '조선인이 보통학교를 졸업하고 나서면 아무것도 하는 것 없이 밥만 먹고서 불량한 행동이나 하며 사회주의니 무엇이니 하여 도리어 해독을 끼친다'고 말했다. 이어 1927년도 도평의회 회의에서 조선인 의원 윤병호尹炳浩가 일면일교제一面一校制를 즉시 실시하자고 주장한 데 대해, 김기정은 '조선인은 교육이 하등 필요가 없다. 기미己未 소요 이후에 조선인의 교육열이 팽창하는 듯하여 당국에서도 그에 응하여 학교를 많이 세웠으나 지금은 학교는 있어도 배울 사람이 없다'고 반박했다. 또한 그는 조선어 통역을 폐지할 것을 주장했다. 그리고 보통학교에 조선인 여교원을 쓰고 조선인을 위하여 고등보통학교를 세우자는 조선인 의원의 의견에 반대하고 마산에 일본인 학교를 세우자는 일본인 의원의 주장에는 찬성했다.[39]

이처럼 조선인을 무시하고 조선인의 입장에 선 정책에 반대하며 일본인 본위의 정책에 찬성하는 김기정의 언행에 대해 같은 조선인 의원인 이곤영李坤寧·김치수金致洙 등으로부터 '결렬한 논박'이 있었음에도 불구하고 그의 태도가 바뀌지 않자 이를 알게 된 일반 조선인들이 그의 언행을 문제삼게 되었던 것이다.[40]

---

39 『조선일보』, 1927년 3월 31일, 조간 2면.
40 위와 같음.

김기정의 문제 발언과 행동이 일반에게 널리 알려지게 된 계기는 김원석金元錫이 '매족 상습범 김기정군을 징토하노라'라는 내용의 선전 삐라(이하 징토문)을 발포하면서이다. 당시 25세의 나이로 통영면에서 잡화상을 운영하고 있던 그는 1927년 3월 13일 도평의원 김현국金炫國으로부터 김기정의 언행을 전해 듣고 '공분에 떠오르는 뜨거운 피를 참지 못'하고 '매족 상습범' 김기정을 징토하는 삐라를 만들어 돌리기로 결심했다. 김원석은 '통영 군민의 대표자인 도평의원'으로서의 김기정의 발언과 행동은 군민을 모욕하는 것이기 때문에 이를 널리 일반대중에게 알려 그를 응징해야 한다고 생각했다.[41]

다음 날인 3월 14일 김원석은 통영 주민에게 배포할 목적으로 같은 동네 사람인 김상호金尙昊 집에서 자신이 직접 초안한 징토문 500매를 인근 인쇄소에서 인쇄해서 통영면 내에 살포했다. 또한 같은 날 오후 김기정의 집에 가서 징토문을 보여주고 그를 문책했다. 그런데 그때 김기정 집에 우연히 와있던 역시 같은 동네 사람인 허기엽許淇燁이 김기정을 변호하자 분개한 김원석은 재떨이를 그의 왼팔에 던지고 얼굴을 때리며 왼쪽 허리를 걷어차 약 10일의 치료를 요하는 상해를 입혔다. 이에 경찰은 즉시 인쇄소에서 징토문 원문을 압수하고 김원석을 체포하려 하였으나 그는 피신했다.[42]

---

41 '昭和二年 刑控公 第505號 判決 (대구지방복심법원, 1928년 5월 1일)', 이하 '第505號 判決'로 줄여 씀; 『조선일보』, 1927년 3월 22일, 조간 2면. 한편, 당시 신문에는 김원석이 모처에서 전해 들었다고 보도하고 있으나 판결문에는 김현국을 명시하고 있다. 판결문에 김현국의 직업에 관한 언급이 없으나 당시 민선 도평의원과 동일 인물로 판단된다. 아마도 김원석은 당시 현직 의원에게서 전해 들었기 때문에 그 사실을 확신하고 행동에 나섰을 것이다. 또한 판결문은 김기정이 위 사실을 주장한 일이 없음에도 불구하고 김원석이 김현국이 그렇게 주장한 것 같이 듣고 분개해 행동했다고 적고 있다. 이는 사법당국이 김기정을 비호하고 있었기 때문이라고 생각된다.

42 『조선일보』, 1927년 3월 22일, 조간 1면; 「第505號 判決」. 한편, 신문에는 14일로

김기정 징토 시민대회와 도당국의 탄압

김원석이 작성해서 뿌린 징토문을 통하여 김기정의 문제 발언과 행동을 알게 된 청년 수십 명은 '만일 그것이 사실이라면 묵과할 수 없다'며 3월 17일 밤 김기정 징토 문제를 조사하기 위한 진상조사회를 조직했다. 그리고 조사위원으로 박중한朴重漢·박봉삼朴奉杉·최천崔天·김기영金琪英·박태근朴泰根 등 5명을 선정하고, 박중한과 박봉삼을 부산으로, 최천·김기영·박태근을 사천과 진주 등지로 각각 파견하여 진상조사에 착수했다.[43]

사실 조사에 나선 5인의 진상조사위원은 부산에서 더욱 자세한 증거를 발견하자[44] 3월 25일 통영에서 조사위원보고회를 열었다. 이 보고회에는 시민 600여 명이 모였다. 그들은 조사위원들이 밝히는 김기정 발언의 전후 전말을 듣고 '울분을 금치 못하여' 즉석에서 연이어 '시민대회'를 개최했다. 그리고 김기정을 징토할 방법에 대하여 다음과 같이 결의했다.[45]

1. 김기정을 사회적으로 단교(斷交)할 것

    (만일 단교하지 아니하는 자는 제2 김기정으로 인정할 것)

2. 김기정의 죄악을 전 조선민중에게 공포할 것

---

43 보도된 데 대하여 판결문에는 15일로 적혀있으나, 여기서는 당시의 신문보도를 따름. 『조선일보』, 1927년 3월 31일, 조간 2면; 「第505號 判決」.
44 자세한 내용은 알 수 없으나 부산 도청에서 도평의회 회의록을 확인한 것으로 생각된다. 뒤에서 언급하는 바와 같이 나중에 시민대회위원인 박봉삼, 박태근 등이 '부산 도청에서 도평의회의 회의록을 다시 확인한 결과'라고 밝히고 있기 때문이다.
45 『조선일보』, 1927년 3월 31일, 조간 2면; 「第505號 判決」.

3. 김기정의 죄악을 들어 징토연설회를 개최할 것

4. 김기정이 가진 통영면협의회원, 보통학교학무위원 그 외 일반 공직을 사퇴할 것

5. 김기정을 도평의원으로 선정한 것은 지방유권자의 망동(妄動)임을 인정하고 그에 대하여 시민대회는 전 민중 앞에 사과할 것(5. 위 결의를 즉시 인쇄해서 우선 통영 전 시민에게 배포할 것)[46]

말하자면 '시민대회'는 조선인의 이익을 무시하고 일제의 정책에 일방적으로 협력하는 김기정의 발언과 행동을 '죄악'으로 규정하고 그것을 조선사회에 널리 알려서 그를 도평의원 등의 공직에서 사퇴시키려 한 것이다.

이를 위해 '시민대회'는 그들의 결의 사항을 구체적으로 실행하기 위해서 '김기정 징토 시민대회위원회'(이하 시민대회위원회)를 결성하고 집행위원을 선정하기로 했다. 먼저 시민대회 의장인 박봉삼이 집행위원을 선정할 전형위원으로 배홍엽裵洪燁·박태규朴泰圭·김계완金桂完·김상호金相顥를 지명하자, 전형위원들이 집행위원에 박봉삼·박태근·박중한·박영근朴英根·최학기崔學夔·강희영姜喜榮·최남기崔南棋를 선정했다. 이어 3월 26일 시민대회위원회는 시민대회의 결의사항을 기재한 삐라를 인쇄해서 김기정에게 송부했다. 그리고 4월 8일에는 그에게 일체의 공직을 사퇴하라는 취지의 서면을 보내, 같은 달 27일 오후 4시까지 태도를 결정해 회답하라고 통고했다.[47]

---

46 「第505號 判決」. 판결문에는 신문과는 달리 5번째 결의안이 명기되어 있고 이 결의안에 따른 구체적인 행동을 적고 있어 결의안이 하나 더 있었던 것으로 판단됨.

47 위와 같음.

김기정이 요구에 응하지 않자,[48] 시민대회위원회는 3월 27일 '김기정 죄악 성토 연설회'를 개최하기로 결의하고 그를 위한 준비에 만전을 기했다. 하지만 경찰당국은 집회 금지 명령을 내려 연설회를 중지시켰다. 이에 시민대회위원회는 김기정의 죄악을 전 조선민족에게 알리려고 공포문을 인쇄하려 했다. 그러나 이에 대해서도 경찰 당국은 출판법 위반이라는 이유로 위협하며 금지했다.[49]

이와 같이 통영에서 김기정을 징토하는 시민대회의 활동이 도당국의 탄압을 받아 계획대로 진행되지 못하는 가운데 그 사실이 신문보도 등을 통해 전국에 알려지면서 각 지역에서 다양한 단체의 지지와 연대가 잇달았다.

마산청년회는 3월 29일 긴급 위원회를 열고 조사위원으로 최철용崔喆龍을 파견하여 김기정의 발언과 행동의 사실 여부를 조사하게 했다. 그리고 4월 4일 오후 8시부터 마산구락부회관에서 통영사건 조사보고회를 열고 수백여 군중이 모인 가운데 조사 결과를 보고했다. 이어 여해呂海·서재규徐儀奎·이태규李泰奎의 '피가 끓어오르는 감상담'이 이어졌다. 군중의 박수와 함성으로 김기정에게 경고문을 발송할 것, 성토회를 열어서 김기정을 사회적으로 매장할 것, 김기정의 죄악을 적발하여 민중에게 공포할 것 등을 결의하고 실행위원에 손문기孫汶岐·최철용·여해·김귀동金貴東·박제朴濟 등을 선정한 후 10시 반에 산회했다.[50]

---

48 위와 같음.
49 『조선일보』, 1927년 3월 30일, 조간 2면; 『조선일보』, 1927년 3월 31일, 조간 2면.
50 『조선일보』, 1927년 4월 9일, 조간 2면.

경남 고성청년회도 김기정 사건의 진상을 파악하기 위해서 조사위원으로 전갑봉全甲奉, 구종근具鍾根, 천일호千一乎 등 3명을 4월 5일 통영에 파견하여 현지 조사했다. 그 결과 고성청년회는 김기정의 발언과 행동이 '백의족'을 모욕하고 조선인의 교육을 반대하는 망량(魍魎, 도깨비)이라 규정하고 그와 같은 무리가 대두하지 못하도록 적극 대처하기로 결정했다. 구체적으로 고성여자청년회, 고성기독청년면려회 등과 연합하여 '김기정 징토 연설회'를 4월 6일 밤에 청년회관에서 개최하기로 하고 수백여 매의 삐라를 비롯하여 만반의 준비를 갖추었다. 그러나 고성경찰서는 전갑봉을 불러 김기정이 도평의원으로서 회의석상에서 자기의 의견을 말한 것을 징토하는 것은 옳지 못하다며 김기정과 관련된 일체의 행동을 엄금했다.[51]

4월 4일 개최된 전북 고창 노동친목회 임원회도 김기정 사건에 대하여 장시간 토의한 결과 그것은 도저히 용서할 수 없으므로 당사자에게 경고문을 발송하고 사회에 사죄가 없는 경우에는 성토 강연을 개최하기로 결의했다.[52] 4월 8일 전남 함평노동회관에서 열린 필시必是동맹 함평청년연합회 노동조합연합회 및 농민조합연합회의 긴급대표자회의도 김기정에 대하여 징토문을 발송하고 통영사회단체에 격려 전보를 칠 것을 결의했다.[53] 이어 4월 9일에 열린 김천 금녕 청년회 집행위원회도 김기정에게 경고하고 우호 단체를 지원할 것을 결의했다.[54]

또한 4월 10일 전북 옥구군 서수면 ○[불명]산청년회 집행위원회

---

51 『조선일보』, 1927년 4월 9일, 조간 2면.
52 『조선일보』, 1927년 4월 10일, 조간 1면.
53 『동아일보』, 1927년 4월 12일, 4면; 『조선일보』, 1927년 4월 13일, 석간 1면.
54 『조선일보』, 1927년 4월 13일, 석간 1면.

도 김기정에게 경고문을 발송하고 사회에 사죄가 없는 경우에는 성토연설을 개최하기로 결의했다.[55] 그리고 경남 거제도 각 사회단체(화요회 거제청년연맹, 거제신흥청년회 등 7개 청년단체)에서는 '매족범 김기정'을 사회적으로 매장하고 철저히 징토하기 위하여 통영시민대회에 4월 20일자로 연합격려문을 발송했다.[56] 4월 23일 경북 칠곡군 왜관청년회 집행위원회도 김기정의 만행을 규탄했다.[57] 마지막으로 멀리 간도에서도 4월 25일 간도기자단 주최로 간도공회당에서 성토연설회를 개최하려 하였으나 일본영사관경찰서에 의해 돌연 금지되었다.[58]

이와 같이 여러 지역에서 다양한 단체의 폭넓은 지지를 통해 자신감을 얻은 시민대회위원회는 4월 8일 지난 시민대회에서 결의된 여러 사항들을 실행하기 시작했다. 우선 김기정 친척의 한 사람인 김한주金漢柱와 위원인 박태근, 박봉삼 외 수 명이 부산도청에서 평의회 회의록에서 김기정의 발언을 다시 확인하고 그것을 보고하기 위하여 시민대회 보고회를 개최하기로 결정했다. 하지만 경찰당국은 이 집회 역시 금지했다.[59]

그러나 시민대회위원회는 경찰의 집회 금지 조치에도 불구하고 4월 17일 오후 2시부터 봉래각에서 '통영 김기정 죄악 징토 시민대회 보고 연설회'를 강행했다. 연설회는 시민대회 의장인 박봉삼의 사회로 진행되었는데, 시작 전부터 '인산인해의 군중'이 모여들어 장내

---

55 『조선일보』, 1927년 4월 16일, 조간 1면.
56 『조선일보』, 1927년 4월 26일, 조간 1면.
57 『조선일보』, 1927년 4월 26일, 조간 1면.
58 『조선일보』, 1927년 5월 8일, 조간 1면.
59 『조선일보』, 1927년 4월 14일, 조간 2면.

는 물론 장외 정문 앞 광장까지도 입추의 여지가 없는 대성황을 이루었다. 장 내외를 경계하는 다수의 정·사복 순사가 매우 긴장한 태도를 보이는 가운데 순서에 따라 박봉삼이 대회 경과에 대하여 상세히 보고하자 임석한 경관이 해산을 명령했다. 이에 군중들이 '살기 등등'하게 연설회 진행을 부르짖자 경관이 마침내 해산을 취소했다. 이어서 집행위원 박중한이 등단하여 김기정의 경고문을 들고 장시간 '통절한 검토'를 하였으며 그의 '모족侮族적 죄악'을 낱낱이 밝히자 군중들이 열광했다. 또한 진상조사위원 최천이 등단하여 '동포를 모욕한 김기정을 징토하자'는 제목으로 열변을 토하자 경관이 연설을 중지하고 그를 퇴단시켰다. 이어 의장 박봉삼이 조선 교육의 현상을 설명하고 김기정의 '모족적 폭언'을 규탄하자 '혈루血淚가 단에 떨어지고 폭우와 같은 박수와 함성은 지하에 묻힌 해골이라도 일어날' 정도로 분위기가 고조되었다. 이에 당황한 경관은 연설회 해산 명령을 내려 오후 5시에 폐회했다.[60]

김기정은 사건이 점점 더 확대되고 일반의 항의가 더욱 거세어지자 변명서를 배포하여 자신에 대한 비난을 모면하려 했다. 그는 변명서에서 마산고등보통학교와 부산여자고등보통학교를 반대한 일이 없으며 보통학교 설립에 반대한 대신 중학교 설립을 주장하였고 조선어 통역 철폐 문제는 회의록과 같다고 인정했다. 또한 조선인이 보통학교를 졸업하여 일정한 직업 없이 사회주의 등에 경사되어 민심악화를 가져온다는 주장과 3·1운동 이후 학교가 있어도 학생이 없다는 말은 잘못하였다며 '진사'했다. 그러나 조선인들은 '진사'라는 표현 때문에

---

[60] 『조선일보』, 1927년 4월 21일, 석간 1면.

문제된 그의 언행을 더욱 사실로 믿게 되고 그를 더욱 압박했다. 그러나 김기정은 이에 굴복하지 않고 최후의 결심으로 시민대회 위원들을 명예 훼손, 협박 등의 죄명으로 고소하기에 이르렀다.[61]

4월 19일 징토문을 산포한 김원석이 명예훼손과 출판법 위반으로 체포, 구금되었고 4월 27일에는 조사위원 박봉삼 외 3명이 명예훼손으로 경찰의 취조를 받았다.[62] 도당국으로서는 조선어 통역 철폐 주장에서 볼 수 있듯이 동화주의를 지지하고 지배에 적극 협력하는 김기정을 비호하지 않을 수 없었으며 더 이상 시민들의 집단행동이 확대되는 것을 결코 방관할 수 없었다. 이에 조선사회는 크게 분개하고 각 방면의 유지들은 김기정을 철저히 매장하기 위한 대책을 강구했다.[63] 여기에 더해서 경남도지사가 민선이었던 김기정을 관선으로 재선시켰다는 사실이 알려졌다. 이에 더욱 분개한 '김기정 징토 시민대회위원회'는 '너무나 조선민족을 모욕 무시함이 심하다'며 4월 27일 오후 4시부터 같은 위원회 사무실인 중외일보지국에서 회의를 열고 경남도당국을 규탄하는 연설회를 5월 5일 오후 2시 청년회관에서 개최할 것을 결의했다.[64] 그리고 이를 실행하기 위해서 통영 전 시가에 광고까지 붙이고 만반의 준비를 다했다. 하지만 5월 3일 통영경찰서는 돌연 연설회를 금지했다.[65]

이러한 시민대회위원회를 비롯한 조선인들의 움직임에 당황한 당

---

61 『동아일보』, 1927년 5월 25일, 7면.
62 『조선일보』, 1927년 4월 26일, 조간 2면, 『조선일보』, 1927년 4월 30일, 조간 2면.
63 『조선일보』, 1927년 4월 30일, 조간 2면.
64 『조선일보』, 1927년 5월 1일, 석간 1면.
65 『조선일보』, 1927년 5월 6일, 석간 2면.

국은 취조를 마친 김원석을 5월 2일에 검사국으로 넘겼다.[66] 또한 5월 9일 경찰은 시민대회에서 선정한 집행위원과 조사위원(박봉삼·박중한·박태근·박영근·박태규·김상호·최학기·배홍엽·김계완金桂完·최남기·최천) 11명을 검거했다.

시민들의 항의 시위와 실형 언도

김기정의 고소에 의해 시민대회 간부들이 대거 검거되었다는 소식에 크게 분노한 통영 시민들은 조직적으로 항위 시위를 전개하기 위해 5월 10일 민정회民正會라는 단체를 조직했다. 이어 5월 12일에 시민대회(이하 제2차 시민대회)를 열고 대책을 강구하기로 했다.[67] 그러나 경찰은 대회 개최를 금지했다. 이 때 경찰서에 구금된 사람들이 5월 11일부터 단식을 결행하고 그 중에는 생명이 위독한 중병환자가 있다는 사실이 민정회가 배포한 삐라 등을 통해 알려지면서 12일 오후 8시 경에 그들의 친척과 시민 40여 명 등 100여 명의 주민이 항의 시위에 나섰다. 시위대는 관할 경찰서와 김기정 가택에 쇄도하여 경찰의 제지에도 좀처럼 물러서지 않았다. 이에 시위가 확산될 것을 두려워한 경찰은 인근 고성서固城署의 지원을 받으며 재향군인회 일본청년단까지 출동하여 엄중 경계했다. 그러나 시위에 참여하는 주민들이 계속 늘어나면서 경찰서 부근의 교통이 차단되고 김기정이 피신하는 등 통

---

66 『조선일보』, 1927년 5월 7일, 석간 2면.
67 『동아일보』, 1927년 5월 13일, 7면;『동아일보』, 1927년 5월 25일, 7면.

영 전 시가가 완전 전시상태에 빠졌다.[68]

다음 날인 5월 13일 거리에서 밤을 새운 수백 명의 군중들로 아침부터 밤까지 경찰서 앞은 대 혼잡을 이루었고 밤이 되자 통영의 남녀노소가 거리로 뛰어나와 4,000-6,000명에 달했다. 단식동맹에 들어간 피고들의 가족을 선두로 경찰서에 모여든 시위대가 경찰에게 피고들의 면회를 요청하였으나 면회시간이 지났다는 이유로 거절당했다. 이에 극도로 흥분된 군중들은 경찰서를 습격하여 돌을 던지며 피고들을 내어놓으라고 고함쳤다. 시위대는 다시 김기정의 집에 찾아가 그를 대면하고자 하였으나 역시 거부당하자 집 담벽과 가옥의 일부 및 가구 등을 파괴했다. 이에 경찰은 '황황망조(遑遑罔措, 마음이 급하여 어찌할 바를 모르며 허둥지둥함)'하여 무장경관을 출동시켜 군중을 향해 총을 발사했다. 또한 인근의 마산·부산·사천 등지로부터 급파된 수백 명의 경관이 총 끝에 창을 꽂아 들고 시가에 몰려다니는 등 실로 계엄상태를 이루었다. 그리고 소방부와 재향군인, 일본인 청년단까지 동원하여 군중에게 물을 쏘며 곤봉을 휘두르는 등 시위 해산에 안간힘을 썼다. 이 과정에서 통영경찰서장 다무라(田村)는 입술이 깨어지고 앞니 두 개가 부러지는 중상을 입었으며 조선인 순사 3명도 중경상을 당하고 김기정의 아내는 놀라 졸도하자 김기정은 가족과 함께 변장 도주했다.[69]

이에 당황한 경찰은 더 이상의 시위 확대를 막기 위해서 주민들을 속속 검거하고 이미 검속되어 단식중이어서 정신까지 혼미해진 시민

---

68 『조선일보』, 1927년 5월 14일, 석간 2면;『조선일보』, 1927년 5월 15일, 석간 2면;『동아일보』, 1927년 5월 25일, 7면.
69 『조선일보』, 1927년 5월 16일, 조간 2면;『동아일보』, 1927년 5월 25일, 7면;『중외일보』, 1927년 5월 17일, 2면.

대회 간부들을 5월 14일 오전 5시경에 경비선에 태워 서둘러 마산으로 압송했다.[70] 또한 같은 날 대대적인 시위 주모자 검거에 들어가 민정회 간부를 포함한 십여 명을 소요죄라는 명목으로 검속했다. 그리고 제2차 시민대회에 깊숙이 관여했던 중외일보사의 윤훈尹熏과 경남기자동맹특파원을 통영에서 퇴거시켰다.[71] 이에 김기정도 더 이상 시민대회가 요구하는 공직 사퇴를 거부하지 못하고 군수에게 모든 공직 사면 청원서를 제출했다.[72]

통영 경찰서가 인근 경찰서 등의 지원을 받아 대규모 시위를 무력으로 진압하고 제1차 검거자를 마산에 압송한 후 추가로 민정회 간부를 검거하는 가운데 김기정이 공직을 사퇴함으로서 통영의 시위는 수면 밑으로 가라앉았다. 이에 지원 병력이 돌아가자 다시 시위가 수면 위로 부상할 것을 염려한 통영 경찰서는 다시 시위 세력 검거에 나섰다. 5월 19일 오전까지 소요 선동 등을 이유로 서상환徐相懽・김치경金致敬을 비롯하여 통영 유치원 보모 최봉선崔鳳善과 프로無産여성동맹의 주선이朱仙伊・정막래丁莫來・이화련李華連 등 여자 4명과 남자 39명을 검속했다. 대대적인 검속에 통영 주민들은 마음대로 시가를 출입하지 못하고 특히 젊은 남자 중 평소 경찰의 호감을 얻지 못한 사람들은 모두 타지방으로 몸을 피하였으며 신문기자 등 통신원의 입항까지도 절대 금지되어 통영의 시가는 쓸쓸하게 '사막'과 같이 변해갔다.[73]

---

[70] 『조선일보』, 1927년 5월 15일, 석간 2면 ; 『조선일보』, 1927년 5월 16일, 조간 2면
[71] 『조선일보』, 1927년 5월 16일, 조간 2면.
[72] 『중외일보』, 1927년 5월 17일, 2면. 한편, 김기정은 5월 13일 시위가 일어난 지 제4일째인 17일에 측근들의 엄호를 받으며 경찰의 충고를 받아들여 일본으로 떠났다 (『조선일보』, 1927년 5월 22일, 조간 2면).
[73] 『조선일보』, 1927년 5월 22일, 조간 2면.

검속된 40여 명 중 22명이 5월 23일경에 검사국에 송치되자 사건이 예심에 회부되어 이들은 6월 4일 통영경비선으로 무장경관 10여 명이 호송하는 가운데 마산형무소에 이감되었다.[74] 같은 해 10월 3일 부산지방법원 마산지청에서 일반가족과 많은 방청객이 지켜보는 가운데 명예훼손·출판법위반·상해·협박 등의 죄명으로 검거된 시민대회 간부 12명에 대한 판결에서 모두에게 징역이 언도되었다. 형량은 김원석과 박봉삼 각 1년 3개월, 박태근·박중환·최학기 각 1년, 박영근·강희영·최남기·배홍엽·박태규·김규환·김상호 각 10개월이었다.[75]

다음 달 11월 21일과 22일 양일에 걸쳐 마산형무소에서 소요선동, 가택침입, 기구파상 등의 죄명과 상해 및 출판위반 등의 복잡한 죄명으로 6개월 이상의 '지리한 세월'을 보낸 21명의 제2차 시민대회 간부들에 대한 선고 공판이 열렸다. 아침부터 물밀듯 밀려온 피고들의 가족과 일반 방청객이 수백 명에 달하였고 피고의 수가 많고 법정이 좁은 관계로 방청권을 35매만 배부하여 법정 주변에는 많은 사람들이 운집한 가운데 경관의 비상한 경계 속에서 재판이 진행되었다. 먼저 시위 선동 혐의를 받은 황윤덕과 황봉석은 민정회의 조직과 배후에 관해 심문을 받았는데 그들은 민정회를 조직한 것은 검속된 12명의 뒤를 이어 일을 계속하자는 것이었으며 삐라를 배포한 것은 선동 목적이 아니었다며 혐의를 거의 다 부인했다. 다음에 주경문朱敬文·서상환·박종한朴鍾漢·신전희申全熙·이태원李泰源·김동근金同根 등은 시위 주도 사실을 부인하고 통영경찰서 황경부黃警部와 피고들과의 사이가 좋지

---

[74] 『조선일보』, 1927년 6월 9일, 조간 2면.
[75] 『조선일보』, 1927년 10월 5일, 석간 2면.

못한 관계로 모함을 받았다고 진술했다. 또한 김상훈金相燻은 그냥 상점에서 집으로 돌아가는 길에 김기정의 집을 지나갔을 뿐이라 하였으며, 김영중金永仲은 당시 기자로서 사실을 조사하러 다닌 것뿐이었다고 주장했다. 염원모廉元模·배봉지裵奉誌 등도 모두 사실을 절대 부인했으며, 어린 소년 양재세梁在歲는 이발소의 일을 하고 열두시가 넘어 김기정의 집 앞을 지나가다가 순사에게 구타당해 욕을 하며 항의하다가 구속되었다고 혐의를 부인했다. 최봉선·주선이·강명순姜明順 등 여성들도 대개 그 사실을 부인하였는데, 이 중 최봉선은 마산사람으로 히로시마廣島 여학교의 4학년에 재학 중인데 며칠 전에 '형'을 찾아보려고 통영에 왔다가 뜻밖에 구속되었다고 주장했다.[76]

12월 7일 이들에 대한 판결 언도가 내려졌다. 아침부터 몰려드는 방청객과 멀리 통영에서 온 가족들이 법정 뜰을 가득히 메웠다. 예정보다 5시간이나 늦은 오후 2시 5분에야 겨우 법정문을 열게 되자 엄중한 경관의 제지를 받아가면서도 밀려드는 방청객 때문에 한 동안 소동이 있은 후에야 재판장의 판결 언도가 내려졌다. 황덕윤과 황봉석 각 징역 1년 6개월, 김동근 징역 1년 4개월, 주경문·이태원·김상훈·김영중 각 징역 1년, 서상환·염원모·김위조金渭祚·박한중 각 징역 6개월(2년간 집행유예), 문복만文福萬 징역 4개월(2년간 집행유예), 신전희申全熙 벌금 30원, 배봉지 벌금 20원, 최봉선·박갑이 무죄, 김작불金作不·김근조金根祚·양재세·주선이·강명순姜明順 각 징역 3개월(2년간 집행유예)이었다.[77]

---

[76] 『조선일보』, 1927년 11월 24일, 석간 2면;『조선일보』, 1927년 11월 25일, 석간 2면.
[77] 『조선일보』, 1927년 12월 9일, 석간 2면.

시민대회 사건 관련자들은 모두 불복하고 대구복심법원에 공소했다. 1928년 4월 10일에 첫 공판이 열렸는데, 보석중인 박중한·최남귀·박태근·박태규·배홍업·김상호 등 6명을 제외한 피고들은 거의 1년간이나 옥중에서 고초를 겪어 '창백한 안색과 파리한 형용'으로 출정했다. 방청객이 입추의 여지없이 법정을 가득 메운 가운데 진행된 재판에서 피고들은 공소 사실을 대부분 시인했으나 징토문 인쇄는 비밀리에 한 것이 아니라 경관들이 지켜보는 앞에서 하였다고 주장했다.[78] 5월 1일 오후 1시에 판결이 언도되었는데, 김원석은 8개월에 벌금 30원, 박봉삼·박중한·최학기는 각 징역 6개월, 박영근·강희영·최남기·배홍엽·박태규·김규환·김상호 각 징역 4개월에, 김원석을 제외한 나머지는 집행유예 3년에 처해졌다.[79] 1심보다 형량이 대폭 줄어든 것은 이미 1년 이상 수형했고 시민대회 활동이 일단락되었기 때문에 민심을 감안한 것으로 생각된다. 같은 날 김기정은 시민대회가 그의 명예를 훼손했다는 고소를 취하했다.[80]

약 6개월 후인 12월 13일에 제2차 시민대회 관련자들에 대한 복심법원의 판결 언도가 있었다. 황윤덕 등 14명에 대해 소요, 출판법 위반, 건물파괴 상해 혐의로 황덕윤과 황봉석 각 징역 1년 6개월, 김영중 8개월, 염원모·김위조金渭祚 각 징역 6개월, 서상환·박종한 각 징역 6개월(2년간 집행유예), 김동근 징역 1년, 신전희申全熙·배봉철裵奉喆·김조민金柞稷·박갑이·김근조 각 3개월(2년간 집행유예), 최봉길 징

---

[78] 『조선일보』, 1928년 4월 12일, 석간 2면.
[79] 『조선일보』, 1928년 5월 4일, 석간 5면;「第505號 判決」.
[80] 「第505號 判決」.

역 6개월(2년간 집행유예)이 언도되었다.[81]

한편, 김기정 징토 시민대회와 관련되어 실형을 언도받은 28명의 자세한 신상명세는 알 수 없으나 판결문에 적시된 연령과 직업은 〈표 37〉과 같다. 연령은 20대가 11명, 30대가 12명, 40대가 3명, 50대가 2명으로 2, 30대가 압도적이며 직업은 상업관련자가 16명으로 가장 많다.

지금까지 살펴본 바와 같이 '김기정 징토 시민대회 사건'은 당시 경남도평의원이었던 김기정이 조선인의 민족적 입장을 무시하는 발언과 행동을 하자 조선인들이 그를 징토하기 위해 도평의원 등의 공직 사퇴를 요구하며 벌인 항의 시위에서 출발했다. 김기정이 조선인들의 요구를 거부하자 그들은 시위를 조직적으로 확산하려 했다. 이에 도당국이 '김기정 징토 시민대회'의 활동을 탄압하며 간부들을 구속하자 시민들의 반발은 더욱 거세졌다. 결국 김기정은 공직을 사퇴하지 않을 수 없었고 도당국은 시위 주도자와 참가자들을 추가 구속하고 실형을 선고해서 사건을 일단락지었다.

'김기정 징토 시민대회 사건'의 일련의 과정은 도평의회에 참여한 조선인 의원이 조선인의 이익을 배제하고 일본인을 중심으로 전개하는 동화주의정책에 일방적으로 협력할 수 없었음을 잘 보여준다. 그들은 지배당국과 조선사회를 사이에 두고 매개적인 위치에서 지배당국으로부터의 신용을 유지하고 그것을 바탕으로 조선인의 요구를 관철시키기 위해서 도당국과 협력해야 했다. 하지만 당시 대다수 주민이었던 조선인의 입장을 무시하고 도당국의 동화주의정책에 협력하는 것은 쉽지 않았다. 또한 지역 주민들은 도평의회를 통해 그들의 이익을 실

---

[81] 『조선일보』, 1928년 12월 17일, 석간 3면.

〈표 37〉 김기정 징토 시민대회 관련 구속자의 신상명세

성명	연령	직업	성명	연령	직업
김원석	25	잡화상	박봉삼	53	기독교전도인
박봉근	26	칠기상	박중한	30	기독교회서기
박영근	33	양복상	최학기	29	나전세공상
강희영	34	해산물상	최남근	38	잡화상
배홍엽	28	석탄상	박봉규	31	지물(指物)상
김계완	31	중외일보기자	황덕윤	29	해산물상
주경문	30	이발업	황봉석	30	상업
서상환	41	농업	박진한	42	소주제조업
신전희	57	유생	이태원	31	자전차상
김상훈	31	양복맞춤직	김영중	41	신문기자
김동근	29	어업	염원모	29	어업
배봉지	34	지물세공업	김위조	37	날품팔이
김작불	26	날품팔이	박갑이	28	소고기판매업
김근조	26	농업	최봉선	22	학생

출처: 「昭和二年刑控公第505號判決(대구지방복심법원, 1928년 5월 1일)」; 「昭和二年刑控公第646號判決(대구지방복심법원, 1928년 12월 13일)」.

현하려 하다가 그것이 불가능한 경우 집단행동에 나섰다. 하지만 막강한 물리력을 앞세운 도당국은 협력을 저해하는 세력이 지나치게 확대하는 것을 결코 용인하지 않았다. 조선에 대한 식민지 지배를 영구히 지속하려는 일제를 상대로 특히 저항의식이 강한 조선인 사회에서 펼쳐진 조선인 도평의회원의 줄타기는 결코 쉽지 않은 곡예였다.

제3장

경남도평의회의 '예산안 반상 사건'

1929년 경남도평의회에 도당국이 제출한 '1929년 경상남도지방비 세입세출 예산안'에 대해 조선인의원들이 반상(返上, 자문에 불응)한 사건(이하 '예산안 반상 사건')은 도당국이 제시한 당해 연도 예산안을 자문하는 중 당시 도민들 특히 조선인들의 주요 관심 사안 중 하나였던 '일면일교제' 정책을 둘러싸고 벌어졌다. 조선인 의원들은 도당국이 1931년 실현을 목표로 수립된 일면일교제 계획을 1936년으로 연기한 데에 반발하며 예산안 반상 동의안을 제출했다. 이에 도지사는 자신에 대한 불신임으로 받아들이고 반상 동의안에 찬성한 14명의 조선인 의원을 해임하고 보궐선거를 실시했다. 해임당한 의원들은 해임 조치가 부당하므로 도민에게 직접 민의를 묻겠다며 도당국과 대립해 보궐선거에 출마했다. 그 결과 1명을 제외하고 모두 당선되자 도지사는 도민의 지지를 받은 해임 의원을 재임명하지 않을 수 없었다.

도평의회의 예산안 반상 결의

1929년 3월 2일 오전 10시 55분에 개회된 제10회 경남도평의회는 회의 벽두부터 파란을 예고했다. 우선 도당국이 작성한 당해 연도 예산안에 대해 지방과장 야마시타山下가 개괄 설명하자 조선인 의원들이 평의회 운영에 대해 문제를 제기했다. 먼저 협천군의 정진기鄭震基는 미리 예산안을 배부할 것을 요청했다. 그는 도당국이 개회 당일에 예산안을 배부한 것은 이에 대한 심의를 경시하는 것이라며 앞으로는 회의를 원활히 진행하기 위해서 개회하기 적어도 1주일 전에 예산안을 각 의원에게 배부해서 의원들이 충분히 검토하게 할 것을 요구했다. 이어 동래군의 김병규金秉圭는 회기 연장을 주장했다. 그는 매년 회기가 단축되어 의원들의 질문이 항상 '추상적 질문'에 머물고 '실제적 질문'이 도저히 불가능했다면서 회기가 9일에서 8일로 줄어든 이유를 추궁하고 회기를 늘려줄 것을 요청했다.[82]

이와 같이 회의 첫날은 조선인 의원들이 도당국의 회의 운영에 관해 심의에 대한 존중과 실질적 심의를 요구하는 가운데 일면일교제 예산안을 둘러싼 일전을 예고하며 오후 12시 반에 폐회했다. 이어 같은 달 4일 오후 1시부터 개회된 2일째 도평의회에서 의안 토의가 시작되자 마침내 일면일교 설치 계획 연기에 대한 조선인 의원들의 '맹렬한 질문전'이 전개되었다.[83]

경상남도에서 처음 일면일교제 계획이 구체적으로 편성된 것은 총

---

[82] 『동아일보』, 1929년 3월 4일, 『동아일보』, 1929년 3월 10일자 사설.
[83] 『동아일보』, 1929년 3월 7일.

독부의 일면일교제 정책이 수립되기 전인 1927년 2월 전임 지사 와다 和田純의 재임 시였다. 당시 경상남도에는 총 257면 중 110면에 보통학교가 설립되어 있었으며 147개 면에는 아직 세워지지 않은 상태였다. 이에 도당국은 1927년부터 1931년까지 5년간에 '일면일교의 이상'을 실현한다는 '대계획'을 세웠다. 계획을 실행하는 데 필요한 경비 중 부지 매수를 위한 임시비는 유지의 기부로 충당하고, 건축비는 4분의 1을 지방비로 보조하며 나머지는 지역민의 자발적 기부로 조달하기로 했다. 그러나 계획 첫 년도인 1927년도에는 목표한 27개교를 무사히 설립했지만, 다음 해인 1928년도에는 신설 예정한 24개교 중 16개교를 완성하는 데 그치고 8개교는 착수조차 하지 못했다. 이러한 상황에서 1929년 1월에 새로 부임한 지사 수도須藤素는 도의 재정적 어려움을 이유로 1931년도에 일면일교제를 완성한다는 계획을 바꾸어서 1936년도에 일면일교제를 실현할 것을 목표로 1929년도 예산안을 편성한 것이었다.[84]

도당국이 밝힌 일면일교제 계획 연장 이유는 기부금 부족과 지방비 인상 불가였다. 우선 기부금이 들어오지 않아 기부금 예산 계획이 파탄에 이르렀으며, 다음에 늘어나는 교육비 증대로 도민들의 지방비 부담률이 최대한도에 이르러 학교 신설에 필요한 재원을 마련하지 못한다는 것이었다.[85]

김해군의 김경진金慶鎭은 도당국이 이미 계획을 실현하기 위해 재

[84] 『京城日報』, 1929년 3월 15일.
[85] 『京城日報』, 1929년 3월 15일, 『동아일보』, 1929년 3월 10일. 한편, 경상남도는 1928년 지방비 부과금 총액 212만 2,495원을 총 호수 38만 4,987호에 할당해 1호당 약 5원 51전을 부담했다. 이는 당시 조선 각 도 중 최고인 충남의 1호당 약 6원에 이어 제3위를 차지하는 것이었다.

원까지 결정한 것을 도민들이 알고 일면일교제 계획이 순조롭게 추진될 것으로 기대하고 있음에도 불구하고 갑자기 기존 계획을 변경하는 이유는 어디에 있느냐며 포문을 열었다. 특히, 그는 기부금 모집 성적이 좋지 않으며 기부금을 강제적으로 모집할 수 없다는 도당국의 주장에 대해, 기부금을 모집하는 일은 당국자 및 지방유력자의 성의 여하에 따라 그다지 어려운 일이 아니며 학교기부금은 반드시 강제적으로 모집해야 된다고 주장했다.[86]

김해군의 엄익준嚴翼峻, 산청군의 최우홍崔于弘, 남해군의 임종길林鍾吉, 창원군의 배익하裵翊夏, 진주군의 이장희李章喜 등도 일면일교 설치 계획은 이미 전 도민이 알고 있으며 1931년까지 실현될 것을 신망信望하고 있는데 도당국이 스스로 방침을 변경하는 이유를 묻고 전 지사의 계획대로 일면일교제 계획을 완성하라고 주장했다. 이어 의령군의 강정희姜正熙와 김경진이 일면일교제 계획 연기에 대해 질문을 계속하자, 당국은 적절한 답변을 하지 못하고 마침내 의장은 휴회를 선언한 후 방청객에게 퇴출을 요청하고 오후 3시 51분경 비밀간담회를 열었다. 비밀회의에서는 의론이 백출하여 대단히 긴장된 분위기에서 지사 수도와 김병규·김경진 쌍방 간에 격렬한 논의가 이어졌다. 지사가 노기를 띠고 고성을 지르자 양 김씨 또한 이에 응수하여 장내는 자못 수라장으로 변하여 그야말로 살풍경을 연출했다. 이에 지사는 약 두 시간에 걸친 비밀회의를 마치고 5시 50분에 본회의를 재개한 후 즉시 폐회했다.[87]

---

86 『동아일보』, 1929년 3월 7일.
87 위와 같음.

한편, 조선에서 초등교육을 확대하려는 일면일교제 정책은 총독부가 1929년부터 1936년까지 8개년 간 시행한 '조선총독부의 일반국민의 교육 보급 진흥에 관한 제일차계획(朝鮮總督府ニ於ケル一般國民ノ教育普及振興ニ關スル第一次計劃)'을 말한다. 총독부는 조선인으로부터 교육기회 봉쇄정책에 대한 비판이 강하게 제기되고 보통학교 입학난이 심각한 사회문제로 비화되자 더 이상 보통학교 증설을 억제할 수 없었다. 이에 1928년 9월 총독부 자문기관으로 임시교육위원회를 설치하고 일면일교제 정책을 결정했다. 이 위원회는 정무총감을 위원장으로 총독부의 각 국장과 경성제국대학총장 및 경성사범학교교장, 그리고 일부 조선인 위원으로 구성되었다. 위원회에서는 일면일교제 외에 교육실제화 정책, 간이학교제, 사범학교 제도 개정 등 1930년대의 주요 교육정책의 골격을 협의하고 그 결과를 총독에게 답신하였는데 그것들은 크게 수정되지 않고 총독부에 의해 정책화되었다. 이때 발표된 일면일교제는 이른바 기회균등주의에 입각하여 다수 민중에게 교육을 보급한다는 취지 아래 구체적으로는 당시 조선의 면의 총수 2,503개 중 보통학교가 설치되지 않은 면 1,150개소에 대해 각 1교 2학급 이상의 학교를 신설한다는 것이다. 학교설립에 필요한 임시비의 경우 한 평의 건축비를 80원으로 할 때 그 중 50원을 총독부가 보조한다는 것이다. 즉 4년제 2학급 1교의 설립 비용을 6,000원으로 계상할 때 그 중 3,750원을 도지방비에서 지원하는 셈이 된다.[88]

결국 보통학교가 설치되지 않은 면은 조선인이 다수 거주하는 곳

---

[88] 오성철, 『식민지 초등교육의 형성』, 교육과학사, 2000, 85-88쪽.

이었기 때문에 일면일교제 문제는 당시 입학난 속에서 교육기회의 균등을 바라는 조선인의 핵심 요구 사항 중 하나였던 것이다. 경상남도 당국의 계획 변경은 어찌 보면 총독부의 일면일교제 정책을 앞서가다가 총독부의 정책에 보조를 맞춘 형태였다. 하지만 당시 도당국은 총독부의 정책과의 연계성에 관해서는 아무런 반응을 보이지 않고 그 동안 보통학교 신설을 위해 지방비 보조를 늘려왔음에도 예상했던 만큼 기부금이 들어오지 않아 일면일교제 계획을 변경할 수밖에 없다고 설명했다.

그러나 이러한 도당국의 설명에도 아랑곳없이 조선인 의원들의 일면일교제 계획 변경을 둘러싼 추궁은 계속되었다. 3일째 도평의회는 3월 5일 오후 1시부터 개회하였는데, 회의 벽두에 이장희는 전일 비밀회의에서 지사가 노기를 띠고 조선인 의원들과 구전을 벌인 것을 비난하고, 일면일교제를 완성시키기 위한 재원을 마련하기 위해서는 인사정리를 단행해야 한다고 주장했다. 나아가 그는 조선어를 상용하는 교원이 조선 아동을 교육시켜야 천진난만한 아동을 잘 가르칠 수 있다며 속히 그것을 실행할 것을 요망했다. 이어 양산의 김영곤金泳坤은 경상남도보다 벽지인 전라남도에서는 1932년까지 일면일교제를 완성시키기로 결정하였다며 '동아東亞의 관문이고 조선의 요충'인 경상남도가 1936년에야 일면일교제를 완성하기로 결정한 것은 '수치'라고 주장했다. 이후 이장희와 지사 및 지방국장과의 '상당한 논전'이 있었으나 시간 관계를 이유로 5시 50분에 폐회했다.[89]

3월 6일 오후 1시부터 4일째 도평의회가 시작되어 자문안 제1호에

---

[89] 『동아일보』, 1929년 3월 7일.

대한 의안 토의에 들어갔다. 먼저 김경진과 도당국 간에 약 두 시간에 걸쳐 신설 학급 수 및 지방비 보조액, 기부금 모집액수 등에 관한 '맹렬한 문답'이 있은 후 약 35분 간 휴회했다. 회의가 속개되자 김병규는 전날 의사일정 변경 동의를 제출하였음에도 불구하고 그것을 채결하지 않은 이유를 따지며 다음과 같은 이유를 들어 도당국의 제1호 자문안인 '1929년 경상남도지방비 세입세출 예산안'에 대한 반상 동의안을 제출했다.[90]

> 며칠 전부터 거듭된 우리들의 질문에 대한 당국의 답변은 참으로 무방침하기 짝이 없다. 위정자의 성명은 민중에 대한 약속이기 때문에 그것을 실행하지 않으면 안 될 것이다. 본도에서 일면일교를 1927년도부터 1931년도까지 완성하겠다는 것은 당시 도당국자가 확실히 성명한 바임에도 불구하고 그것을 후임자 현 당국이 계획을 변경하는 것은 확실히 민중의 기대와 배치하는 것인 동시에 기만적 정치인 것이다. 전일 이래 도당국의 설명과 답변은 다만 형식만 표방하고 실질을 거의 무시했다. 도평의회란 것은 그것이 도지사의 자문기관으로 출생한 것이다. 언론의 자유를 조금도 가지지 못한 우리들 조선인에게 이러한 기관을 설치하여 민의의 일부분이라도 청취하여주는 것인 줄 알고 다소의 기대를 가지고 이 회에 임하였더니 수 일 동안 도당국이 취해온 태도는 우리들 평의원을 소아같이 취급하고 다만 고압적 태도로 발언의 자유를 주지 않으니 우리들에게 부여된 자문에 응할 권리는 여지없이 박탈되고 그 반대로 자문에 응할 의무를 강

---

90 『동아일보』, 1929년 3월 8, 9일.

요당하게 된 상태에 있다. 형세가 이렇게 된 이상에는 우리들은 도저히 이 예산안의 자문에 응할 수 없다. 그러므로 본인은 예산안 반상의 동의를 제의한다.[91]

김병규는 연일 계속되는 도당국의 답변이 일관성이 없으며 전임지사가 도민을 상대로 명확히 밝힌 공약을 후임자가 이행하지 않는 것은 도당국에 대한 도민들의 신뢰를 저버리는 것이라고 주장했다. 또한 그는 도평의회가 도당국에 민의를 전달하는 매개적인 역할에 충실하려고 해도 도당국이 그들의 의견을 경청하지 않고 권위적 태도로 일관해 결과적으로 자문의 권리는 무시되고 의무만이 강요되는 상황에서 어쩔 수 없이 예산안 반상 동의를 제안한다고 밝혔다.

김병규의 예산안 반상동의안에 대해 다수의 찬성자가 나오자 회의장 분위기는 '극도로 긴장'되고 도당국은 놀라서 어찌할 바를 몰랐다. 마침내 도당국은 의원의 '반성을 촉구'한다며 휴회를 선언하고 5시 50분에 폐회했다.[92] 폐회 후 당일 출석한 의원 일동은 같은 회의실에 모여 비밀간담회를 열고 약 2시간에 걸쳐 토의했다. 그 결과 도당국에 대하여 일면일교제 계획을 예정대로 추진할 것을 요청하기로 만장일치로 결의했다.[93]

다음날 7일 오전, 당시 간담회 좌장이던 의원 오이케大池忠助[94]가 의

---

91 『동아일보』, 1929년 3월 8일.
92 『동아일보』, 1929년 3월 8일.
93 『동아일보』, 1929년 3월 9일.
94 간담회에 일본인 의원도 참가한 것으로 보아 그들도 찬성 여부와 관계없이 처음에는 관심을 가졌음을 알 수 있다. 이후 표결에서 일본인 의원 전원이 찬성하지 것은 아마도 조선인 의원들이 중심이 되어 반상안을 주도하는 가운데 도당국이 그들에게 압력

원들의 결의를 지사에게 전달했다. 도당국의 태도 여하가 한층 주목받는 가운데 도평의회는 전일보다 약 40분 늦은 오후 1시 40분에 개회했다. 회의에서 의장은 일면일교 완성에 대한 지사 와다안과 자기 안과를 비교 설명한 후 자신으로서는 도저히 와다안을 추종할 수 없으며 그것을 수정하여 향후 5년간 연장하겠다고 설명했다.[95] 그리고 전일 제1호 자문안 반상의 동의를 제출한 김병규 의원에게는 동의안이 온당치 않다며 매우 '강압적 태도'로 철회 의사 유무를 즉답하라고 재촉했다.[96]

이에 대하여 김병규는 '긴장한 태도'로 기립하여 다음과 같이 추궁했다.

> 본인이 제출한 동의가 부당타함은 무슨 의미로서인가? 지사의 자문안이 우리들의 의사에 합치되지 않더라도 불찬성할 수 없다는 말인가? 만약 그렇다면 지사의 자문안이 우리들의 의사에 합치하더라도 찬성할 수 없다는 말인가. 만약 위와 같은 의미가 아니라면 의회 규정에 위반된다는 말인가.[97]

김병규는 자신들은 당국이 제시한 예산안이 부당하다고 생각했기 때문에 부당하다고 의사를 표시한 것으로 그것은 의회 규정에 따른 정당한 의사표시임을 주장한 것이다.

을 가했을 것으로 생각된다.
95 『동아일보』, 1929년 3월 9일, 『동아일보』, 1929년 3월 10일자 사설.
96 『동아일보』, 1929년 3월 9일.
97 위와 같음.

지사와 김병규가 한 치의 양보 없이 팽팽하게 대립하는 가운데 약 1시간 동안 휴회하고 3시 17분에 회의가 속개되었다. 김병규는 거듭 자신의 반상 동의안 제출이 의회 규정에 조금도 위반되지 않는다며 그것을 도저히 철회할 수 없다고 강경하게 맞섰다. 이에 의장은 기명투표로써 동의 가부를 채결하겠다고 선언한 후 투표에 들어갔다. 의회 재적의원 33명 중 당일 출석한 29명이 표결에 참여한 결과, 찬성 14표, 반대 13표, 찬부 불명 2표, 결국 1표차로 동의안이 가결되었다.[98]

당일 출석한 조선인 의원 수는 알 수 없으나 찬성의원 14명이 모두 조선인이므로 도평의회의 조선인 의원 25명 중 절반이 넘는 수가 반상 동의안에 찬성한 것을 알 수 있다. 찬성한 의원은, 협천군 정진기, 동래군 김병규, 창원군 배익하, 하동군 이은우李恩雨, 고성군 이용연李鎔年, 하동군 이보형李輔衡, 사천군 최연무崔演武, 진주군 이장희, 통영군 김현국, 김해군 김경진, 거창군 임석종林碩鐘, 함안군 이현각李鉉覺, 김해군 엄익준, 선령군 강정희이다. 특히 이 중에서 관선의원인 이은우와 김경진이 포함되어 있음은 주목할 만하다.

당시 신문기사가 잘 표현하고 있듯이 이 예산안 반상동의안 제출은 '자문기관설치 이래 초유의 일'로서 '각 도에 열린 평의원회에 큰 센세이션'을 일으키며 '각 방면에 지대한 영향'을 미쳤다. '전 조선에

---

98 『동아일보』, 1929년 3월 9일. 한편, 당시 반상안에 찬성한 14명 중에는 예산 반상을 매우 가볍게 보고 의사규칙을 모르고 예산을 반상하기만 하면 보통학교는 빨리 건설될 것이라는 정도의 생각으로 찬성한 의원이 과반수를 차지하며, 예산반상설과 수정설 두 의견이 다투다가 결국 반상설이 이겨서 17명의 의원이 연판장에 연명하여 결속하였다는 사실이 나중에 알려졌다(『京城日報』, 1929년 3월 15일). 연판장에 서명한 의원 중 3명이 최종 단계에서 이탈한 것을 알 수 있다. 그 이유에 대해서는 자세히 알 수 없으나 총독부의 압력 등을 생각할 수 있다.

예가 없는 공전의 대파문을 일으'킨 것이다.[99] 이는 그때가지 자문기관에 참여한 조선인 의원들이 도당국이 결정한 정책에 대해 일방적 협력만을 전개한다는 일반의 인식에서 크게 벗어나 도민들의 지지를 획득, 확대하기 위해서 도당국의 정책에 비판적 행동을 감행했기 때문이다.

도지사의 도평의원 해임

예산안 반상 동의안 표결 다음 날인 3월 8일 오후에 개최된 회의는 예정 시간을 1시간 넘긴 오후 2시 5분에야 열렸다. 개회 예정 시간인 1시가 넘어도 지사와 도청간부들이 출석하지 않고 '모종의 협의'를 하고 있는 가운데 의원들도 착석하지 않았기 때문이다. 마침내 회의가 시작되자 지사는 아래와 같이 예산안 반상동의안 제출을 자신에 대한 불신임으로 받아들인다며 회의를 진행했다.[100]

> 전일의 회의에서 이미 당국에 대한 불신임을 명확히 표방하고 예산안 반상을 결의한 이상 제2호 의안 이하 제8호 의안에 이르는 각 의안도 반상하는 것이 당연하나 일단 자문한다.

---

[99] 『동아일보』, 1929년 3월 10일. 한편, 『동아일보』는 '원래 도평의회라는 것이 하등의 결의기능이 없고 한갓 도지사의 자문기관으로서 허명무실을 근본방침으로 하는 조선통치당국의 양두(羊頭)적 수단에 불과하'다고 생각해 이 사건 이전에는 크게 관심을 갖고 있지 않았다(『동아일보』, 1929년 3월 12일자 사설), 당시『동아일보』를 비롯한 각계의 지방제도에 대한 반응에 대해서는, 박찬승, 앞의 논문, 33-35쪽 참조.
[100] 『京城日報』, 1929년 3월 9일, 『동아일보』, 1929년 3월 10일.

이에 예산안 반상에 동의한 이은우가 예산과 관계없는 의안 심의를 속행할 것을 제의하고, 기타가와北川戊三郎와 다케히사武久捨吉도 이에 찬성하자 지사도 회의를 계속하려 했다. 그러자 반상 동의안 제출을 주도한 김병규는 자신들이 당국을 불신임했다는 지사의 주장에 대해 다음과 같이 반박했다.[101]

> 반상의 동의를 제출한 것은 현 당국을 불신임한 것이 아니라 도리어 현 당국에 큰 기대를 갖고 있다. 만약 제출된 동의의 어구가 불신임이라고 되었으면 속기록을 보아 그것은 취소하기를 희망한다.

김병규는 자신들이 반상 동의안을 제출한 것은 결코 지사 수도의 불신임을 의미하거나 심의를 거절하는 것이 아니므로 예산안을 재편성해서 제출하라고 주장한 것이다.[102] 이에 대해 의장은 잠시 휴회를 선언하고 회의를 재개한 후 다음과 같이 말하고 15분만에 폐회했다.[103]

> 제2호 의안 이하 제8호 의안의 취급에 관해서 신중하게 고려한 결과 속기록을 확인해 동의를 취소하더라도 자체는 이미 명확한 이상 도당국 불신임으로 인정한다. 따라서 불신임을 표시한 평의원에 의해 토의하는 것은 의미가 없으므로 의견을 받아들이지 않기로 결정했다.

---

101 위와 같음.
102 『동아일보』, 1929년 3월 10일.
103 『京城日報』, 1929년 3월 9일.

지사는 거듭 반상안 동의안을 불신임안으로 받아들인다며 폐회를 선언한 것이다. 그는 도평의회가 자문기관임에도 마치 의결기관인 도쿄의 제국의회가 의결권을 무기로 당국을 압박하는 모습을 보였다며 반상동의안 제출에 찬성한 의원들을 해임할 뜻을 비쳤다.[104] 그리고 지사는 '거의 망설임 없이' 총독에게 자문 안건 전부를 원안대로 승인해 달라고 요청했다. 보고를 받은 총독부는 9일 오후 2시에 자문안건 전부를 원안대로 승인한다는 공전公電을 보냄으로써 예산안을 포함한 자문안건 모두가 성립되었다. 이것은 '조선도지방비령 제11조 2'에 의한 것이었다. 동 조항은 '도평의회가 소집 혹은 자문에 응하지 않거나 회의를 열 수 없는 경우에 도지사는 조선총독의 지휘를 받아 그 자문할 안건을 처리할 수 있다'고 규정하고 있다.[105]

이어 지사는 총독의 인가를 받아 같은 날 예산 반상에 찬성한 도평의원 14명을 '조선도지방비령 제14조'에 의해 해임하기로 결정하고 그날 저녁 각자에게 통보했다. 이 조항은 '도평의회원이 직무를 게을리하거나 체면을 오손汚損하는 행위가 있을 때에 도지사는 조선총독의 인가를 받아 이를 해임할 수 있다'고 규정하고 있다. 다음 날 10일 오전 도지사는 해임 이유를 다음과 같이 밝혔다.[106]

본 도에서는 1927년도부터 1931년까지 보통학교를 1면 1교까지 보

---

104 『동아일보』, 1929년 3월 10일.
105 『동아일보』, 1929년 3월 11일; 손정목, 앞의 책, 228-229쪽. 이 조항은 1923년 11월에 개정되었다(『조선총독부관보』, 1923년 11월 10일자, 제령 제14호 「조선도지방비령중개정」, 고려대학교 한국사연구소 일제시대사 연구실, 『식민지 조선과 제국 일본의 지방제도 관계법령 비교자료집』, 선인, 2010년, 384쪽).
106 『京城日報』·『동아일보』, 1929년 3월 11일.

급시킬 계획으로 매년 도지방비 보조의 연도할을 예정해서 학교비에서는 이에 의준해 학교 신설을 위해 노력해왔으며, 기왕의 실적 및 학교비 재정의 현상에 비추어 앞으로 지방비 보조의 연도할을 상당 금액 증가하려 하며(실제로 1929년도 지방비 예산에도 상당 금액을 증가 계상했다), 또한 1931년까지는 보급 곤란해서 이의 완성은 1936년[107]에 이를 것으로 확신하고 이를 이번 도평의회에 설명했는데 일부 평의회원들은 사전에 미리 이 일을 알아채고 동지를 규합해서 결속을 다지고 조직적으로 혼란시킬 것을 기도해 예산을 자문에 붙이자 지방비 예산의 실체에는 언급하지도 않고 경영의 책임자와 자문기관의 직무와 관계없는 학교비 재정의 내용 및 예산 집행의 방법에 관해 고의로 도당국의 조처를 비난하고 그 중에는 불근신의 언사로 인신공격을 감히 하는 자가 있어 이에 도당국으로서는 관대한 태도로 친절하게 이유를 설명하고 양해를 구했는데도 이번 달 6일에 이르러 도당국이 불성의 무방침이므로 이를 신임할 수 없다는 이유를 들어 예산 반상의 동의를 제출하여 두 번에 걸쳐 반성을 요구했는데도 승복하지 않고 7일 마침내 이를 가결했다. 원래 예산 반상의 결의는 지사의 자문에 응할 수 없다는 의사표시로서 지사의 자문에 응하게 하기 위해 임명한 도평의회원이 지사의 자문에 응할 수 없다는 의사를 명시한 것을 그대로 직에 있게 할 수는 없으므로 지사는 총독의 인가를 얻어 동의에 찬성한 14명에 대해 조선도지방비령 제14조에 의해 9일자로 해임한 것이다.

---

[107] 『京城日報』에는 1935년으로 오기되어 있다.

지사가 밝힌 해임 이유를 간단히 정리하면, 도당국이 일면일교제 계획을 실현하기 위해 꾸준히 노력해오던 중 그것이 불가능함을 알고 계획을 연기했으며 그 이유를 도평의원들에게 친절히 설명하고 충분히 양해를 구했음에도 불구하고 예산안을 반상한 것은 그 자체가 지사의 자문에 응할 수 없다는 것이므로 결과적으로 도평의원들이 직무를 게을리하고 체면을 훼손시켰다는 것이다.

여기서 예산안 반상에 찬성한 의원 중 신상명세를 구체적으로 알 수 있는 5명을 소개하면 〈표 38〉과 같다. 예산안 반상 동의안 제출 사건 전의 경력에 한해서 일별하면, 소수이기 때문에 명확히 어떤 유형을 발견하기는 어렵지만, 김경진을 제외하고 나머지는 이장희의 학무계 관직 경험을 포함해 모두 지역사회에서 학교사업에 관여하고 있는 점이 두드러진다. 특히 김병규와 이은우는 민립대학기성운동에도 참여했다.

해임의원의 반발과 보궐선거 출마

해임된 의원들은 대책을 강구하기 위해 3월 10일 오후 7시부터 5시간 동안 토의하고 다음 날 11일 밤에도 동래 온천에 다시 모여 논의를 거듭했다. 그 결과 12일 오전에 정운기 외 13명의 '경상남도 피파면被罷免 도평의원' 명의로 장문의 성명서를 발표했다.[108] 성명서에서 이들은

---

[108] 『동아일보』, 1929년 3월 13일; 『京城日報』, 1929년 3월 14일. 한편, 『동아일보』는 10일 회의 11일 발표, 『京城日報』는 11일 회의 12일 발표로 각각 보도하고 있는데, 성명서의 발표 날자가 11일인 점으로 보아 13일자인 『동아일보』 기사가 더 정확

〈표 38〉 경남도평의회 해임 의원의 신상명세

성명	생년(연령)	선수	학력	사건 전 주요 경력	사건 후 주요 경력
김경진	1893(36)	재선	중국 북경협화 대학 중퇴	조선인산업대회(1921), 김해면장(1923-28)	중일전쟁 시국강연회(1937), 조선보국회발기인(1938), 중추원 참의(1939-45), 참정권청원(1935, 41), 임전보국단 이사(1940), 국민총력조선연맹 이사(1941), 경남지주봉공회장(1941)
김병규	1880(49)	초선	동래부 사립 개양학교	대한자강회 지회설립(1906), 동명학교 교사(1907), 조선교육회 발기인(1920), 조선교육개선회발기인(1921), 민립대학기성운동(1922), 교남민립제일고등보통학교 설립추진(1920년대초), 농촌청년회 발기(1927)	동래은행 · 호남은행 중역(1929-1942), 경오구락부 조직(1930), 동래일신여학교 경영권 인수(1940), 조선임전보국단이사(1941), 경남 내무부장(1945), 미군정 경남지사(1946)
김현국	불명	초선	불명	진주사립일신고등학교 발기인(1920), 통영면의원(1926), 일신교육재단이사(1927), 쇼와(昭和) 대례기념장(1928)	통영군 소작위원(1933), 통영산업조합장(1940), 경남지주봉공회 상무위원(1941), 조선임전보국단 발기인(1941)
이은우	1881(48)	3선	일본 쥬오대학 경제학과 졸업	대한학생회(유학중), 궁내부 시종원 촉탁(1909), 이왕직찬(1911), 고등관 6등 사직(1913), 하동군남일물산주식회사 사장(1913), 진주사립일신고등보통학교 발기인(1920), 도지사 추천 중추원 의원후보(1921), 조선인산업대회(1921), 민립대학기성운동(1922), 초대하동수리조합장 · 하동금융조합장(1926),	하동면장(1930-32), 초대하동산업조합장(1934), 조선총독부 시정 25주년기념 민간공로자 표창(1935), 중추원 참의(1936-7), 흥아보국단 경남도 준비위원(1941), 조선임전보국단 발기인 및 경남위원(1941)
이장희	1878(51)	초선	진주무봉숙	경남도주사(1908-1909), 경남 내무부 학무계 도서기(1910), 한국병합기념장(1912), 곤양 · 하동 · 합천 · 김해 · 창녕군수(1913-1927), 지주(농업),	곤명수리조합장(1931), 진주신사씨자총대(1940), 국민총력 진주부연맹 평의원(1940), 조선임전보국단 발기인(1941), 징병제실시 축하강연(1942)

출처: 김경현 편, 『일제강점기 인명록 I - 진주지역 관공리 · 유력자』, 민족문제연구소, 2005년; 동선희, 앞의 책, 330-331쪽; 「한국사 데이터베이스」.

자신들의 '진의 및 그 전말을 표명하여 2백만 도민에게 호소할 필요를 느꼈다'며 앞서 반상안 제출 당시 밝힌 반상 이유를 거듭 설명했다. 그리고 자신들은 결코 자문안에 대하여 심의를 거부한 사실이 없음에도 불구하고 도당국이 조선도지방비령 제14조를 적용한 것은 '감정에서 나온 부당한 처치'라고 주장하며 당국의 해임 조치를 비난했다.

해임의원 10명은 3월 24일부터 25일까지 양 일 간에 걸쳐 마산에서 회합하여 재차 대책을 협의했다. 그 결과 그들은 도당국의 해임 조치는 '명백히 법의 악용'이라며 그에 불응할 것을 결의하고, 제2차 성명서를 조만간 발표할 것과 필요하다면 조선총독 및 본국 정부에 의원을 파견하여 진정할 것, 그리고 도민의 복리증진을 위해 지방제도 및 행정을 연구하는 단체를 조직할 것 등을 밝혔다.[109]

이에 지사는 형세가 점차 불리하다고 판단하고 26일에 고등과장 후지하라藤原喜蔵를 비밀리에 동래에 파견하여 예산안 반상을 주도한 김병규에게 이미 해임의원들의 입장이 제1차 성명서에서 충분히 변명되고 제국의회에서 문제시되어[110] 상당히 면목도 섰으니 제2차 성명서 발표를 중지할 것을 요구했다.[111]

그러나 김병규는 자신들을 해임한 지사 개인에 대하여 거듭 불만을 토로하고 특히 해임 이후의 당국의 행동을 비난하며 성명서 발표 경위를 설명했다. 즉, 그는 도당국이 근거 없는 사실을 공포하며 일

하다고 생각된다.
109 『동아일보』, 1929년 3월 28, 30일. 한편, 1929년이 기사년이었기에 이를 따서 기사구락부(己巳俱樂部)라는 단체를 조직했다 (손정목, 앞의 책, 229쪽).
110 나중에 언급하는 바와 같이, 당시 일본 본국의 야당인 민정당(民政黨)이 3월 15일 국회에 질문취의서(質問趣意書)를 제출했다.
111 『동아일보』, 1929년 3월 30일.

본어신문이 자신들의 행동을 '몰상식한 광태狂態'라고 무책임하게 공격했으며, 또한 도당국이 직접 장문의 팸플릿을 각 부군에 발송하여 어떤 군은 면장회面長會를 소집하여 자신들의 '무상식'을 일반인들에게 선전했다고 주장했다. 그리고 그 때문에 자신들은 전 도민의 오해를 받아 '인격적 생명'까지 여지없이 말살되고 궁지에 빠졌으므로 사건의 진상을 '천하공론'에 부쳐 만약 도민들이 자신들을 '몰상식의 탈선'이라고 판단하면 도평의원은 물론 모든 공직까지 일체 사임하여 도민들에게 사죄할 결심으로 제2차 성명서를 발표하기로 했다는 것이다.

김병규의 설명을 들은 고등과장은 그의 입장을 이해한다며 '도의 평화'를 지지하는 '대국적 견지'에서 원만히 해결할 것을 거듭 부탁했다. 그는 구체적 방안으로 해임 의원들에게 서간을 보내 발표 중지에 대해 의견을 물어 대다수가 동의하면 중지해 줄 것을 요청했다.[112] 이에 김병규는 후지하라의 의견을 받아들여 다른 13명 의원에게 서면으로 제2차 성명서 발표 중지에 대한 의견을 개진했다. 그런데 회답 요청 지정기일인 4월 2일까지 회답을 보내온 9명 전원이 발표 정지를 반대한다는 의사를 밝혀왔다. 더욱이 이은우·이현각·엄익준 등은 '제2차 성명서 발표는 이미 결의한 바인즉 도당국의 애원으로 말미암아 잠시라도 유예할 하등의 이유가 없다는 대단히 강경한 주장'을 보내왔다. 이에 김경진은 4월 3일 저녁 김병규와 만나 밤늦도록 제2차 성명서 발표 방안을 논의했다. 한편 이를 탐문한 도당국은 매우 당황하여 고등과장과 참여관 이범익李範益이 오랜 시간 협의한 후 이범익이

---

112 위와 같음.

직접 두 사람을 만나 성명서 발표 중지를 요청했다.[113]

그러나 이러한 도당국의 끈질긴 성명서 발표 중지 요청에도 불구하고 해임 의원들은 도당국과의 대결 자세를 분명히 하며 4월 5일 제2차 성명서를 발표했다. 그들은 성명서에서 도당국이 예산안 반상 사건에 대해 소위 민중의 오해를 풀기 위해서라며 각 군·면에 배포한 장문의 팜플릿에 대해 상세하게 해명했다. 그리고 그 사건의 진상과 자문기관의 '제도 운영의 근본의'에 관하여 소감을 피력하여 조선사회의 엄정한 비판을 구했다.[114]

이 성명서는 자문기관의 '제도 운영의 근본의'에 대한 해임 의원들의 상당한 지적 수준을 엿볼 수 있어 별도의 전문적인 연구가 필요하다고 생각된다. 특히 도당국이 밝힌 일면일교제 계획 연기 사유를 일일이 장황하게 반박하고 있다. 여기서는 그들이 자문기관의 성격을 어떻게 인식하고 있었고 거기에 참여한 이유는 무엇이었는가, 그리고 실제 어떻게 활동하고 있었는가에 한해서 고찰하고자 한다.

우선 해임 의원들은 당시의 도평의회의 성격에 관해 다음과 같이 인식하고 있었다.

> 대개 조선의 도평의회 및 부면협의회란 것은 원래 국가통치권의 일부가 부여된 지방자치권에 기인한 완전한 결의기관이 아니고 막연(漫然)히 민의를 듣는다는 표방 하에 임시 시험(試鍊)적으로 실시(設施)한 제도임으로 이에 관한 법규도 자연히 불비한 점이 많고 따라서

---

[113] 『동아일보』, 1929년 4월 5일.
[114] 『동아일보』, 1929년 4월 6일.

이들 기관에 참여한 의원은 그에게 부여된 직능의 한계가 불명한 점이 있는 동시에 위정자에게도 왕왕 시정상의 편부(便否)에 의하여 이것이 운용을 함부로 할 위험성을 함축하고 있음은 일반이 공인(共認)하는 바이다.[115]

이들은 당시 제한된 권한을 가진 도평의회의 자문기관으로서의 한계를 잘 알고 있었으며 특히 그것이 당국에 의해 이용만 당하는 있으나마나한 기관으로 전락할 위험성을 충분히 인지하고 있었다.
그러면 그럼에도 불구하고 자신들이 도평의회에 참가한 이유는 무엇인가. 그에 대해 아래와 같이 말하고 있다.

그러나 그런 극히 불완전한 기관도 현하 조선에 있어서는 소위 민의창달의 유일무이한 기관으로서 이의 활용 및 그 효능 여하는 곧 조선 시정의 대본(大本)에 중대한 의의를 끼치는 것으로 믿고 우리들은… 언론봉쇄의 심혹한 이 땅에서 이같은 기관의 존재일지라도 활용하여 감히 민의의 일단을 여실히 소개하여서 위정자의 시정상 이익이 되게 할 필요를 느낄 뿐 아니라, 어떤 때는 호○[불명]도배가 정계의 뒷길(裡道)에 암암히 보행하면서 민의를 속이는 동시에 위정자를 미혹(迷惑)케 하여 드디어 2천만 무고의 민중으로 하여금 더욱 궁고(窮苦)의 심연에 빠지게 하는 예가 결코 적지 않음을 통탄하고 불초를 불원하고 전술한 바와 같이 위험을 무릅쓰고 이 기관에 참여한 바이다.[116]

---

115 위와 같음.
116 『동아일보』, 1929년 4월 6일.

해임의원들은 당국과 조선사회 사이를 잇는 매개적인 역할을 자임하고 있다. 즉 그들은 지배당국과 조선사회 사이에서 양자의 이익이 충돌하지 않고 실현되도록 하기 위해 자칫하면 양쪽으로부터 비난받을 위험을 감수하고 도평의회에 참여하고 있다는 것이다.

그러나 실제로 도평의회가 운영되는 가운데 대부분 일방적 협력을 전개해 왔음을 스스로 고백하고 있다.

> 종래 도 시정방침이란 것이 반드시 민의에 배위(背違)됨이 없지 않았다. 즉 시설의 선후완급, 도시농촌의 편중편경, 내지 인사행정 등에 크게 논란할 점이 없지 않았지만 우리들은 제도의 유래에 비추어 의원 직권(職權)의 한계를 감안하여 적어도 국리민복에 중대한 영향을 미칠 염려가 없는 한 될 수 있는 대로 자중의 태도를 가지고 원만하게 회의를 끝내려하였을 뿐 아니라 간혹 어떤 때에는 억제(抑制)로 참기까지 해가면서 자문안을 맹찬(盲贊)한 예도 절대 없지 않았다.[117]

해임의원들은 도의 시정방침이 민의에 맞지 않더라도 자문기관의 한계를 인식하고 당국의 입장에서 표면적으로 반대를 표시하지 않고 협조해왔다는 것이다.

한편 이러한 해임의원들의 도당국에 대한 저항에 대해 당시 일반 여론은 물론이고 총독부 내에서도 지사의 고압적인 태도를 비난하는 의견이 있었으며 일본 중앙정계에서도 야당인 민정당民政黨이 국회에 질문취

---

[117] 위와 같음.

의서質問趣意書¹¹⁸를 제출하는 등의 움직임이 있었으나 모두 허사로 끝났다.¹¹⁹ 이 또한 자문기관으로서의 한계를 여실히 보여주는 것이었다.

해임의원의 당선과 재임명

이후 도당국은 14명 결원에 대한 보궐선거를 실시할 것인지 아닌지에 대해 분명히 하고 있지 않던 중 갑자기 8월 15일자 경상남도 공시를 통해 해임된 도평의원 14명 중 관선 의원 2명을 제외한 민선의원 12명에 대해 보궐선거를 9월 7일에 일제히 실시한다고 발표했다.[120] 이에 해임 의원 14명 전원이 보궐선거에 출마했다. 특히 관선의원으로 반상안 동의에 찬성한 김경진과 이은우도 민선 의원 선거에 나선 것이다.[121]

김병규는 보궐선거를 앞두고 신문지상을 통해 자신의 생각을 도민들에게 전했다. 그는 자신들의 해임사건은 의사기관인 도평의회와 집행기관인 도당국과의 의견을 달리하는 중대한 충돌이며 의견 충돌의 책임이 어디에 있는지는 보궐선거의 결과가 '결정적 판결'이 될 것이라고 주장했다. 왜냐하면 그는 정치적 행위는 결국 '민의의 반영'이라

---

[118] 민정당은 3월 15일 야마지(山道襄一) 의원의 이름으로 경남도평의원의 돌연 해임이 조선 통치 상 막대한 악영향을 미치며, 만약 이것이 도화선이 되어 전 조선에 중대한 사태를 일으키는 일이 생긴다면 그 책임은 총독부에 있다며 총독부가 조선 통치 상 최선의 선후 조치를 취해야 한다고 주장하며 그에 대한 정부의 의견을 물었다 (『동아일보』, 1929년 3월 17일).
[119] 손정목, 앞의 책, 229쪽.
[120] 『동아일보』, 1929년 8월 20일.
[121] 『京城日報』·『조선일보』, 1929년 8월 30일; 『동아일보』, 1929년 8월 31일.

고 생각했기 때문이다.[122]

> …우리들이 과거 도당국이 도민에게 공약한 일면일교 완성연도를 연기하는 현 당국의 방침에 대항하여 결행한 그 행동이 만일 민의에 배치하였을 것 같으면 금반 보궐선거에는 우리들 12인이 비록 여하한 필사적 운동을 모행(冒行)하더라도 선거권자인 면협의원들은 단연 질척(叱斥)하고 선출치 아니할 것이오. 만일 그것이 도민의 총의를 충실히 대표한 행동일 것 같으면 설혹 관헌이 여하히 준열한 선거간섭을 ○[불명]행할지라도 선거권자는 감연히 우리들 12인을 재선출할 것이다.[123]

그러나 김병규는 이러한 선거 결과가 민의를 그대로 대변하는 것은 '고도의 문명을 가진 사회에서 운위할 이상이며 이론에 불과하다'며 당시 조선에서는 '불완전한 제도의 존재와 불합리한 운용이 공공연히 허용되는 특수한 사정'도 있는데 그것은 바로 '민도의 유치한 반영'이라고 생각했다.[124] 그는 당시의 조선의 정치상황을 아래와 같이 인식하고 있었다.

> 사실 조선의 공직자 중에는(특히 도평의원) 일면 또는 일도 인민의 충근(忠勤)한 대표로서 그들의 총의를 여실히 표현할 즉 사의사리를 초

---

[122] 『동아일보』, 1929년 8월 27일.
[123] 『동아일보』, 1929년 8월 27일.
[124] 『동아일보』, 1929년 8월 28일.

월하고 오로지 인민의 이해를 대표할 사명과 직책을 각오하고 입후보하는 것이 아니오 대개는 견서(肩書, 직함)의 취득과 이세(利勢)의 포장(鋪張)을 목적하고 선거권자에게 앙두(叩頭) 애걸하여 그 직을 도득(圖得)하며 한 번 당선되면 직책과 사명은 거의 별개물이 되고 일의전심으로 관의(官意)에 납유승영(納諛承迎)하는 욕망의 달성에만 몰두하는 후안자도 없지 않으며 선거권자에 있어서도 아직 정치생활에의 이해와 자각이 심천(甚淺)하여 이해가 지대한 자기들의 대표자를 하등 자주적 전형이 없이 다만 여러(諸種) 불순한 정실에서 의식없는 선출이 십중팔구이다.[125]

또한 김병규는 이러한 낮은 민도에 의한 선거결과에 대해 회의를 표시했다. 그는 한편으로는 유권자에 대한 강력한 지지를 호소하고, 다른 한편으로는 선거결과에 대한 책임을 회피하려 한 것이다.

…따라서 우리들의 재선 여부가 반드시 민의라고만 신인(信忍)할 수 없고 선거의 결과로서 책임자를 결정할 수 없으며 누구를 불문하고 결연히 인책하여 일반사회로 하여금 정의감을 만족케 할 수 없다. 그래서 우리들은 부득이하게 자기의 견해를 토대로 거취를 결정할 것이오. 부질없이 타율에 의하여 책임을 변별할 필요가 없다고 생각한다.[126]

9월 7일 도내 12군에서 실시된 보궐선거 결과 14명 중 하동의 이보형

---

[125] 위와 같음.
[126] 위와 같음.

〈표 39〉 경남도평의원 보궐선거 결과 (굵은 글씨는 해임 의원 당선자)

선거구	진주		의령		함안		김해		고성		사천	
당선자	**이장희**	허협	**강정희**	안희제	황용규	**이현각**	**김경진**	엄익준	**이용년**	최찬호	**최연무**	강주수
득표수	135	36	60	37	56	54	56	50	38	64	73	37
선거구	하동		거창		창원		협천		동래		통영	
당선자	정찬호	**이은우**	신창재	**임석종**	김경진	배익하	정진기	박운균	김병규	정익윤	송병문	**김현국**
득표수	55	38	36	33	77	58	58	34	68	50	95	81

출처: 『동아일보』, 1929년 9월 10, 11일.

을 제외한 13명이 지사가 의원에 임명할 수 있는 1, 2위에 당선되어 압도적인 당선율을 기록했다. 더구나 이 중 3분의 2에 해당하는 8명이 1위로 당선되었으며, 특히 관선의원으로 일면일교제 문제에 적극적이었던 김해군의 김경진은 현주소인 창원에서도 당선되었다.[127]

9월 9일 지사는 내무국장 및 경찰부장과 논의한 후,[128] '민의를 존중한다는 의미에서' 최고점 당선자를 임명하지 않을 수 없었다. 단 동래의 김병규는 최고점으로 당선되었음에도 불구하고 자신이 취임할 의사가 없다고 했기 때문에 그 대신 차점자를 임명했다.[129] 이후 지사 수도는

---

[127] 『조선일보』, 1929년 9월 11일.
[128] 『동아일보』, 1929년 9월 11일.
[129] 『동아일보』, 1929년 9월 12일; 『조선일보』, 1929년 9월 13일. 한편, 김병규가 제일 많은 표를 얻었음에도 차점자를 임명한 데 대해 『동아일보』는 '지사의 결심'을 엿볼 수 있다고 분석하고 있다. 이에 근거하여 손정목과 동선희도 예산안 반상 동의를 주도한 김병규를 지사가 임명에서 탈락 또는 제외했다고 보고 있다 (손정목, 앞의 책, 230쪽; 동선희, 앞의 책, 307쪽). 그러나 『조선일보』는 김병규 자신이 사임 의사를 밝혔음을 알리고 있다. 아마도 도당국의 압력과 회유가 작용했을 것이다. 이후 그는 1930년 선거에는 당선되지 않으나 1933년과 1937년 선거에서 관선의원에 선출되고 있다. 도당국도 조선사회로부터의 지지를 받는 사람의 협력이 필요했음을 알 수 있다. 여기서도 도평의원이 지배 권력과 조선인 사회를 잇는 매개적 위치에 있었음을 잘 알 수 있다.

29년 11월 28일자로 해임 퇴관했다. 경남지사에 취임한지 10개월만에 하차한 것이었다. 분명한 문책인사였다.[130]

1929년 경남도평의회 '예산안 반상 사건'은 도당국이 이전에 수립한 일면일교제 계획의 실현 시기를 연기하자 조선인 도평의원들이 원래 계획대로 추진할 것을 요구하며 도당국이 자문을 요구한 예산안에 대해 반상안을 제출하면서 시작되었다. 도지사는 의원들의 예산안 반상 동의안 제출이 자신에 대한 불신임이라며 그들을 해임했다. 이에 반발하여 해임의원들이 보궐 선거에 출마하여 당선되자 도지사가 그들을 재임용함으로써 사건은 결착되었다.

이러한 일련의 사건의 전개 과정은 기존의 연구에서 종종 보이는 지배당국의 정책에 대해 도평의원이 일방적으로 협력했다는 단순한 도식에서 벗어나게 해준다. 물론 그렇다고 도평의원이 지배체제 내의 협력세력이었음을 부정하는 것은 아니다. 이는 의원 자신들도 잘 알고 있었다. 그들은 식민지 지배를 지속하려는 일제에 협력하는 대가로 권력을 분점 받아 정치적 영향력을 확대하려 했다. 그 때문에 지역주민의 지지를 얻기 위해 도당국과 갈등과 협력, 대립과 협조 등을 반복했다. 즉, 일제는 더 많은 협력세력을 구축하여 안정적인 지배를 도모했지만 그것은 그들이 가장 원활하게 협력할 것으로 기대했던 세력 중 하나인 도평의회에서조차 순조롭지 않았다. 또한 도평의원은 조선사회의 지지를 기반으로 지배세력으로부터 더 많은 권력을 분점받기 위해 매개적인 위치에서 줄다리기했지만 그것 또한 용이한 것이 아니었다. 이는 바로 조선에서 전개된 일제의 난점과 조선인 정치세력의 성격을 보여주는 것이다.

---

[130] 손정목, 앞의 책, 230쪽.

제4장

경성부협의회의
'신당리 토지 문제'

1929년 경성부에서 발생한 '신당리 토지 문제'는 부당국이 부가 소유한 신당리 일대 토지를 일본인 시마 도크조島德藏에게 매각하는 과정에서 부협의회에 도로신설과 관련된 계약조건을 충분히 알리지 않고 도로 신설을 위한 예산을 편성하면서 시작되었다. 부협의원들은 부당국이 부민의 이익과 부협의회를 무시했다는 이유 등을 내세워 부당국이 제시한 관련 예산을 문제 삼고 수정안을 제시했다. 이에 당시 계약을 체결한 전 부윤이 해명하고 도당국이 계약 재협상을 추진했지만 시마는 거절하고 약속한 토지 대금 일부를 송금했다. 이후 부협의회 내에서 해당 예산안을 둘러싸고 찬반세력이 격렬하게 대립하는 가운데 반대파의 수정안이 부결되고 부당국의 원안이 가결되었다. 이에 항의해서 반대파 의원들이 사직하고 부민대회를 추진하자, 부윤이 사직 의원들에게 사과함으로써 그들이 사직을 철회해 사건이 일단락되었다.

부당국의 토지 매각과 부협의회의 문제 제기

1928년 5월 25일 경성부당국은 일본 간사이関西 지역에서 재계의 거두로 알려진 전 오사카大阪주식거래소 이사장 시마와 그의 대리인 후쿠시마 후쿠노스케福島福之助를 통해 아래와 같은 내용의 각서를 교환하고 신당리 일대의 부유지 14만 5,897평을 평당 3원 20전에 계약금 10만 원을 받고 매각하는 가계약을 체결했다.[131]

1. 토지 경성부 밖 신당리
2. 대금 46만 6천 8백 70원 40전, 평당 3원 20전 평균, 위의 토지에 관해 시마도크조 대리인 후쿠시마 후쿠노스케를 갑으로 하고 경성부윤 마노 세이치(馬野精一)를 을로 해서 다음과 같이 매매한다.
    (1) 도로 축조
        (가) 왕십리 이태원 간 도로
        (나) 장충단에서 신당리에 이르는 도로
    (2) 토지에 있는 화장장 분묘를 을은 부비로 이전시킬 것
    (3) 본 계약의 체결은 소유권 이전 수속 완료 후에 한다.
    (4) 본 각서 수령과 동시에 갑은 계약금 10만원을 을에게 교부한다. 단 본 계약을 체결하고 소유권 등기 이전 완료 후에는 대금에 충당할 수 있다.[132]

---

[131] 『京城日報』, 1928년 5월 27일, 석간 1면; 『京城日報』, 1929년 3월 13일, 7면. 한편, 후쿠시마의 이름은 신문지상에는 福島福太郎 또는 福島福之助로 보도되고 있으나 계약서에 福島福之助로 되어 있다.
[132] 『京城日報』, 1929년 3월 23일, 7면.

경성부당국이 매각하기로 한 토지는 신당리 공동묘지 11만 2,003평과 이에 인접한 부 오물처리장 1만 764평, 그리고 경성학교조합 소유의 학교림 2만 660평 등이었다. 당시 부당국은 공동묘지를 독립문 근처에 새로 조성하고 오물처리장을 동대문 밖 용두리로 이전하며 학교림은 폐지하기로 했기 때문에 세 토지를 모두 처분하려 했다. 또한 그해에 상환해야 할 기채가 많아 수입이 필요했으며 특히 한꺼번에 팔기 어려운 세 토지를 처분할 좋은 기회라고 여겼다.[133] 반면, 시마는 부협의원 방규환을 통해 신당리 일대가 장차 경성의 동부 발전에 중요한 지역이 될 것이라는 이야기를 전해 듣고 '주택 경영'할 계획으로 토지를 매입했던 것이다.[134]

계약 다음날인 5월 26일 당시의 부윤 마노는 부회의실에서 부협의원과 학교조합의원의 연합간담회(내시회, 內示會)를 열어 시마와의 토지 매각 경과를 보고했다. 이에 의원들은 부윤의 설명에 만족하고 계약에 대해 특별히 문제를 제기하지 않고 만장일치로 동의했다.[135] 이때 부윤이 나중에 문제가 되는 '도로 축조'를 토지 매각의 조건이라고 밝히지 않았고 더구나 하나의 도로(이하 도로 1선)를 신설한다고만 했기 때문이다.[136]

---

[133] 『京城日報』, 1928년 5월 27일, 석간 1면.
[134] 『京城日報』, 1929년 3월 27일, 7면.
[135] 『京城日報』, 1928년 5월 27일, 석간 1면; 『京城日報』, 1929년 3월 23일, 7면. 다만, 평균 3원 20전인 토지가격에 대해서 조합소유지와 부유지는 별도로 평가하지 않으면 안 된다는 주장이 있어 각각 별도의 위원회를 열었는데 조합회에서는 평당 8원을 고집하고 양보하지 않아 부 협의회와의 격차가 커서 일단 평균 3원 20전으로 결정하고 다른 날 재차 산정하기로 하여 부청과 학교조합에서 3명씩 6명을 평가위원으로 선출하고 산회했다. 학교조합이 소유한 토지가 학교림이었기에 더 높은 가격을 요구했는데 결국 나중에 같은 가격으로 낙찰되었던 것이다.
[136] 『동아일보』, 1929년 5월 8일, 2면; 『京城日報』, 1929년 3월 13일, 7면.

그런데 1928년 8월 경성에 와서 가계약한 토지를 직접 시찰한 시마는 자신이 듣고 예상한 것 보다 토지가 형편없이 황폐하다며 도로를 가능하면 빨리 축조해 줄 것을 요구하고 돌아갔다. 즉 시마는 '도로축조'가 본계약 체결의 전제조건임을 명확히 한 것이다. 시마가 돌아간 후 부당국은 매매 각서를 이행하기 위해 관유지 불하를 완료했다. 그리고 계약금 외의 토지 매각 대금을 받아 궁핍한 경성부와 학교조합의 재정을 메우려고 시마에게 본계약 체결을 독촉했다. 당시 부는 연도 말이 다가오면서 학교 신축과 부기채기일 도래 등으로 토지 매각 대금을 받지 않으면 안 되는 상황이었다. 그러나 시마는 아무런 회답도 없이 본계약 체결에 응하지 않았다. 다급해진 부당국은 1929년 2월에 회계계장 이노우에井上를 2회에 걸쳐 오사카에 보내 시마에게 구체적인 계약 이행을 촉구하고 각서에 기초해서 본계약을 체결하려 했다. 그런데 시마는 본계약 중에 '신속히 도로 2선을 신설할 것'을 삽입할 것을 요구하자 부당국이 이를 받아들였다.[137]

1929년 3월 7일 부청 부윤응접실에서 부협의원이 참석한 가운데 전년도보다 262만여 원 증가된 총액 676만여 원의 1929년도 경성부 예산이 내시되었다.[138] 예산편성안 가운데 세출 임시부 토목비관款 중에 2개의 도로 신설비 10만 원이 계상되자 부협의원들은 도로 신설이 매매의 조건이 되어있는 것은 처음 듣는 일이라며 격분했다. 그들은 앞의 부협의회 내시회에서 부윤이 장충단으로부터 신당리에 이르는 1선만 만들어준다고 제시하여 찬동을 얻어 놓고 그 후 시마와 교환

---

[137] 『京城日報』, 1929년 3월 23일, 7면; 『京城日報』, 1929년 3월 24일, 7면.
[138] 『京城日報』, 1929년 3월 8일, 1면.

한 매매교섭 각서에는 그 도로뿐만 아니라 길을 하나 더(이하 도로 2선) 만들어준다고 비밀 계약한 것은 분명 부협의원을 기만한 것이고 부민을 농락한 것이라며 고바야시 도우에몬小林藤右衛門 외 6명을 조사위원으로 임명해 해당 문제를 조사하기 시작했다.[139]

3월 11일 조사위원 후지무라 쥬스케藤村忠助, 나리마츠 미도리成松綠, 데라오 모사부로寺尾猛三郎, 고바야시 도우에몬, 이승우李升雨, 김사연金思演, 한만희韓萬熙 등 7명은 부윤실에 모여 부의 내무·재무·서무·학무 등 4명의 이사관과 장시간 협의했다. 이어 조사위원끼리 토의한 결과 다음과 같은 네 가지 사항에 합의하고 이를 부협의원 전체 의견으로 정하기 위해서 12일 오후 전체 의원회의를 열 것을 결정했다.[140]

- 一. 시마와 부와의 매매계약은 아직 효력을 발생할 수 없으므로 부당국은 속히 방법을 강구하여 효력을 발생할 수 있도록 선처할 것.
- 一. 따라서 부협의회원은 신 예산의 심의에 있어 토목비 전부는 떼어서 보류할 것.
- 一. 신당리를 중심으로 신설해야 할 도로 2선의 경비 10만 원 전부를 4년도 예산에서 지출함은 부비의 부담이 가중하므로 신당리에서 장충단에 이르는 1선만의 신설로 고칠 것.
- 一. 따라서 부와 시마 도크조 씨에 대해 이를 교섭하고 원만하게 협정을 성립시킬 것.

---

[139] 『동아일보』, 1929년 5월 8일, 2면; 『京城日報』, 1929년 3월 13일, 7면.
[140] 『京城日報』, 1929년 3월 12일, 2면.

첫 번째 매매계약의 효력문제는 계약이 2월 5일에 작성되었음에도 3월 말 일자로 되어 있기 때문에 아직 효력이 발생하지 않고 있다며 부당국이 효력이 발생할 수 있도록 선처할 것을 요구한 것이다. 두 번째 사항은 도로 신설 문제를 해결하는 데 장시간이 걸릴 수 있으므로 다른 예산의 심의 지연을 피하기 위해 별도로 토목비 예산을 보류할 것을 제안한 것이다. 세 번째는 도로 2선을 신설할 경우 부비의 부담이 과중하므로 1선 신설로 수정할 것을 요구한 것이다. 네 번째는 계약을 파기할 경우 이미 시마로부터 받아 여자실업학교 신축 등에 사용한 계약금의 회수 등으로 오히려 문제가 더욱 복잡해질 것을 우려해 원만히 타결할 것을 제안한 것이다. 이 중 부협의회가 가장 문제 삼은 것은 도로 2선 신설이었다. 그들은 매각하기로 한 땅의 시가가 한 평에 5, 6원의 가치가 충분함에도 3원 20전이라는 염가로 판 것도 애석한데 그곳에 10만 원을 들여 길까지 만들어줄 수 없다며 신년도 예산에 편입된 도로 신설 공사비를 제외할 것을 주장했다.[141]

3월 12일 부협의회는 전체회의를 열고 조사위원의 보고를 기초로 대책을 강구했다. 그 결과 고바야시 조사위원의 보고대로, 一. 신설 도로비 10만원의 예산은 일시 보류하고 신 예산 심의에 임할 것. 一. 시마와 교섭해서 도로 신설은 1선만으로 할 것. 一. 부당국은 시마와의 계약이 효력을 발생하도록 선처할 것 등을 전 의원의 합의사항으로 결정하고 이를 부당국과 학교조합의원에게 통고했다.[142]

부협의회는 부윤이 추진한 신당리 토지 매각에 대해 부민의 부담

---

[141] 『동아일보』, 1929년 3월 16일, 2면.
[142] 『京城日報』, 1929년 3월 13일, 7면.

증가와 자문기관에 대한 무시 등을 이유로 문제를 제기하고 부당국의 일방적 예산편성에 대해 자문기관으로서 부의 원안 수정을 요구한 것이다.

부윤의 해명과 계약 재협상 결렬

2선 도로 축조에 반대하고 1선만의 신설을 주장하며 예산 심의를 보류하는 부협의회의 강력한 저항에 부딪친 부당국은 이를 타개하기 위해 부협의원과 학교조합의원을 설득하는 한편, 시마와의 계약 재협상을 추진하지 않을 수 없었다.

부당국은 재차 부협의원과 학교조합의원의 양해를 얻고자 그들에게 15일 연합간담회 개최를 제의했다. 그러나 부협의원들은 한 번 태도를 선명히 한 이상 다시 협의할 필요가 없다며 부의 대화 요구를 거절했다. 결국 부협의원이 불참한 가운데 학교조합의원만이 간담회에 참석하여 부이사관 요시무라吉村로부터 경과를 청취하고 학교조합의 대응책을 논의했다. 그 결과 학교조합은 사건의 원만한 해결을 바라며 그 추이를 지켜보기로 결정했다.[143]

다음에 부의 회계계장 이노우에는 시마에게 부협의회의 반발을 설명하고 양해를 얻어 원만하게 계약을 이행하기 위해 15일 야간열차로 급거 오사카로 향했다.[144] 17일밤 그는 오사카에 도착하자마자 시마를

---

[143] 『동아일보』, 1929년 3월 16일, 2면; 『京城日報』, 1929년 3월 16일, 7면.
[144] 『京城日報』, 1929년 3월 16일, 7면; 『조선일보』, 1929년 3월 17일, 2면.

방문했으나 시마가 도쿄에 체재하고 있었기 때문에 시마를 만나기 위해 도쿄로 향했다.[145] 이노우에는 도쿄에서 시마를 만나 함께 21일 오사카로 돌아와서 정식 교섭에 들어갔다.[146]

토지매각 문제를 둘러싸고 부협의회와 부당국 간의 갈등이 커지고 회계계장이 시마에게 끌려다니며 원만한 계약 이행을 '애원'하고 있을 때, 토지 매각 문제를 주도한 당시 부윤에 대한 비판이 거세지고 부협의원 방규환 등이 부가 매각한 토지의 인접지를 비밀리에 사들여 사익을 챙기고 그 대가로 도로 2선 신설을 용인했다는 루머가 퍼져갔다. 이에 마노와 방규환이 적극 해명에 나섰다.[147]

토지 매각의 당사자격인 당시 부윤 마노(1929년 1월 함경남도지사로 전보)는 그가 취한 조치가 적절하지 않았다는 부협의원들의 지적과 부민들의 의혹을 풀기 위해 21일 새벽 열차로 급히 경성에 들어왔다.[148] 경성에 도착한 마노는 우선 오전에 경성부의 요시무라, 다카하시高橋 두 이사관으로부터 그간의 토지 매각을 둘러싼 경성부의 분규 과정을 듣고, 오후에는 부협의회 조사위원 7명을 만나 자신이 취한 조치는 타당했다는 뜻을 상세히 설명하고 위원들과 수차례 질의 응답했다. 특히 마노는 도로부설에 대해서는 각서를 교환할 때 앞으로 신당리 일대가 시가지가 되면 도로는 자연히 부설될 것이라는 말은 하였으나 결코 그것을 계약 내용에 넣지는 않았다고 주장했다. 그 결과 위원들은 그의 설명을 받아들이고 다음 날 부협의회 의원간담회를 개최하여 고바

---

145 『京城日報』, 1929년 3월 20일, 2면.
146 『京城日報』, 1929년 3월 23일, 석간 2면.
147 『京城日報』, 1929년 3월 26일, 7면.
148 『京城日報』, 1929년 3월 21일, 7면.

야시 위원이 전 의원에게 보고하기로 결정했다.[149]

다음날 22일 오전에 마노는 총독부를 방문해 내무국장 이쿠타 세자부로生田淸三郎와 지방국장 야지마矢島杉造를 만나 양해를 구한 후 오후에 부협의회가 종료됨을 기다렸다가 부윤실에서 부협의원과 부정府政기자단을 초청하여 회견했다.[150] 마노는 '의외로 큰 문제가 되어 놀랐다'며 토지문제에 관해서 일체의 경과를 보고했다. 주요 내용은 아래와 같다.[151]

각서를 체결한 후 그 내용을 설명하기 위해 개최한 부협의원과 학교조합의원과의 연합간담회에서 도로문제를 감춘 것이 아니라 원래 도로 문제는 토지매매의 조건이 아니었으며, 2선 도로 축조가 각서에 들어있지만, 그 시기에 대해서는 명시하지 않았다고 해명했다. 그리고 그 근거로 당시 간담회 정황을 적은 내무계장의 '필기'를 제시했다.[152] 말하자면 마노는 도로문제가 각서에 포함되었음은 인정하면서도 그것은 매매조건이 아니었으며 신설시기에 관해서도 명시하지 않았기 때문에 부협의원들에게 일부러 자세히 설명할 필요가 없었다는 것이다.

다음에 1928년 8월에 시마가 경성에 현지 시찰왔을 때 '도로는 가능하면 빨리 내주세요'라고 덧붙였을 뿐 도로 신설은 그 때도 여전히

---

149 『京城日報』, 1929년 3월 22일, 2면; 『京城日報』, 1929년 3월 23, 석간 2면; 『조선일보』, 1929년 3월 22, 석간 5면.
150 『조선일보』, 1929년 3월 24, 석간 2면.
151 「문제의 열쇠를 쥔 마야지사의 설명(상), (중), (하)」 『京城日報』, 1929년 3월 23, 24, 26일, 7면.
152 『京城日報』, 1929년 3월 23일, 7면. 한편 필기에는 도로 축조를 매매조건으로 하자는 요구가 있었지만, 당장은 불가하고 적당한 시기에 2선을 도시계획 수행에 의해 축조한다고 적혀있다.

토지매매의 전제조건이 아니었다고 주장했다. 그런데 이후 시마에게 본계약 체결을 독촉하자 그는 도로를 축조하지 않으면 본계약을 체결할 수 없다고 버텼다는 것이다. 이에 당시 경성부는 학교 신축과 부기채 상환 등에 필요한 자금을 마련하기 위해 토지대금을 받지 않으면 안 되는 상황이었고, 더구나 자신은 1929년 1월 함남지사 지령을 받아 후임자에게 문제를 남겨서는 안 된다고 생각하고 본계약 체결을 서둘렀다고 그는 해명했다. 그 때문에 시마의 요구를 받아들여 도로 2선을 5월 말까지 만들 것을 조건으로 후임 부윤과 협의해서 회계계장과 방규환을 오사카에 보내 체결했다고 설명했다.[153] 가계약 각서에서는 도로 2선 신설문제가 토지매매의 조건이 아니었음에도 시마가 돌변하여 계약조건의 변경을 요구했기 때문에 경성부의 재정형편상 어쩔 수 없이 시마의 요구를 받아들였다고 마노는 해명한 것이다.

그러나 마노는 토지 매매라는 큰 사건을 부협의회에 자문하지 않고 실행한 것은 '위법적 행위'이며 성의껏 사죄한다고 눈물을 흘리며 진사했다. 그리고 이는 어디까지나 절차상 실수(遺漏)였을 뿐, 그간 자신은 조금도 양심의 거리낌이 없었다며 소리내어 울고 눈물을 흘리자(聲淚) 부협의원 등은 감동하여 일단 지사의 해명을 받아들였다.[154]

방규환은 25일 부협의회 간담회를 개최했다. 마노도 열석한 가운데 그는 자신은 조금도 양심의 가책을 느끼지 않지만 세상을 놀라게 하고 전 부윤을 곤란하게 한 데 대해 절반의 책임을 진다며 부협의원직을 사직했다. 이에 부협의회 조사위원 7인은 같은 날 방규환으로부

---

153 『京城日報』, 1929년 3월 24일, 7면; 『京城日報』, 1929년 3월 26일, 7면.
154 『京城日報』, 1929년 3월 26일, 7면; 『조선일보』, 1929년 3월 24일, 석간 2면.

터 매각 토지 인접지 문제에 대해 설명을 듣고 이후 좀 더 조사해서 부협의회 전원 간담회에 보고하고 적당한 기회에 일반에게 발표하기로 했다.[155]

사표 제출 다음 날인 26일 방규환은 부협의원 전원에게 토지문제에 대한 경과 일체를 보고했다. 특히 이 자리에서 그는 1928년 5월 25일 조인된 각서에서 기일은 명시되지 않았지만 신설될 도로의 도면을 첨부하여 2선의 도로는 각서 중에 무게가 있었기 때문에 자신으로서는 매매조건에 도로가 들어있다고 확신했다며, 도로 2선이 매매의 전제조건이 아니었다는 전 부윤의 주장을 반박했다. 그리고 이후 회계계장의 부탁으로 오사카에 함께 가서 시마와 교섭해서 본계약 체결에 참여한 것은 시마 개인을 위해서 일한 것이 아니라 '부협의원 공인으로서 … 처음부터 끝까지 오직 부의 이익만을 추구한 것이'었다고 주장했다. 또한 지상권도 없는 해당 토지에서 야채를 재배시켜 수확한 일도 없으며, 인접 토지도 시마가 산 것이지 자신은 구입한 적이 없다며 세간의 의혹을 전면 부인했다.[156]

한편, 오사카에서 시마와 면담한 회계계장은 시마가 2선의 도로 준설 조건에 대해 전혀 양보할 의사가 없음을 확인하고 나머지 대금을 도로 완성시가 아닌 기공시에 완납해 달라는 경성부 '최후의 타협안'을 제시했다.[157] 그러나 시마는 이를 거절했다. 그는 본계약대로 3월 30일까지 잔금의 일부인 13만 5천원을 지불하고 도로 2선을 5월 말까

---

155 『京城日報』, 1929년 3월 26일, 7면.
156 『京城日報』, 1929년 3월 27일, 7면.
157 『京城日報』, 1929년 3월 28일, 석간 2면.

지 준성해주면 나머지 잔금을 마저 주겠다고 분명히 밝혔다.[158] 결국 시마와의 교섭은 완전히 결렬되고 부는 도로 2선을 전제로 계약을 이행하기 위해 부협의회의 자문을 받아야 하는 상황에 직면했다.

부협의회 내의 대립

시마와 부당국과의 협상 결렬 소식이 전보를 통해 알려지자 부협의회는 대책 마련을 위해 27일에 부협의원 간담회를 개최했다. 비밀리에 진행된 회의에서 여러 논의가 백출해 쉽게 정리되지 않았다. 우선 한만희와 김사연 등이 전 부윤 마노의 책임이 막중하니 그가 오사카에 직접 가서 시마와 만나 해결할 것을 주장했다. 이에 대해 오무라大村百藏는 부협의회가 적극 해결할 것을 주장했다. 또한 이케다池田長次郎는 시마와의 계약을 원만하게 해약해서 도로 1선 개설을 조건으로 새로 매수자를 물색할 것을 제안했다. 그리고 모든 조건을 양보하고 이전 계약을 묵과하자는 의견도 나왔으나 결국 결말을 짓지 못했다.[159]

3월 30일 시마가 자신의 주장대로 토지대금 중 13만원을 부에 전보환으로 송금하자 부협의원 사이에 이제와서 계약을 파기하는 것이 오히려 부를 위해서 불리하다는 의견이 유력해갔다. 이러한 분위기를 틈타 의장 요시무라는 4월 19일 그 동안 부협의회에서 심의 보류되어 온 '자문안 31호 시마 도크조 소유지에 도로 2선을 축조하기 위

---

[158] 『동아일보』, 1929년 3월 27일, 2면; 『조선일보』, 1929년 3월 28일, 석간 2면.
[159] 『京城日報』, 1929년 3월 28일, 2면; 『동아일보』, 1929년 3월 29일, 2면; 『조선일보』, 29년 3월 29일, 석간 2면.

해 공사비 10만원을 지출할 것'을 안건으로 상정하고 제2독회를 선언했다.[160]

많은 방청객이 지켜보고 긴장감이 짙게 감도는 가운데 부의 원안을 통과시키자는 찬성안과 도로 1선으로 수정하자는 수정안, 그리고 원안을 부결시키자는 반대론이 첨예하게 대립했다. 우선 안도安藤靜는 원안이 유감인 점이 많지만 조선이 발전하기 위해서는 일본 자본가의 투자를 기대할 수밖에 없으므로 당국의 약간의 실책을 묵인하고 이를 경성 발전의 계기로 삼자며 도로 2선을 신설하는 원안에 찬성했다. 이에 대해 김사연은 원안에 대해 부가 취한 조치는 부적절하므로 도로 2선을 1선으로 수정할 것을 주장했다. 나리마쯔는 김사연의 수정안에 찬성하고 이승우가 부의 참된 이익을 위하고 부의 입장을 고려해서 부의 원안을 인정한다고 하자, 한만희는 도로 2선을 신설하기 위해 9만 9천여원의 예산을 추가하는 것은 당국의 실책으로 부민의 이익을 무시하는 행위라며 계약을 파기할 것을 주장했다. 이어 데라오가 부의 입장을 고려하자며 찬성을 촉구하자, 김사연이 데라오의 찬성론을 반박하고 치열하게 논쟁했다. 이 때 찬성론자인 오무라가 갑자기 안건을 승인하는 데에는 당국의 반성이 필요하다며 원안 채결을 일시 보류할 것을 주장했다. 그리고 그는 부에 대한 감독관청의 책임을 묻고 원안 처리에 대한 부의 불합리를 지탄하며 금후의 주의를 환기시키기 위해서 다음과 같은 '결의'를 만장일치로 가결할 것을 제안했다.[161]

---

160 『京城日報』, 1929년 4월 6일, 2면;『京城日報』, 1929년 4월 20일, 2면;『매일신보』, 1929년 4월 21일, 1면;『조선일보』, 1929년 4월 20일, 석간 5면. 한편, 의장을 겸한 부윤 마쓰이 후사지로(松井房治郎)가 요양 차 일본에 체재하고 있었기 때문이 내무과장 요시무라가 의장을 대리하고 있었다.

161 위와 같음.

결의안

경성부협의회는 신당리의 부유토지 매각에 관하여 경성부당국과 시마 도크조씨와의 사이에 체결된 계약을 유감으로 알고 이의 선후 처리에 대해서 감독관청의 반성을 요구한다.[162]

이 결의안은 하급기관에 대한 상급관청의 관리 소홀을 지적한 것으로 자문기관으로서 행정부를 견제할 수단이 극히 제한된 상황에서 부당국에 대한 실질적인 불신임을 표시한 것이었다.

이케다와 안도 두 의원이 자문안건 이외의 「결의」는 어렵다고 주의를 주었지만 다수 의원이 「결의」는 자유의사의 표시이므로 괜찮다고 소리쳐 논의가 분분한 가운데 의장이 오무라의 동의 채결을 선언했다. 그 결과 이케다, 이동선李東善, 이인용李仁用, 김사연, 한만희, 나리마쯔, 고바야시, 오무라 등 8명의 의원이 기립해 찬성을 표시했다. 한편 이날 출석의원은 16명으로 찬부 동수가 되어 의장의 재량에 의해 결의 및 보류를 결정하게 되었는데 의장이 주저없이 찬성표를 던져 마침내 「결의」가 성립하고 보류가 결정되었다.[163] 이에 부협의원들은 부협의회가 자문기관이라는 이유로 감독관청에서 만일 결의문을 수령하지 않으면 총사직할 것을 다짐했다.[164] 여기서 왜 의장이 찬성표를 던졌는지를 알려주는 자료는 발견할 수 없으나 후에 부당국이 당황해 하는 모습을 볼 때 순식간에 일어난 일이고 부결시킬 경우 부협의회가

162 『京城日報』, 1929년 4월 20일, 2면; 『매일신보』, 1929년 4월 21일, 1면.
163 위와 같음.
164 『매일신보』, 1929년 4월 21일, 1면.

더 크게 반발할 것을 우려했기 때문이라고 생각된다.

한편, 부협의회의 상급관청의 책임을 묻는 결의안 채택에 놀란 부당국은 4월 27일 부협의회 간담회를 개최했다. 간담회는 일반인의 방청을 금지하고 요시무라와 그레玖 두 이사관과 부협의원 사이에「격의 없이」진행되었다. 그 결과 부협의원이 상급관청에 대해서 결의안을 채택한 데 대해서 진사하고 앞으로 그러한 불상사가 일어나는 것을 피하기 위해서 지사의「배려」를 요청하기로 결정했다. 그리고 부협의원 전원이 경기도의 지사 와타나베 시노브渡邊忍와 내무부장 세키미즈 다케시關水武를 방문함으로써 결의안 채택 문제는 일단락되었다.[165] 이 부분에 대한 자세한 자료는 찾을 수 없으나, 아마도 자문기관의 범위를 넘어선 월권행위에 대한 도당국으로부터의 상당한 압력이 작용했고 부협의원의 도 방문도 사과의 형태였을 것이다.

4월 30일 도로축조안을 결정하기 위해 부협의회 회의가 19명의 의원이 참석한 가운데 또 다시 열려 보류 중인 제31호 의안인 9만 9천 4백 4십 원으로 도로 2선 을 축조하는 건의 제2독회가 상정되었다. 4월 19일 회의에서와 마찬가지로 아래와 같이 첨예한 의견 대립이 계속되었다.[166]

안도는 이 안건은 이미 논의를 마쳤으며 정식 계약을 파기하는 일은 부에 엄청난 불이익을 초래한다며 찬성론을 주장했다. 이에 나리마쯔가 찬성론을 반박하고 자신이 작성한 수정안을 배포하며 수정안 심의를 요구했다. 그는 원안에는 도로축조에 필요한 용지 매수비

---

165 『京城日報』, 1929년 4월 28일, 2면.
166 『京城日報』, 1929년 5월 1일, 2면;『동아일보』, 1929년 5월 2일, 2면.

를 계상하지 않았음을 지적하고 그것을 합치면 14만 8천 7백 76원으로 5만원이 증액되기 때문에 심의하기 어렵다며 원안 수정을 주장했다.[167] 이어 김사연이 도로를 9만원에 만들 건 14만원에 만들 건 원안에 절대 반대한다고 하자 한만희도 김사연의 주장에 찬성을 표시했다. 이에 대해 데라오는 원안에 관한 논의는 이미 끝났으며 지금 계약을 파기하는 것은 불가능하다며 원안을 지지했다. 그리고 중간파인 오무라도 계약파기에 따른 손해배상이 부의 불이익을 초래한다며 원안 승인 의사를 밝혔다.

이에 나리마쯔가 다시 반박하려 하자 의장은 그에게 발언권을 주지 않고 논의를 다했으므로 토의를 종결하고 자문안을 채결하자고 제안했다. 그러나 나리마쯔가 의장의 제안을 거부하고 의장, 의장 외치며 집요하게 발언권을 요구했다. 그럼에도 의장이 거듭 회의 종결 의사를 표시하자, 나리마쯔는 의장의 요구에 응하지 않고 '발언을 허락하지 않으면 퇴장한다'고 경고했다. 이에 한만희과 후지무라도 나리마쯔에 가담하자 이들 세 명을 필두로 예종석芮宗錫·이인용·김사연·이동선 등 반대파 7명은 의장의 태도가 고압적이며 횡포라고 비난하며 퇴장하여 정족수 부족으로 의장은 오후 3시 40분에 휴회를 선언했다. 휴회 중에 의장과 이사관 다카하시가 부협의원들과 간담해서 4시에 회의를 재개했다. 그러나 나리마쯔와 후지무라 두 의원이 흥분

---

[167] 그가 배포한 수정안은 이 자료에서는 알 수 없으나 19일 회의에서 1선 수정안을 주장하고 있어 1선 축조안으로 생각된다. 한편, 이때 이케다가 용지매수비에 대한 부의 답변을 요구하자, 토목과장 이와키(岩城)는 용지매수비를 계상하지 않은 것은 사실이라며, 도로 신설 때의 관례에 따르면 토지개발에 따른 지가의 앙등을 예상하고 지주가 토지를 기부하기 때문에 매수비는 계상하지 않는다며, 만일 그 예산으로 부족하게 되면 다시 논의하겠다고 답변했다. 이러한 '자신 없는 말'에 실망한 안도는 찬성론을 보류했다.

을 가라앉히지 못하고 담배연기를 뿜어대며 회의 참석을 거부하다가 15분이 지나 입장해서 겨우 회의가 속개되었다.

고바야시가 논의를 종결하고 채결할 것을 다시 제안하자, 나리마쯔와 한만희 두 의원이 발언을 요구해 나리마쯔가 오랜 시간 강경 주장을 반복하고 또한 한만희도 이에 질세라 장시간 고바야시의 찬성론을 공박했다. 이에 항의해 원안 찬성파인 데라오와 고바야시 의원 등이 '천천히 얘기하세요'라며 퇴장하여 회의는 정족수 부족으로 산회했다.

그 후 경성부는 반대파의원을 방문하여 무마와 회유, 권고와 애원 등으로 그들의 협력을 얻어 부의 원안을 통과시키려고 회의 참석을 권유하여 5월 3일에 재차 부협의회 회의를 소집했다.[168] 그러나 찬성파 몇 사람만 출석하고 반대파는 연명으로 '사정에 의해 결석함'을 서면 통고하고 그림자도 보이지 않았다. 결국 12명만이 회의에 출석해 회의에 필요한 정족수인 15명에 미달되어 그만 휴회하고 말았다.[169]

반대파 부협의원의 사직

1929년 5월 6일 부당국은 자문안을 반드시 통과시키려고 부협의회 본회의를 개최했다. 부민의 관심을 반영하듯 많은 방청객이 응집한 가

---

[168] 『동아일보』, 1929년 5월 3일, 2면; 『동아일보』, 1929년 5월 8일, 2면 참조.
[169] 『동아일보』, 1929년 5월 4일, 2면; 『京城日報』, 1929년 5월 4일, 2면. 부협의원이 마노 전 부윤의 '눈물의 사과'를 받아들였으나, 나중에 그가 어떤 자리에서 자신의 눈물은 '정책상의 눈물이다'라고 발언하고 토지 매매에서 중간역할을 한 방규환에게 사직을 요구했다. 이에 부협의원들이 격양하여 부의 원안에 대한 반대론이 확산되는 계기가 되었다(『동아일보』, 1929년 3월 27일, 2면; 『동아일보』, 1929년 5월 8일, 2면).

운데 먼저 찬성파가 회의장에 착석했다. 이를 저지하기 위해 반대파는 전날 밤 요정에서 대책을 협의해 수정안을 제출하기로 결정했다. 반대파가 얼굴에 '살기'를 품고 회의장에 들어와 총 22명이 참석하여 정족수를 훨씬 넘는 수로 회의가 개회되었다. 긴장한 분위기 속에서 의장이 31호 의안 2독회를 상정하자, 후지무라가 부의 안은 실행이 불가능하다며, '31호 의안 중 신당리 지내 노선에 도로 용지 매수비를 계상하지 않는 것은 불합리하므로 부는 적절하게 수정한 후 자문할 것을 요구한다'는 수정 동의를 반대파 9명의 연명으로 제출했다.[170] 즉 반대파 의원들은 부가 세입출 추가예산 중에서 토목비로 9만 9,460원을 편성했는데, 이 중 장충단에서 신당리에 이르는 도로 연장을 위해 사무비와 공사비와 함께 용지매수비로 1만 8백 2십 4원을 계상해 놓고 신당리 지내地內 도로 연장비에는 사무비와 공사비만을 계상하고 용지매수비를 계상하지 않은 것은 불합리하기 때문에 용지비를 전부 삭제하든지 아니면 용지매수비를 모두 계상하든지 수정하여 자문할 것을 요구한 것이다.[171]

이는 지금까지 반대파가 주장한 1선 신설, 2선 신설 비용 10만원 예산 편성 반대 등에서 약간 벗어나 용지매수비를 계상하지 않은 것을 문제 삼은 것으로 원안 찬성파가 주장하는 대로 반대파가 부당국이 제출한 자문안에 불응返上하기 위한 전략이었다. 이에 회의장의 분위기가 딱딱해지고 방청석이 쥐죽은 듯 조용해졌다. 이에 원안 반대파인 한만희가 먼저 장황하게 수정안에 대한 찬성의견을 말하고, 이어 나

---

[170] 『京城日報』, 1929년 5월 7일, 2면; 『동아일보』, 1929년 5월 8일, 2면; 『조선일보』, 1929년 5월 8일.
[171] 「성명서」『동아일보』, 1929년 5월 8, 9일, 2면; 『京城日報』, 1929년 5월 8일, 2면.

리마쯔가 독을 품은 빈정거리는 말투로 의장에게 독살스럽게 장시간 질문을 퍼부어 동의안에 대한 협력을 당부했다. 이에 대해 찬성파인 오무라는 그간의 반대파의 집단퇴장, 집단결석, 의사진행 방해 행위 등을 정파정당의 싸움이라고 비판했다. 이 또한 앞에서 살펴본 경남 도평의회의 '예산안 반상 사건'을 예로 들어 당국에 반대하는 조선인 의원이 도당을 지어가지고 비판적 행동을 취하고 있으며 '신당리 토지 문제'에서도 부당국의 원안을 반대하는 의원의 대부분이 조선인이라며 유감을 표시했다. 그리고 다수가 결탁하여 연몌 퇴장하고 결석하여 의사진행을 저지하는 행동은 '좌경적 사상의 침윤'을 입증한다고 주장했다.[172]

이와 같이 반대파는 조선인과 일본인이 연계하여 부의 정책에 대해 반대한 것이었다. 이는 이미 선행연구가 지적하고 있는 바와 같이 조선의 정치과정에서 일본인과 조선인은 대립뿐만 아니라 협력도 행하고 있었음을 보여준다.[173] 그러나 여전히 일본인과 조선인을 구분해서 특히 조선인의 반대에만 주목하는 시선이 일본인 부협의원 사이에 존재하고 있었다.

이에 반대파인 나리마쯔가 말꼬리를 잡아 반격에 나섰다. 그는 부협의원의 지위를 이용하여 추악한 사리를 도모하는 몇몇 어용의원과 달리 자신들은 개인의 이해를 도외시하고 오직 부민을 위한 충정에서

---

[172] 『京城日報』, 1929년 5월 7일, 2면;『동아일보』, 1929년 5월 8일, 2면;『조선일보』, 1929년 5월 8일.
[173] 김제정, 앞의 논문; 山田じゅん, 「植民地朝鮮における同化政策と在朝日本人－同民会を事例として」『朝鮮史研究会論文集』第41集, 東京: 綠蔭書房, 2003年; 李昇燁, 「全鮮公職者大會: 1924-1930」『二十世紀研究』第4号, 京都: 2003年; 홍승권, 앞의 책, 418-425쪽; 기유정, 『일본인 식민사회의 정치활동과 '조선주의'에 관한 연구』, 서울대학교대학원 박사학위논문, 2011년, 108-111쪽.

남의 미움을 받으면서도 불합리한 자문에 응하지 않는다고 주장했다. 그리고 오무라가 의원 중에 불령선인이 있는 것같이 말하고 당국의 말에 맹종하지 않는 의원들을 전부 적화한 사람같이 취급한다고 비판하고 자신들은 부민의 이익을 위해 불합리한 부당국의 예산안을 공격한다고 주장했다. 이어 한만희는 오무라의 불령선인 발언을 '폭언'으로 간주하고 이러한 발언을 제지하지 않은 의장의 책임을 힐난했다. 이에 의장은 '언론 존중의 의미'로서 발언을 허락했다고 답변하는 등 격렬한 논의가 계속되자 김사연은 토론을 종료하자고 제안했다. 동의의 찬부를 채결한 결과 동의 찬성은 9명에 그쳐 원안반대파가 제출한 수정안은 통과되지 않았다.[174]

동의에 대한 채결이 끝난 후 휴회 시간을 갖고 회의가 재개되자 찬성파인 고바야시가 토의 종료를 제안하고 부당국의 자문안 제31조 원안에 대한 동의를 제출해 채결이 이루어졌다. 채결 결과 13대 9로, 반대파 9명을 제외한 다수가 찬성함으로써 도로 축조를 위한 9만 9,440원의 예산안이 가결되었다. 의장은 원안이 성립되었으므로 부는 성심성의껏 예산 내에서 도로를 축조하겠다고 인사한 후 산회를 선언했다.[175]

회의가 끝난 후 반대파 9명 – 한만희·김사연·이동선·이인용·예종석·정완규鄭完圭·박영근朴榮根·나리마쯔·후지무라 – 은 부윤응접실에 모여서 대책을 협의한 결과 연몌 사직하기로 결정하고 이사관에게 사직서를 제출했다. 그리고 아래와 같은 사직이유서를 발표했다.

---

[174] 『京城日報』, 1929년 5월 7일, 2면;『동아일보』, 1929년 5월 8일, 2면;『조선일보』, 1929년 5월 8일.
[175] 위와 같음.

사직이유

자문안 제31호 추가예산은 그 근본이 그릇되어 자문에 응할 수 없는 것이나 은인자중(隱忍自重, 밖으로 드러내지 않고 속으로 참고 견디며 몸가짐을 신중히 함)하여 그 심의에 참여했다. 그러나 아직 그 내용에 불합리한 점이 있음을 인정하고 본원 등은 재삼 부당국의 반성을 촉구하고 또한 수정을 요구하였음에도 불구하고 추호도 반성하는 바가 없이 원안만을 고집하여 끝내 이를 통과시켰으니 이러한 당국 밑에서는 협의회원의 직책을 완전히 할 수 없음으로 이에 사직한다.[176]

사직 의원들은 자신들의 의견이 부당국으로부터 완전히 무시당해 부당국을 견제하는 의원으로서의 역할이 저지당한 것을 주된 사직 이유로 들고 있다.

당시 부협의회는 결원이 4명이고 가와이河合治三郞가 실제 출석이 불가능한 상태였기 때문에 9명이 사직하면 의원 정족수가 부족하게 되는 상태였다. 이에 사직 의원들은 보궐선거를 통해 재신임을 받으려한다는 추측이 나도는 가운데 부윤이 사직서를 수리할 지에 이목이 집중되었다.[177]

5월 7일 사직 의원들은 부위원회실에서 모여 신당리 부유지 매각 문제의 경위에 대해 성명서를 발표했다. 성명서에서 의원들은 자신들이 부당국의 원안을 수정해서 자문할 것을 요구했음에도 부당국은 3개월 동안 어떤 대책도 강구하지 않았다며 부당국의 무성의를 비난

---

[176] 『동아일보』, 1929년 5월 8일, 2면; 『조선일보』, 1929년 5월 8일.
[177] 『京城日報』, 1929년 5월 7일, 2면.

했다. 이에 자신들은 보류와 퇴장, 결석 같은 행동을 감행하면서도 부당국의 성의를 기대했으나 부당국은 이를 무시하고 어떤 수단이나 방법을 논의하지도 않고 원안을 통과시켰다고 주장했다. 그리고 다음과 같은 수정안을 받아들일 것을 다시 한 번 촉구했다.[178]

① 부이사 또는 감독관청으로부터 시마씨에 대하여 수정에 의한 1노선만을 축조하자는 승낙을 구할 것.
② 시마 씨가 원안과 같이 2노선의 축조를 희망할 때에는 동씨에 대하여 상당한 기부를 구할 것.
③ 원안에 의한 2노선 축조를 꼭 하여야 할 때에는 감독관청에 대하여 상당한 보조를 요구할 것.
④ 신당리 지내 도로 축조를 하여야 될 때에는 미리 관계지주에 대하여 도로 용지 기부 교섭을 할 것.
⑤ 1항 내지 4항의 실행이 곤란할 때에는 이사자 또는 감독관청으로부터 시마씨에 대하여 계약 원만 해제를 교섭할 것

부의 원안에 반대하는 부협의원은 기본적으로 1선 신설을 주장하고 2선 신설의 경우 시마나 상급관청의 기부를 통해 신당리 지내 도로의 경우는 지주의 기부를 통해 부민에게 부담을 지우지 않은 조건에서 도로 신설을 용인한 것이었다. 그렇지 않을 경우 계약 해지를 주장한 것이다.

한편, 반대파 9명은 이전에 특별히 정치적 행동을 함께한 흔적은

---

[178] 『동아일보』, 1929년 5월 8, 9일, 2면; 『京城日報』, 1929년 5월 8일, 2면.

발견할 수 없다. 다만, 눈에 띄는 특징은 이들은 전원 1926년 선거에서 당선되었는데 예종석을 제외하고 나머지는 모두 초선의원이었다는 점이다. 또한 1929년 선거에서 출마한 사람 중 예종석만 낙선하고 일본인 두 명(후지무라·나리마쯔)을 비롯해 조선인 세 명(이인용·한만희·김사연) 총 5명이 모두 재선에 성공했다. 아마도 초선의원으로서 차기 선거를 앞두고 재선을 위해 유권자에게 강하게 어필하려 했을지도 모른다.[179]

부윤의 사과와 부협의원의 사직 철회

9명의 연명 사직서를 받은 부당국은 '창황망조(蒼黃罔措, 어찌할 바를 모를 정도로 너무 급함)'하며 5월 8일 일본에서 부윤 마쓰이가 돌아올 때까지 사직서를 일단 보류했다. 실제 경성부는 사직서를 수리할 수 없는 상황이었다. 왜냐하면 앞에서 말한 대로 만약 사직서를 수리하면 정족수 부족으로 10월 부협의원 개선 때까지 협의회가 성립하지 않고, 즉시 보궐선거를 하다라도 6,000~7,000원의 선거비용은 고사하고 대대적으로 선거인 명부를 작성하는 데에도 최소한 2개월이 걸려 부협의회는 그 때까지 휴회할 수밖에 없어 장기간 부정 운영의 공백이 불가피했기 때문이다.[180]

---

[179] 『京城日報』, 1926년 11월 21일; 『조선일보』, 1926년 11월 21일; 『京城日報』, 1929년 11월 21일.
[180] 『조선일보』, 1929년 5월 8일; 『京城日報』, 1929년 5월 8, 9일, 2면. 당시 부당국의 주요 현안은 수익세와 호별세, 마노 전 부윤의 위로금 7,000원 등이었다. 또한 당시 부제시행규칙 제3조 4항은 정수 3분의 1을 결하면 즉시 보궐선거를 실시하도록 규

이와 같이 부당국이 사직서 처리를 놓고 진퇴유곡에 처했을 때 사직 의원들은 사건의 진상을 그들을 선출한 유권자를 비롯한 일반 4십만 부민에게 알리고 부당한 부당국의 행정을 규탄하고자 5월 8일 부민대회 개최 허가서를 경찰당국에 제출했다. 그러나 경기도 경찰부는 대회를 일체 금지했다. 그 이유는 이미 성명서 등에 의하여 사건의 진상을 알렸고 정치 비판을 목적으로 하는 집회는 허가할 수 없다는 것이었다.[181] 부협의원들이 장외투쟁에 나서면 협의회 운영이 마비되고 부당국에 대한 일반시민들의 비난이 확대되는 것을 부당국은 두려워한 것이다.

벳푸別府에서 요양 중이던 부윤 마쯔이가 경성을 떠난 지 2개월만인 5월 8일 열차로 경성에 돌아왔다. 내무과장 요시무라 등 200여 명이 맞이하는 가운데 도착한 부윤은 부협의원 9명의 사직에 관해 임기도 조금 남아있고 거의 예가 없는 일이므로 어떻게든 원만하게 해결하고 싶다고 말했다.[182] 도착 이튿날에는 관사로 내무과장을 불러 협의했다.[183] 그리고 5월 11일 부윤이 사직 의원들에게 정식으로 회담을 제안했다. 부윤은 사직 의원들을 배려하여 적당한 장소와 기일을 통지하여 주기를 바란다는 서찰을 보냈다. 이에 사직 의원들은 바로 태도를 결정하지 못하고 13일에 시민대회를 개최하기로 내정하고 제반 준비를 진행하면서,[184] 12일 부윤과의 회담 여부를 협의한 후 13일 오

정했다.
181 『조선일보』 1929년 5월 10일, 석간 2면; 『동아일보』, 1929년 5월 10일, 2면.
182 『京城日報』, 1929년 5월 9일, 2면.
183 『京城日報』, 1929년 5월 10일, 2면.
184 『조선일보』, 1929년 5월 12일, 석간 2면.

후 1시에 조선호텔에서 부윤 한 사람만 만나겠다는 회답을 보냈다.[185]

13일 장소를 부청으로 바꿔 부윤 한 사람과 사직 의원 9명이 문을 굳게 잠근 채 장시간에 걸쳐 간담회를 가졌다. 이 자리에서 부윤은 그간의 경과에 대해 미안함을 전하고 사과하며 원만히 해결할 것을 당부했다. 그러나 구체적인 결론을 내리지 못하고 다음 회담을 예정하고 헤어졌다.[186]

5월 15일 제1차 회담과 마찬가지로 사직 의원 전원과 부윤만이 부청에서 제2차 회담을 가졌다. 사직 의원들은 부윤의 성의 있는 태도를 인정하고 부윤도 사직 의원들의 주장에 귀를 기울여 서로 허심탄회하게 5시간에 걸쳐 회의가 진행되었다. 부윤이 과거의 일은 모두 잘못되었으니 용서해 달라며 '신당리 토지 문제'는 본회의에서 통과된 1노선의 원안 예산안 9만 9,440원만으로 부민의 추가 부담 없이 2개의 도로를 완성시키겠다며 '천만 안심'하고 사표를 철회하여 달라고 간절히 부탁하자 부협의원들도 긍정적으로 받아들여 17일 제3차 회담에서 태도를 정하기로 했다.[187]

5월 17일 예정대로 제3차 회담이 열려 부윤이 부정의 원만한 진행을 위해 9명의 사직 철회를 요청하고 이에 대해 의원들이 각자의 의견을 개진해 결국 양자의 원만한 양해가 이루어졌다. 부윤이 9명에게 사직서를 직접 돌려줌으로써 사직서가 정식으로 철회되었다.[188] 다음

---

[185] 『京城日報』, 1929년 5월 13일, 석간 1면;『동아일보』, 1929년 5월 13일, 2면.
[186] 『조선일보』, 1929년 5월 15일, 석간 2면;『동아일보』, 1929년 5월 15일, 2면;『京城日報』, 1929년 5월 14일, 1면.
[187] 『京城日報』, 1929년 5월 16일, 2면;『조선일보』, 1929년 5월 17일, 석간 2면.
[188] 『京城日報』, 1929년 5월 18일, 2면, 석간 1면.

날인 5월 18일 사직 의원 9명은 그 동안의 경과를 설명하는 사직 철회 성명서를 발표했다.[189] 이로써 수개월 동안 계속된 부당국과 부협의회 간의 토지문제를 둘러싼 갈등이 해결되었다. 문제가 장기화되어 더 이상 부협의회 운영이 지연될 경우 그 책임을 서로 피하기 위해 추가 부담 없이 공사를 진행한다는 선에서 양자 모두 명분을 찾고 타협한 것이다.

그 후 경성부는 토지대금 46만원 중 이미 받은 23만을 뺀 잔금 23만 원을 시마로부터 받기 위해서 매수한 토지 안에 도로 2선 신설 공사에 착수했다. 그러나 시마는 도로공사에 착수하면 잔금을 치른다고 해놓고 공사가 거의 준공에 가까워진 다음해 30년 1월까지 한 푼도 보내주지 않았다. 이에 초조해진 부윤은 박람회 인사차로 일본에 간 길에 오사카에 들러 시마를 만나려고 했다. 그러나 시마는 배임을 비롯하여 여러 가지 죄가 탄로나 갑자기 형무소에 수감되어 면회도 못하고 잔금도 받지 못해 경성부는 부채상각 등 예산 운영에 큰 차질이 생겼다.[190]

1931년 1월 27일 마침내 이전등기 완료와 잔금 수수로 '3대 부윤'에 걸친 '신당리 토지 문제'는 종결되었다. 수수한 잔금은 그대로 부가 조선은행에 진 채무와 상쇄되어 실상 부의 수입은 되지 않았다.[191] 시마는 아마도 도로 2선 공사가 완전히 끝나자 주택 경영을 본격화하기 위해 잔금을 갚은 듯하다. 매수를 완료한 날로부터 겨우 3, 4개월

---

[189] 『京城日報』, 1929년 5월 19일, 3면.
[190] 『동아일보』, 1929년 12월 3일, 6일, 2면.
[191] 『동아일보』, 1931년 1월 28일, 2면 ; 『조선일보』, 1931년 1월 28일, 석간 2면.

이 지난 1931년 4월 원가에 비해서 약 9배가 되는 374만 원에 토지를 방매했다. 당시 경성부 교외의 '이상적 주택지'로 탈바꿈한 신당리 토지는 시가로 한 평에 8원에서 25원까지의 가격이 형성되었고 이미 80호 가량의 주택이 건축되었다.[192] 같은 해 8월, 시마는 약 700호의 주택 건설 계획을 방규환을 내세워 진행했다.[193]

1929년 경성부협의회의 '신당리 토지 문제'는 부당국이 신당리 일대의 부소유지를 일본인에게 매각하는 과정에서 자문기관인 부협의회에 충분한 계약 내용을 알려주지 않고 예산을 편성한 데 대해 부협의원들이 부민의 과중한 부담과 부협의회 무시 등을 이유로 반발해 관련 예산안을 거부하고 수정안을 제출하면서 발단했다. 이에 대해 계약 체결 당시의 부윤이 해명하고 부당국이 계약 재협상을 시도했으나 그것이 결렬되자 부협의회 내에서 찬반세력이 첨예하게 대립하여 반대파 의원이 사직하기에 이르렀다. 결국 부윤이 사직 의원들에게 사과하고 그들이 사직을 철회함으로써 사건은 마무리되었다.

이러한 일련의 사건 전개는 조선에서의 부협의회의 정치적 전개의 일면을 잘 보여준다. 그것은 바로 부협의회가 자문기관으로서 많은 한계를 가지고 있었지만 집행기관인 부당국에 대해 일방적으로 협력만 한 것이 아니라 때로는 지역주민의 이익을 내세우며 부당국과 대립과 갈등의 관계에도 있었다는 것을 보여주는 것이다. 물론 이러한 사건은 '경성부협의회를 설치한 이래로 처음 보는 분규'[194] 라는 언론 보

---

[192] 『조선일보』, 1931년 4월 21일, 석간 2면.
[193] 『조선일보』, 1931년 8월 15일, 석간 2면.
[194] 『동아일보』, 1929년 5월 8일, 2면.

도와 같이 빈번하게 일어나지는 않았다. 그러나 이러한 갈등과 대립이 부협의회의 정치적 전개과정에서 겉으로 드러나기 어려운 구조였지만 늘 잠재하고 있어 언제든 일어날 수 있었던 것이 지방 정치의 실제였다. 이는 또한 일제의 난점을 보여주는 것이다. 즉 절대적인 협력을 기대했던 세력이 지배 자체를 부인하지는 않았더라도 개별 정책에 대해서는 언제든 반대할 수 있었기에 불안정한 지배가 지속되었던 것이다.

제5장

부산부회의
'조선인 의원 총사직 사건'

부산부회의 '조선인 의원 총사직 사건'은 1934년 부산부회에서 예산안을 심의하던 중 조선인 의원들이 교통, 위생, 세탁, 생명 등과 관련된 부문에서 조선인에게 행해진 차별 철폐와 조선인의 이익 관철을 요구한 데 대해 부당국과 일본인 의원들이 거절하자 그에 반발해서 전원 사직했다가 사직을 철회한 일이다.

이에 관해서는 최근 홍순권이 '1930년대 부산부회의 운영 방식과 성격, 그리고 일제 식민지 하 지방자치의 성격을 가장 상징적으로 드러낸 사건'으로서 간략히 그러나 매우 예리하게 분석하고 있다. 그는 이 사건을 '부회 운영을 둘러싼 정치세력 간의 갈등과 정치행태'의 관점에서 '조선인과 일본인 의원 간의 협력과 갈등'의 한 사례로 들고 있다.[195] 필자도 홍순권의 연구로부터 많은 교시를 받았다.

특히 이 사건을 좀 더 심층적으로 연구하게 된 이유는 당시의 부산부윤(부산부회의장)이 사건의 경과를 직접 기록한 문서가 남아있기 때

---

[195] 홍순권, 앞의 책, 422-425쪽.

문이다. 필자가 아는 한 아마도 식민지기에 지방단체장이 직접 사건과 관련하여 남긴 기록은 매우 드물다. 1934년 4월 11일 사직의원들과 회담하고 그들이 사직을 철회하자 같은 달 24일 부산부윤 오시마 료시大島良士가 총독부 내무국장 우시지마 쇼조牛島省三 앞으로 사건 경과를 보고한「[조]선인 의원에 관한 건(鮮人議員ニ関スル件)」[196]이 그것이다.

조선인 의원의 조선인 이익 관철 요구

1931년 5월에 개정된 부제에 의해 처음 실시된 부산부회 선거는 1920년대 부협의회 선거에 비해 여러 면에서 달랐다. 첫째, 유권자가 급증했다. 총 7,305명으로 이중 조선인이 1,691명, 일본인이 5,614명이었다. 이는 1929년 부협의회 선거 때보다 거의 3배가 늘어난 수치이다. 그 이유는 앞에서 말한 대로 개정 부제에서 부세의 개념이 확대되었기 때문이다. 즉 조선인에게는 종래의 학교비 부과금에 일본인에게는 종전의 학교조합비에 상당하는 납세액을 각각 부세에 가산하고 종전의 호별세 외에 지세부가세, 소득부가세 등 일부 세액이 새로 부세에 포함되었다.

둘째, 전체 부회의원 정원과 조선인 입후보자 및 당선자 수가 늘어났다. 우선 정원은 3명이 더해져 33명이었다. 개정 부제에 의하

---

[196]「鮮人議員ニ関スル件」(1934년, 국가기록원 조선총독부기록물 지방행정, CJA0003055-0026897269), 이하「鮮人議員ニ関スル件」.

면 인구 10만 명 이상인 부회의 정원은 33명이고 5만 명을 초과할 때마다 정원 3명을 더하도록 했는데 부산부는 1930년 말 13만 명을 넘어섰다. 다음에 조선인 입후보자가 15명으로 대폭 증가했다. 1926년 부협의회 선거에서는 4명, 1929년 선거에서는 6명이 각각 입후보했다. 선거 결과 조선인 의원 9명(27.3%)과 일본인 의원 24명(72.7%)이 당선되었다. 이는 조선인 의원 비율이 평균 10%에도 미치지 못했던 1920년대의 부협의회 때에 비해 크게 개선된 것이었다. 그 이유는 조선인과 일본인 중 어느 한 쪽도 전체의원 중 1/4 이하가 될 수 없도록 규정한 개정 부제에 의해 115표를 얻은 일본인 입후보자가 낙선하고 그보다 적은 105표를 얻은 김준석金準錫 등 조선인 입후보자 5명이 당선되었기 때문이다.[197]

셋째, 선거 열기가 이전에 비해 가열되었다. 이는 앞에서 말한 첫째와 둘째의 변화와 더불어 부회가 자문기관에서 의결기관으로 권한이 강화되고 일본인 후보를 중심으로 1920년대 전기부영화 문제를 둘러싸고 형성된 파벌 간의 대립과 갈등이 여전히 남아있었기 때문이다.[198]

이처럼 부산부회 선거에서 전체 선거권자와 조선인 입후보자 및 당선자 수가 늘어나고 부회가 자문기관에서 의결기관으로 바뀌자 조선인 의원들은 조선인의 이익을 관철할 수 있는 가능성이 커졌다고 판단했다. 또한 그에 대한 조선인 사회의 기대도 높아졌다. 이에 조선인 의원들은 적극 움직이기 시작했고 마침내 '조선인 의원 총사직 사건'

[197] 홍순권, 앞의 책, 354, 358, 394-395쪽.
[198] 홍순권, 앞의 책, 395쪽.

으로 치달은 것이다.

1934년도 부산부 세출입 예산안을 심의하기 위한 부회 회의는 같은 해 3월 27일부터 5일간의 일정으로 개최되었다.[199] 오후 2시부터 시작된 첫 회의에는 정원 33명 중 31명의 의원이 참석했다. 의장인 부산부윤 오시마가 개회를 선언하고 예산편성방침 및 시정방침에 관해 밝혔다. 이어 의안 제14호부터 제26호까지를 상정하고 제1독회에 들어갔는데, 의장은 모든 의안이 서로 관련되어 있으므로 일괄 부의하기로 하고 곧바로 질의에 들어갔다.[200]

'조선인 의원 총사직 사건'의 개시를 알리는 조선인 의원들의 질문이 시작되었는데 목순구(睦順九)가 그 포문을 열었다. 그는 조선인과 일본인이 다 같은 부산부민임에도 불구하고 둘 사이에 차별적으로 예산이 편성되었다는 점을 지적하고 그 시정을 요구했다.

목순구는 일본인이 다수 거주하는 지역에는 아스팔트포장까지 한 충분한 교통시설이 갖추어져 있는 데 비해, 조선인이 다수 거주하는 소위 '세민부락'(인곡정, 대신정, 영선정 일부와 영주정산리, 대장정, 수정정, 초량정 일대)에는 통행할 도로조차 없어 주민들이 큰 불편을 겪고 있음을 지적하고 세민부락에 간이도로를 개설할 것을 촉구했다. 다음에, 그는 빈민지대에서 오물·분뇨 소제를 하지 않아 여름 전염병이 빈발하여 부민들이 위생상 크게 위협받아 불평하고 있으므로 하수구

---

[199] 『釜山日報』, 1934년 3월 25일, 석간 1면.
[200] 『釜山日報』, 1934년 3월 28일, 석간 1면; 『조선일보』, 1934년 3월 29일, 3면. 한편, 이날 부산부회가 제시한 예산안 총액은 2백 13만 1,320원(경상비 100만 1,687원과 임시비 112만 9,633원)이었으며, 신년도 신규사업은 부립(府立)·순치(順治) 병원 개선비 28만 원, 부청사 개축공사비 30만 원을 비롯해 목도 조선지대 정리공사비, 강마굴 정리공사비, 간선도로 계속 사업비, 도진교 가설비, 도로포장비, 중앙도매시장 설치비 등이었다(『조선일보』, 1934년 3월 29일, 3면).

를 개선하고 오물·분뇨 소제 시설을 설치할 것을 요구했다. 또한 목순구는 조선인과 밀접한 관계가 있는 공동세탁장이 부내에 2개소밖에 갖추어져 있지 않고 매우 불편하다며 2, 3개소 추가 설치를 주장했다.[201]

부당국은 도로개설에 대해서는 즉답을 회피한 채 오물 소제에 대해서는 당시 부당국이 감당할 수 있는 오물 소제는 7할밖에 되지 못하고 나머지 3할은 그대로 버려둘 수밖에 없는 상황이므로 고지대를 포함해 전 지역의 오물을 100% 소제하기 위해서는 거액의 경비가 소요되므로 당장 해결할 수 없다고 애매하게 답변했다.[202]

이에 목순구는 또 다른 조선인에 대한 차별정책으로 고원견산高遠見山 수원지水源池에서의 번견番犬 사용을 들고 폐지할 것을 주장했다. 그는 번견 사용은 동물을 시켜 인간을 해하는 것이므로 근본적 모순이며 더구나 부민들이 반대하는 정책이므로 번견 사용 예산을 폐지하고 그것을 빈민부락의 시설 개선에 충당해야 한다고 주장했다.[203]

---

[201] 『조선일보』, 1934년 3월 29일, 3면; 『조선중앙일보』, 1934년 3월 30일, 5면; 『동아일보』, 1934년 3월 29일, 3면.
[202] 『동아일보』, 1934년 3월 29일, 3면.
[203] 『조선일보』, 1934년 3월 29일, 3면; 『조선중앙일보』, 1934년 3월 30일, 5면; 『동아일보』, 1934년 3월 29일, 3면. 고원견산 수원지는 1902년에 만들어진 근대적인 상수도 시설인데 1931년 8월 2일 오전 9시경 당시 대신정에 사는 최출정이라는 남자가 이곳에서 더위를 식히다가 심장마비로 즉사했다. 오후 6시쯤 시체를 수원지에서 건져냈는데 고원견산 수원지 물을 마시고 있었던 많은 주민들이 무척 찜찜해했다. 이에 부당국은 사고 재발을 방지하기 위해서 수원지에 주민들이 접근하는 것을 막을 목적으로 1933년 사나운 셰퍼드 두 마리를 번견으로 두었는데 이후 고목 등을 구하기 위해 이곳에 가는 주민들을 번견이 심하게 무는 피해가 속출했다. 고원견산은 지금의 엄광산(嚴光山)이다 (최학림, 「[최학림의 근현대 부산 엿보기] 4) 고원견수원지」 『부산일보(Busan. com)』, 2012년 9월 22일, 23면 참조).

이어서 이근용도 세민부락에 도로가 없어 교통이 불편할 뿐 아니라 분뇨를 퍼가지 않아 전염병의 발원지대가 되어 해마다 다수의 희생자가 발생한다며 교통시설과 위생시설을 확충하기 위해 해당 예산을 계상하여 달라고 요구했다.[204]

이처럼 조선인 의원들이 조선인이 다수 거주하는 세민부락의 도로, 위생, 세탁시설, 그리고 번견 사용 문제 등 차별정책에 항의해 예산 재편성을 요구하며 부당국을 압박하자 첫날 회의는 대파란에 휩싸여 오후 5시에 휴회하지 않을 수 없었다.[205]

다음 날 28일 회의에서도 조선인 의원들이 조선인의 입장을 관철하려는 질의를 계속했다. 먼저 김준석은 전날부터 부당국이 성의없이 경비가 없다는 이유만으로 일관되게 답변하고 있는데 조선인 의원들의 요구 사항을 실현하는 데 '대부산'의 재정상 경비 염출이 안 될 리 없다고 주장했다. 이어 그는 ①영주정시장을 신설하고 초량정과 수정정 양 시장을 확장할 계획이 없는가? ②초량정, 수정정, 초장정 방면의 세민부락에 간이도로를 부설할 계획은 없는가? ③번견제도를 그대로 방기하면 결국은 부산의 조선인 전부를 물어죽일 것이므로 이를 폐지할 생각은 없는가? 등에 대해 부당국의 견해를 물었다. 이에 대해 ①에 관해서는 사업주임이 연구 중이라고 답했으며, ②에 관해서는 토목주임이 경비 면에서 실현이 곤란하다고 난색을 표명했다. 그러자 부윤 오시마가 직접 나서 세민부락 간이도로 부설은 부당국이 세민지구설정을 계획중이므로 실현 가능성이 있다고 밝혔다. 그러나 ③에

---

[204] 『조선중앙일보』, 1934년 3월 30일, 5면.
[205] 『동아일보』, 1934년 3월 29일, 3면.

관해서는 구체적인 답변을 회피했다.[206]

당시 조선인 의원 전원은 부산부회가 열릴 때마다 번견제도는 개로써 사람을 형벌하는 나쁜 제도로 10만 조선인 부산부민을 모욕하는 제도이기 때문에 그것을 폐지하고 사람을 사용할 것을 강하게 주장하여왔으나 부회 의원의 절대 다수를 차지하는 일본인 의원들이 응하지 않아 존치되고 있었던 것이다.[207]

이근용李瑾鎔이 다시 번견 문제를 끄집어내어 부당국을 통렬하게 공격했다. 그는 번견으로 하여금 고목을 구하러가는 조선인에게 달려들어 물게 하는 일은 세계에서 유례를 찾아볼 수 없는 죄악이라고 주장하며 야만적 불법 번견제도를 폐지하는 긴급동의를 제안했다. 또한 권인수權仁洙도 번견제도 폐지를 촉구했다.[208]

내무과장 스기야마는 번견제는 원래 부회 의원들이 제안하여 부회에서 결정해서 실시하고 있으므로 우선 의원들의 의견부터 청취하고 난 후에 결정하고자 한다며 당분간 유지할 수밖에 없다고 답변했다. 그러나 조선인 의원들은 만약 이번에도 철폐하지 않고 그대로 둘 것을 다수결로 확정한다면 최후의 각오로 총사직을 결행한다며 29일의 제2독회를 준비했다. 이러한 움직임에 대해 의장은 희망 의견은 제2독회에서 부탁한다며 가볍게 일축했다.[209] 한편, 의장은 예산안 제1독회가 끝나자 제2독회부터는 본회의에서 쉽게 결정하기 위해 전원全員위

---

206 『釜山日報』, 1934년 3월 29일, 3면.
207 『동아일보』, 1934년 3월 30일, 3면.
208 『釜山日報』, 1934년 3월 29일, 3면;『동아일보』, 1934년 3월 30일, 3면.
209 『釜山日報』, 1934년 3월 29일, 3면;『동아일보』, 1934년 3월 30일, 3면.

원회에서 심의하기로 하고 부의장 사카다^{坂田}를 위원장에 선임했다.²¹⁰

부회 부결과 조선인 의원 총사직

1934년 3월 29일 당해 연도 예산안을 심의하는 전원위원회는 첫날부터 '통렬한 질문전'이 전개되어 긴장된 분위기 속에서 진행되었다. 앞의 예산 심의 회의에서 조선인의 이익 관철을 강하게 요구한 목순구는 거듭 부 내 세민부락과 빈민지대에 간이도로를 개설해 부민에게 편의를 제공할 것을 주장했다. 구체적으로 1만원의 공사비를 투입해 넓이 4, 5척 되는 도로를 1934년도부터 계속사업으로서 시작하고 필요한 재원은 예비비에서 지출할 것을 제안하며 공사비를 예산안에 계상할 것을 요구했다. 이에 대해 일본인 의원 마츠오카^{松岡源太郎}와 조선인 의원 김준석이 찬성 의견을 말했다.²¹¹

일본인 의원들이 다른 도로 개설과 관련하여 질의를 마치자,²¹² 목순구는 앞서 제안한 간이도로 신설 공사비 1만 원을 5,000원 삭감하여 5,000원으로 수정한 안을 다시 제시하고 재원은 심의 중인 예산에

---

210 『동아일보』, 1934년 3월 30일, 3면.
211 『釜山日報』, 1934년 3월 30일, 조간 3면; 『동아일보』, 1934년 3월 31일, 2면.
212 먼저 키리오카(桐岡揣雄) 의원은 부산진 소사성터(小西城址)에 이르는 신설도로는 고고가(考古家)에는 편리할지 모르지만 운수, 경제적으로는 가치가 없다고 생각한다며 더 긴급한 도로를 건설할 것을 제안했다. 이에 대해 토목주임은 부산진 지역은 주택구역으로 급속히 발전해왔기 때문에 운수도로로 개설한 것이라고 답변했다. 다음에 야마모토(山本榮吉)는 역전에서 본정, 오정목에 이르는 연결도로 건설비는 전년도에 요구했는데 금년도 예산에 계상되지 않은 이유를 묻자, 내무과장 스기야마는 필요성을 인정하지만 경비 사정상 연내에는 실현할 수 없다고 답변했다(『釜山日報』, 1934년 3월 30일, 조간 3면).

잉여가 발생한 경우 그것으로 충당하고 그렇지 않을 때는 예비비에서 지출할 것을 제안했다. 그러나 내무과장은 부당국이 도로신설 요구에 부응하기 위해 노력하고 있지만 실현을 약속할 수 없으며 예비비에 대해서도 너무 기대하지 않았으면 한다며 사실상 그의 수정안을 거부했다. 이에 목순구를 비롯한 조선인 의원들이 '총 결속'하여 세민지대 및 빈민지대에 간이도로를 신설할 것을 계속 주장했다. 그러나 대부분의 일본인 의원들은 시행될 가능성이 없다고 반대해 장내가 매우 혼란한 가운데 장시간 토론이 이어졌다. 결국 전원위원회는 수습 불가능한 상태에 이르자 의장은 휴회를 선언했다. 휴회 중 의원들은 간담을 거듭하여 간이도로 신설에 관한 요망을 안건으로 채택하고 가부 무기명 투표를 실시했다. 그 결과 가 9, 부 17로 부결되었다.[213]

당시 부산부회의 정원은 33명이었는데 조선인은 겨우 9명이었다. 이 때문에 매년 예산회의 때마다 조선인 의원들이 조선인의 이익 관철을 적극 주장해도 조선인과 관계있는 안건이라는 이유로 부당국이 소극적 태도를 보이고 부회의 다수인 일본인 의원들이 협조하지 않아 다수결로 채택되면 결국 여지없이 부결되었던 것이다. 그럼에도 불구하고 이 때 조선인 의원들이 간이도로 신설 안건을 무기명 투표에 부친 것은 '최후의 책'으로 일본인 의원 내의 파벌 다툼을 이용해 특정 세력과 연계함으로써 통과를 낙관했기 때문이다.[214]

당시 부산부회 내의 일본인 의원의 파벌은 소위 '구기성회계舊期成會系'와 '협화회계協和會系'로 나뉘어져 있었는데 두 파벌 간의 대립은

---

[213] 『釜山日報』, 1934년 3월 30일, 조간 3면;『동아일보』, 1934년 3월 31일, 2면.
[214] 『동아일보』, 1934년 3월 31일, 2면;『동아일보』, 1934년 4월 1일, 2면.

해소되지 않고 오히려 격화되고 있었다. 이에 1934년도 예산부회를 앞두고 수적으로 구기성회계보다 열세인 협화회계가 조선인 의원들과 제휴해서 구기성회계에 맞서기로 하고 수차례 만나 구체적 사항에 관해서 합의했다. 협화회계가 조선인 의원들에게 무엇을 협조 요청했는지는 알 수 없으나, 조선인 의원들은 번견 폐지건과 간이도로 신설건 등의 처리를 협화회계에게 협조 요청하고 암묵적으로 그들의 지지를 받고 있었다. 그런데 조선인 의원들이 제출한 간이도로 신설 건이 부결되었던 것이다. 이에 조선인 의원들은 일본인 의원들이 '냉혹하게도 약속을 위반하여' 그들을 '배신'했다고 생각했다.[215]

다음 날 30일 부회 회의 시작 전 조선인 의원 전원은 부청응접실에서 비밀회의를 열고 부당국의 조선인에 대한 불공정한 정책이 수년 동안 조선인의 불평으로 쌓여왔고 조선인의 이익 관철 요구에 대한 일본인 의원들의 냉정한 태도는 조선인의 존재를 인정해 주지 않는 것이라고 비난했다. 이어 그들은 조선인 10만 부민의 이익을 도모하지 못하는 부회 의원은 허수아비같이 가치없는 자리라며 총사직을 단행하기

---

[215] 『동아일보』, 1934년 4월 1일, 2면; 「鮮人議員ニ関スル件」. 한편, 부산지역 또는 부산부회 내의 파벌이라고 할 수 있는 기성회계와 협화회계는 부산부의 전기부영화 문제를 둘러싸고 형성되기 시작했다. 이 문제는 1922년부터 시작되었는데 당시 조선와전이 운영하고 있던 전기사업을 부산부가 매수하여 공영으로 운영할 것을 주장한 것이다. 이후 1926년 11월 실시된 부협의회 선거에서 전기부영화문제는 가장 중요한 쟁점이 되어 선거 직후인 1927년 6월 부협의회는 전기부영화를 중대자문안으로 만장일치로 가결했다. 기성회계는 이 때 전기부영화기성동맹회를 결성하여 전기부영화운동을 주도적으로 추진한 세력을 말한다. 이에 대해 협화회계는 이른바 전벌파(電閥派) 세력으로 전기부영화가 결국 자신들의 독점적 사업의 포기를 의미했기 때문에 처음부터 전기부영화에 부정적이었다. 그러나 당시 전기부영화운동에 눌려 전기부영화에 동의하지 않을 수 없었다. 이에 그들은 자신들에게 유리한 매각 조건을 내세움으로써 보이지 않는 저항을 시도했다. 한편 1929년 선거에서 전기부영화운동이 한창일 때 전기부영화를 적극 지지하면서 기성회계에 동조했던 조선인 협의회 의원 김장태와 김화일(金和逸) 2명이 협화회계에 가담했다. 이에 대한 자세한 내용은, 홍순권, 앞의 책, 368-375쪽 참조.

로 결정했다. 마침내 정식 회의가 시작되자 김준석이 긴급동의를 제안하고 비장한 표정으로 아래와 같이 사직 이유를 밝혔다. 그리고 김준석, 김영재金永在, 이영언李榮彦, 이근용, 권인수, 김장태金璋泰, 신수갑辛壽甲, 어대성魚大成, 목순구 등 9명의 사표를 일괄해서 참여석에 있는 부윤 앞에 제출했다. 이어 사직 의원들은 일제히 그 자리를 퇴장하고 집으로 돌아갔다.[216]

> 우리 [조]선인 의원은 부회에서 그 존재를 전혀 인정받지 못하고 따라서 희망, 의견 등도 받아들여지지 않는다. 이래서야 의원으로서의 직제(職制)를 완수할 수가 없으므로 우리 [조]선인 의원 9명은 미련 없이 연메(連袂) 사직한다.[217]

김준석 등 조선인 의원들은 자신들이 부민의 절대 다수인 조선인들에게 매우 긴급한 문제들을 부회에서 해결해 줄 것을 요구했음에도 불구하고 부당국과 일본인 의원들은 그것을 들어주지 않았으며 결국 그것은 주민을 대표한 조선인 의원의 의사를 완전히 무시하고 그들의 존재를 부정한 것이므로 총사직을 단행했다고 주장했다.[218]

---

[216] 『釜山日報』, 1934년 3월 31일, 조간 3면; 『동아일보』, 1934년 3월 31일, 2면, 4월 1일 2면; 『조선중앙일보』, 1934년 4월 1일, 5면; 「鮮人議員ニ關スル件」.
[217] 『동아일보』, 1934년 3월 31일, 2면; 『조선중앙일보』, 1934년 4월 1일, 5면.
[218] 『동아일보』, 1934년 3월 31일, 2면; 『조선중앙일보』, 1934년 4월 1일, 5면.

부회 및 부당국의 대응과 조선인 의원의 사직 철회

조선인 의원들의 총사직 직후 향후 대책을 묻는 기자 질문에 부윤 오시마는 '창황망조한 태도로 아직 무엇이라고 할 말이 없소이다'라며 확실한 답변을 피했다.[219] 부회의장은 예기치 못한 총사직 단행에 극도로 긴장되고 아수라장이 되었다. 나머지 일본인 의원들은 '너무 기가 막히는 일'이라며 의사진행발언을 이어갔다. 우선 마츠오카는 조선인 의원들이 사표를 제출한 이유를 알 수 없으나 다년간 책상을 나란히 하고 부정 운영에 매진한 그들이 사표를 제출하고 퇴장한 일은 정말 유감이라고 밝혔다. 이어 그는 일본인 의원만으로 예산 심의를 속행하는 것은 불가하다며 부의장 사카다가 알선에 나서 조선인 의원들에게 사직철회를 부탁해 원만하게 예산 심의를 마치고 자치기관의 사명을 다했으면 한다고 말했다. 이에 대해 사카다, 아쿠다가와·나카무라中村高次·나카지마中島鶴太郎 의원도 각각 의견을 제시하고 대책을 논의했다. 그 결과 조선인 의원들에게 사직 철회를 권고하고 부회 복귀를 권유하기 위해 교섭위원으로 사카다·사이죠西條利八·가미스기上杉古太郎·다케시타竹下·오야大矢音松·고토 등 6명을 선출했다.[220] 교섭위원들은 자동차를 타고 이리저리 사직 의원들의 사택을 방문하는 등 동분서주하며 백방으로 그들에게 사직을 철회하고 부회에 복귀할 것을 권유했다. 그러나 사직 의원들의 완강한 태도는 바뀌지 않았다.[221]

---

[219] 『동아일보』, 1934년 3월 31일, 2면.
[220] 『釜山日報』, 1934년 3월 31일, 조간 3면; 『조선중앙일보』, 1934년 4월 1일, 5면.
[221] 『동아일보』, 1934년 4월 1일, 2면.

총사직 다음 날인 31일에 열린 부회에는 조선인 의원이 단 한 명도 출석하지 않은 채 일본인 의원만이 참석하여 토의를 계속했다.[222] 먼저 고토는 부당국에게 고원견산 수원지에서 문제 많은 번견제도를 없애고 사람을 사용할 생각은 없는지 질문했다. 이에 수도계주임 후지다藤田는 '간곡한 어조'로 수원림을 보호하고 수질을 청결하게 유지하는 데에는 번견 사용이 불가결하다며 번견제도를 폐지하지 않고 그대로 둘 것을 명확히 밝혔다. 이어 사이죠는 번견 문제 때문에 조선인 의원 전부가 사표를 제출하였으므로 그들의 사직 철회를 위해서는 번견제도 폐지 요구를 들어주어야 한다고 주장했다. 그러나 부당국은 번견제도는 폐지할 수 없다는 답변을 반복했다. 이에 마츠오카는 부산부에는 동래 범어사梵語寺와 양산梁山 법기리法基里 등에 풍부한 수원이 있어 고원견 수원지는 사실상 필요없기 때문에 문제 많은 고원견 수원지를 매각하는 것이 문제 해결의 첩경이라며 매각할 것을 부윤에게 촉구했다. 그럼에도 부윤은 당장은 매각할 의사가 없음을 분명히 했다. 결국 부당국의 주장대로 원안이 그대로 통과되어 번견 제도는 폐지되지 않았다.[223]

번견 폐지 요구가 받아들여지지 않자 사직한 조선인 의원들은 일본인 교섭위원들의 사직 철회 권고를 일축하고, 4월 1일 밤 분개한 조선인 각 정 총대들도 총사직할 움직임을 보였다.[224] 이에 당황한 부당국은 일본인 교섭위원들로 하여금 4월 2일에 부산호텔에서 사직 의원

---

222 『동아일보』, 1934년 4월 1일, 2면.
223 『동아일보』, 1934년 4월 3일, 5면.
224 『조선중앙일보』, 1934년 4월 2일, 4면.

들을 만나 사직 철회를 권고하게 했다. 이 자리에서 일본인 교섭위원들은 사직 의원들의 요구를 당장 들어줄 경우 그것이 전 조선에 미칠 영향을 우려하여 부당국이 반대하고 있으며, 일단 '무조건 사직을 철회'하면 나중에 그들의 요구를 받아들일 생각은 있으나 그것을 공개적으로 밝힐 수는 없다는 부당국의 절충안을 제시했다. 그러나 사직 의원들은 일본인 교섭위원들의 권고를 거부했다. 심지어 몇몇 사직 의원은 부당국이 어떠한 양보를 하더라도 다시는 공직자로 나서지 않겠다는 완강한 태도를 보였다. 결국 양자의 교섭이 완전히 결렬되자 같은 날 오후에 일본인 교섭위원들은 부청회의실에서 교섭전말보고회를 열고 교섭결과를 설명한 후 교섭위원회를 해산했다. 이후 교섭위원들은 개인적으로 사직 철회를 권유하기로 결정했다.[225]

한편, 조선인 의원들이 사직했을 때 그들이 사직할 이유가 없다며 사직 자체를 인정하지 않았던 부당국은 교섭위원들의 권고가 무위로 끝나자 부정 운영상 중대한 책임이 발생할 것을 우려하여 온갖 회유책을 강구했다. 그러나 조선인 사직 의원들은 부당국과 일본인 의원들의 권고를 일축하고 부정의 불공평과 차별시정을 개선할 것을 요구하며 좀처럼 태도를 바꾸지 않았다. 여기에 절망한 부당국과 일본인 의원들은 회유책을 버리고 '최후의 궁책'으로 사직을 정식으로 수리하고 보궐선거를 실시할 것을 검토하자 양자의 감정은 점점 더 험악해갔다. 이에 상급기관인 경남도당국이 부산부당국을 엄중히 조사한 결과 보궐선거를 실시하면 그들이 체면상 입후보하지 않아 오히려 양자의 대립이 더욱 첨예화될 것으로 판단했다. 결국 경남도당국은 부

---

[225] 『동아일보』, 1934년 4월 4일, 2면; 『동아일보』, 1934년 4월 9일, 3면.

산부윤을 도청에 불러 책임을 추궁하고 신속하고 원만한 해결을 지시했다.[226]

이에 부윤 오시마가 직접 사직 의원들과의 교섭에 나섰다.[227] 그는 4월 10일 오후에 사직 의원 7명(2명은 사정으로 결석)을 관사에 초청해 다음과 같이 해결 방안을 제시했다.[228]

(1) 이번 예산부회는 심의 기간이 짧은 관계 등에 의해 부회에서도 의안을 충분히 검토할 여유가 없었기 때문에 다소 오해가 생겨 마침내 조선인 의원의 사직 신청을 야기하기에 이른 것은 내선인 화충협동(和衷協同)하여 임해야 할 부정(府政)의 운영상 정말 유감이다.

(2) 부정의 운영에 관해서는 부윤은 지금까지 일시동인(一視同仁)의 대의에 입각해 공정한 관점에 서서 예산을 편성하고 완급경중(緩急輕重)을 고려해 조선인의 복리시설의 확충을 예산에 반영하려고 노력해왔음은 여러분도 이미 알고 있다고 믿는다.

(3) 본년도 예산은 이미 의결이 끝났으므로 지금 다시 고칠 여지가 없음을 양해해주었으면 한다.

(4) 장래의 문제에 관해서는 다시 희망하는 바를 청취해서 완급경중과 재원의 안배를 고려해서 말할 것도 없이 부회의 의지를 존중해서 예산을 편성하고 집행해 한층 부정의 원활한 운영에 힘쓸 각오

---

226 『동아일보』, 1934년 4월 9일, 3면; 『동아일보』, 1934년 4월 9일, 3면; 『조선중앙일보』, 1934년 4월 7일, 4면
227 『조선중앙일보』, 1934년 4월 8일, 5면.
228 『동아일보』, 1934년 4월 13일, 석간 3면: 「鮮人議員ニ関スル件」.

이다. 여러분의 부윤의 성의를 헤아려서 향토 부산부정을 위해 명랑한 마음으로 사표를 철회했으면 한다.[229]

부윤은 우선 부회 일정상 의안을 충분히 검토할 시간이 없었기 때문에 생긴 오해라며 조선인과 일본인 의원 사이의 갈등으로 인해 부정 운영에 지장을 초래한 데에 대해 유감을 표시했다. 이어 자신이 부정 운영에 있어 조선인을 차별하지 않고 예산이 가능한 범위에서 공정하게 처리해왔음을 주장했다. 그리고 일단 예산안이 통과되었으므로 수정할 수 없음을 양해해줄 것을 요구했다. 마지막으로 앞으로는 사직한 조선인 의원들을 비롯한 부회의 의견을 존중해서 부정을 펼칠 것임을 밝혔다. 즉 부윤은 형식상 사직의원들이 요구하는 조건을 들어줄 수 없으나 내용에 있어서는 충분히 고려하겠다며 무조건 사표를 철회하여 달라고 간원하였던 것이다.[230]

이에 대해 사직 의원들은 부윤의 성의를 깊이 양해한다면서도 부민에 대한 면목이 서지 않으니 자신들의 체면을 살려달라고 하면서 즉석에서 사직 철회를 결정하지 못하고 일단 협의 시간을 달라며 다음날 11일 오후에 만날 것을 약속했다. 부윤과 헤어진 후 사직 의원들은 공회당 소회의실에서 부윤의 사직 철회 제안에 대해 토의한 결과 부윤이 성의를 다하여 앞으로 노력하겠다는 점을 인정해 사표를 철회하기로 결정했다.[231]

---

[229] 「鮮人議員ニ関スル件」.
[230] 『조선중앙일보』, 1934년 4월 12일, 5면.
[231] 「鮮人議員ニ関スル件」;『동아일보』, 1934년 4월 13일, 석간 3면;『조선중앙일보』, 1934년 4월 12일, 5면.

11일 오후 4시 부청회의실에서 열린 회담에는 부윤·내무과장·부회부의장 사카다, 제1교육부회부의장 사이죠 두 일본인 의원과 김영재와 김장태 두 의원을 제외한 사직 의원 전원이 참석했다. 여기서 사직 의원들은 전날 부윤이 한 발언에 대해 확인을 요구하자 부윤은 앞으로 조선인을 위한 제반시설을 충분히 고려한다는 취지의 말을 반복하고 사표 철회를 권고했다. 이에 참석한 사직 의원 모두는 부윤의 성의를 신뢰하고 사표를 철회한다는 뜻을 밝혔다. 또한 입회한 일본인 두 의원도 앞으로는 더욱 소통에 힘써 화충협동하여 부정을 위해 최선을 다하겠다고 인사하자 조선인 의원들도 사사謝辭를 말함으로써 사직 문제는 일단락되었다.[232]

그러나 이때 실제로 부윤은 사직 의원들에게 회유와 더불어 상당한 압력을 가했을 것이다. 부윤의 보고서와 당시 신문보도 등에는 이에 관한 구체적인 내용이 없다. 하지만 사직의원들이 눈에 띄는 부당국의 태도 변화 없이 갑자기 사직을 철회한 것은 이해하기 어렵다. 이는 당시 유권자를 비롯한 부민들 사이에 그들의 사직 철회에 대해 비난과 불평이 자자했던 데에서 확인할 수 있다. 부민들은 사직 의원들이 애초에 사직한 것은 부당국이 조선인 의원의 존재와 조선인의 이익 관철 요구를 무시함으로써 부민에게 미안하고 부민들로부터 책망과 원성을 들었기 때문이라고 생각했다. 그런데 부회가 총사직 후에 일본인 의원만으로 회의를 진행해 번견 폐지 등 조선인의 이익 관철 요구를 묵살하고, 부윤은 앞으로 조선인 의원들의 의사를 존중하고 조

---

[232] 「鮮人議員ニ関スル件」;『동아일보』, 1934년 4월 13일, 석간 3면;『조선중앙일보』, 1934년 4월 13일, 5면.

선인의 이익을 도모하겠다는 애매모호한 형식적인 약속을 했음에도 불구하고 의원들이 사직을 철회한 것은 '지나친 경거망동'이라고 사직 의원들을 비난했다. 특히 그들은 아무 조건 없이 사직을 철회한다면 당초에 무슨 생각으로 왜 사직을 하였는지 알 수 없다며 이는 참으로 조선인 전체를 무시, 농락, 우롱하는 태도이므로 사직 의원들이 다시 입후보하면 절대로 뽑아주지 말자고 이구동성으로 얘기했다. 또한 일부 부민은 정식으로 부민대회를 열어 사직 의원들의 '경거망동'을 규탄할 기색을 보였던 것이다.[233]

사직 의원 9명의 신상명세는 〈표 40〉과 같다. 우선 연령대를 살펴보면 대부분 40대 전후로 비교적 젊은 세대이다. 다음에 학력은 일본 유학 경험이 있는 4명을 비롯해 대다수가 근대적인 고등교육을 받았다. 그리고 직업은 의사와 변호사를 제외하고 모두 상공업자이며, 이 중 3명은 관직출신자이다. 또한 지역사회에서 특히 조선인의 이익 추구와 관련된 단체에서 활동했다. 예를 들면 권인수는 부산예월회釜山例月會 회원이었다. 예월회는 1919년 12월에 조선인 상공업의 발달과 조선인 교육개선을 위한 실력운동의 추진기구로 조직되었다.[234] 김준석은 예월회와 1921년 조선인 본위의 사업정책을 요구한 조선인산업대회에 참가했는데 총독부 관변 단체인 생활개선회의 분회장과 상애회 간부로도 활동하고 있었다.[235] 어대성은 1922년 영주동청년친목계의 일원으로 육영의숙을 설립하였고 학교 교육의 후원을 조직적으

---

[233] 『동아일보』, 1934년 4월 16일, 석간 3면 ; 『조선중앙일보』, 1934년 4월 13일, 5면.
[234] 오미일, 『한국근대자본가연구』, 한울아카데미, 2002년, 356쪽.
[235] 오미일, 앞의 책, 356, 425-430쪽.

로 전개하기 위해 만들어진 부산공립보통학부형회에 참여했다.[236] 이영언은 1921년 8월 주택난을 해결하기 위해 부르주아 민족계열이 조직한 주택난구제기성회에 시민대표로 참여했다.[237] 김영재는 목도청년회에서 활동했으며 이근용은 1920년대 신간회에서 활동했다.[238]

총사직한 부산부회 조선인 의원들은 대체로 근대적인 지식을 바탕으로 자본 축적에 성공해 지역사회에서 조선인의 이익 관철을 표방하며 정치활동을 전개하던 사람들이다. 그를 통해 얻어진 조선사회의 지지를 기반으로 부당국과의 협력관계를 구축해 자신들의 자본 확장을 꾀하며 정치력을 확대하려 했던 것이다.

1934년 부산부회 '조선인 의원 총사직 사건'은 예산안 심의 중 조선인 의원들이 조선인의 이익을 관철하려 했으나 일본인 의원과 부당국에 의해 그것이 받아들여지지 않자 전원 사직했다가 사직을 철회함으로써 일단락되었다. 당시 조선인 의원들은 조선인이 다수 거주하는 지역의 교통 편의를 위한 간이도로와 위생을 위한 오물과 분뇨 소제시설, 생활편의를 위한 세탁장 증설, 조선인의 인명 피해를 막기 위한 수원지에서의 번견 폐지 등을 주장했다. 그들은 조선인에게 차별적으로 시행되던 정책에 대해 조선인의 이익 관철이라는 입장에서 시정을 요구한 것이다. 특히 이 과정에서 일부 일본인 의원과의 연계를 통해 요구를 실현하려 했다. 그러나 일본인 의원들의 약속 불이행과 부당국의 비협조로 좌절되었다고 생각한 조선인 의원들이 총사직했던 것

---

[236] 오미일, 앞의 책, 362쪽.
[237] 오미일, 앞의 책, 363-364쪽.
[238] 홍순권, 앞의 책, 398, 428쪽.

〈표 40〉 부산부회 사직의원의 신상명세

성명	생년 (연령)	학력	직업	주요경력
권인수	1892 (43)	동래 동명학교 고등과 졸업	주조업	부산예월회참여(1919), 석탄상합자회사, 대원상점, 학교평의원(1927-30), 대동주조합자회사(1931), 부산부서부청년회장
김영재	1895 (40)	일본 메이지대학 법과 졸업	광산업	기계상, 광산업, 목도청년회 활동
김장태	1890 (45)	일본 니혼대학 전문부 법률과 수료	미곡상, 주조업	재판소 서기, 경남은행 지배인, 부산상공협회(1928), 회의소 부회두(1928), 부산양조합자회사 대표(1931)
김준석	1880 (55)	일본 이와구라 철도학교 졸업	미곡상	총독부 서기, 부산진저축회사 대표, 조선인산업대회(1921), 『동아일보』 지국장(1922), 상애회 간부·생활개선회 임원(1922), 상업회의소 평의원(1920-24)
목순구	1897 (42)		변호사	재판소 서기 겸 통역, 변호사
신수갑	1900 (35)	동래보통학교 졸업	정미업, 미곡객주	미곡상, 부산미곡거래소 회원
어대성			해륙물산 객주	부산신탄주식회사(1920), 육영의숙, 부산공립보통학부형회(1922), 회의소부회두(1926), 해륙물산객주
이근용	1895 (40)	경성의학전문, 일본 교토의대 외과전공 졸업	의사	배문고보 강사, 세브스병원 외과 부장 대리, 신간회 참여
이영언	1899 (44)	부산공립제2상업학교 졸업	주조업	조선흥업(주) 근무, 주택난구제기성회 시민대표(1921)

출처: 오미일, 앞의 책; 홍승권, 앞의 책, 396-398, 428-429쪽; 『釜山日報』, 1934년 3월 3일, 조간 3면, 「한국사 데이터베이스」

이다. 이에 일본인 의원들은 물론 부산부당국과 경남도당국까지 나서 사직 철회를 위해 다방면으로 노력한 결과 표면상으로는 큰 무리 없이 마무리되었다. 그러나 이면에는 부민들의 사직 철회에 대한 불만에서 알 수 있는 바와 같이 부당국의 압력이 작용했던 것이다.

이와 같이 전개된 일련의 '부산부회 총사직 사건'은, 우선 조선인 의원들이 부당국의 기대대로 항시 일방적으로 협력하지 않았다는 것을 잘 보여준다. 물론 그들은 대체로 부당국에 협력적이었다. 그러나 조선인 의원들의 정치적 기반은 조선사회로부터의 지지에 크게 의존하고 있었기 때문에 그들은 조선인의 이익 관철을 위해 때로는 부당국과의 대립과 갈등도 불사했던 것이다. 다음에, 이미 홍순권이 잘 지적하고 있는 바와 같이 부회 운영을 둘러싼 정치세력 간의 갈등, 특히 조선인과 일본인 의원 간의 협력과 갈등의 사례이다. 기본적으로 피지배세력인 조선인 의원과 지배세력인 일본인 의원 사이에는 민족모순이라는 절대모순이 존재하기 때문에 갈등의 가능성이 높았다. 그러나 실제 정치과정에서 전략적으로 협력을 도모하기도 했던 것이다. 마지막으로, 사퇴 철회에서 보여주듯 의원들은 여전히 부당국의 압력에 취약했다. 사직 철회 이유에 대한 아무런 가시적인 부당국의 조치가 없었음에도 부민들의 양해 없이 사직을 철회한 것이 그것이다.

식민지 조선에서 전개된 지방정치는 지배당국과 지방의원이 각각 다양한 어려움을 갖고 전개되었다. 전자가 저항이 강한 조선사회에서 의원들을 회유 또는 탄압하면서 의원들의 협력을 얻는 것은 결코 쉽지 않았다. 또한 후자가 지배당국과의 타협과 대립을 통해 의원 간의 갈등을 극복하고 조선사회의 지지를 획득해서 자본력과 정치력을 유지하거나 확장하는 것도 역시 어려운 일이었다.

참고문헌

자료

『동아일보』, 『조선일보』, 『조선중앙일보』, 『중외일보』.

『京城日報』, 『釜山日報』, 『朝鮮民報』, 『朝鮮』, 『朝鮮及滿洲』.

『조선총독부관보』, 『官報(일본)』.

「국사편찬위원회 한국사데이터베이스」(http://db.history.go.kr).

「改正地方制度條文」(『朝鮮』, 1921年 9月號 부록 수록).

朝鮮總督府內務局, 『改正地方制度實施槪要』, 1922年.

安藤靜編, 「朝鮮地方制度改正令」, 朝鮮寫眞通信社, 1931年.

朝鮮總督府警務局編, 『最近における朝鮮治安狀況』, 1938年(復刊本, 東京: 嚴南堂書店, 1967).

「朝鮮在住 者の國政竝地方行政參與に關する意見」 『齋藤實關係文書』 71-13(日本國立國會圖書館 憲政資料室 소장, 영인본 2卷, 高麗書林, 1990년).

「朝鮮ニ於ケル參政ニ關スル方策」 『齋藤實關係文書』 75-7(日本國立國會圖書館 憲政資料室 소장, 영인본 2卷, 高麗書林, 1990년).

朝鮮總督府內務局, 「制度改正ニ關スル諸資料」 『大野文書』 1256, 日本國立國會圖書館 憲政資料室 소장, 民族問題硏究所編, 『日帝下 戰時體制期 政策史料叢書 第37卷 皇國臣民化政策 8』(영인본), 한국학술정보(주), 2000년.

朝鮮總督府內務局, 「朝鮮ニ於ケル參政制度方策案」 『大野文書』 1281, 日本國立國會圖書館 憲政資料室 소장, 民族問題硏究所編, 『日帝下

戰時體制期 政策史料叢書 第37卷 皇國臣民化政策 8』(영인본), 한국학술정보(주), 2000년.

日本外務省外交史料館所藏,「本邦內政關係雜件」, 國立公文書館所藏,「公文類聚第六八編昭和一九, 二十年」.

『第86回帝國議會衆議院 衆議院議員選擧法中改正法律案委員會議錄(速記)第1回-4回」(復刊本『帝國議會衆議院委員會議錄 156 昭和篇』, 東京: 東京大學出版會, 2000年).

御手洗辰雄,『南次郎』, 東京: 南次郎傳記刊行會, 1957年.

「未公開資料 朝鮮總督府關係者 錄音記錄(1) 十五年戰爭下の朝鮮統治」『東洋文化硏究』第2号拔刷, 東京: 學習院大學東洋文化硏究所, 2000年 3月.

「小磯國務大臣の演說」(1944년 9월 7일)『第85回帝國議會衆議院議事速記錄號外』(復刊本『帝國議會衆議院議事速記錄 80』, 東京: 東京大學出版會, 1985年).

渡部肆郎,「推薦選擧の運用」『朝鮮行政』第24卷 第3号, 東京: ゆまに書房, 1943年 3月.

藤村德編,『全鮮府邑會議員銘鑑』, 朝鮮經世新聞社, 1931年.

金子南陽編,『京城府會議員選擧錄』, 1931年 10月.

「選擧制度ノ沿革並ニ現狀」『齋藤實關係文書』(日本國立國會圖書館 憲政資料室 소장, 영인본 2卷, 高麗書林, 1990년).

「京畿道會會議錄: 第4, 5回」, 국립중앙도서관(http://www.nl.go.kr).

「慶尙南道會會議錄: 第10, 12, 14, 15, 17, 19回」, 국립중앙도서관(http://www.nl.go.kr).

「全鮮道會議員及府協議員,「創氏改名」錄 = 三月 十日 現在」『삼천리』
　　　제12권 제4호, 1940년 4월 1일 발행(「한국사 데이터베이스」).
「全羅南道々評議会員内鮮人軋轢ノ顛末」『齋藤實關係文書』78-29(日
　　　本國立國會圖書館 憲政資料室 소장, 영인본 4卷, 高麗書林,
　　　1990년).
「平安南道道評議會會議規程」『道評議會ト評議會員』(平安南道, 1923년
　　　12월 개정).
「昭和二年刑控公第505號判決(대구지방복심법원, 1928년 5월 1일)」.
「昭和二年刑控公第646號判決(대구지방복심법원, 1928년 12월 13일)」.
「鮮人議員ニ関スル件」(1934년, 국가기록원 조선총독부기록물 지방행정,
　　　CJA0003055-0026897269)
고려대학교 한국사연구소 일제시대사 연구실, 『식민지 조선과 제국 일본의
　　　지방제도 관계법령 비교자료집』, 선인, 2010년.
친일인명사전편찬위원회, 『일제협력단체사전-국내 중앙편-』, 민족문제연
　　　구소, 2004년.
김경현 편, 『일제강점기 인명록Ⅰ-진주지역 관공리·유력자』, 민족문제연구소,
　　　2005년.

연구서

강동진, 『일제의 한국침략정책사』, 한길사, 1980년.
김동명, 『지배와 저항, 그리고 협력-식민지 조선에서의 일본제국주의와 조
　　　선인의 정치운동-』, 경인문화사, 2006년.

김윤정, 『조선총독부 중추원 연구』, 경인문화사, 2011년.
동선희, 『식민권력과 조선인 지역유력자 - 도평의회·도회의원을 중심으로-』, 선인, 2011년.
박은경, 『일제하 조선인 관료연구』, 학민사, 1999년.
박찬승, 『한국근대정치사상사연구 - 민족주의우파의 실력양성운동론 - 』, 역사비평사, 1992년.
손정목, 『한국지방제도·자치사연구(상) - 갑오경장~일제강점기 - 』, 일지사, 1992년.
오미일, 『한국근대자본가연구』, 한울아카데미, 2002년.
오성철, 『식민지 초등교육의 형성』, 교육과학사, 2000년.
윤해동, 『식민지의 회색지대 - 한국의 근대성과 식민주의 비판 - 』, 역사비평사, 2003년.
이승일, 『조선총독부 법제정책 - 일제의 식민통치와 조선민사령』, 역사비평사, 2008년.
최유리, 『일제말기 식민지 지배정책연구』, 국학자료원, 1997년.
홍순권, 『근대도시와 지방권력 - 한말·일제하 부산의 도시발전과 지방세력의 형성 - 』, 선인, 2010년.
倉沢愛子の他編, 『なぜ、いまアジア太平洋戦争か』, 東京: 岩波書店, 2005年.
小熊英二, 『〈日本人〉の境界 沖縄·アイヌ·臺灣·朝鮮 植民地支配から復歸運動まで』, 東京: 新曜社, 1998年.
姜再鎬, 『植民地朝鮮の地方制度』, 東京: 東京大学出版会, 2001年.
駒込武, 『植民地帝國日本の文化統合』, 東京: 岩波書店, 1996年.

趙聖九,『朝鮮民族運動と副島道正』, 東京: 研文出版, 1998年.

都丸泰助,『地方自治制度史論』, 東京: 新日本出版社, 1982年.

宮田節子の他,『創氏改名』, 東京: 明石書店, 1992年.

李炯植,『朝鮮總督府官僚の統治構想』, 東京: 吉川弘文館, 2013年.

若林正丈,『臺灣抗日運動史研究』, 東京: 研文出版, 1983年.

연구논문

고바야시 다쿠야(小林拓矢), 「일제하 도로 사업과 노동력 동원」 서울대학교 국사학과,『한국사론』제56권, 2010년.

기유정, 「1920년대 경성의 '유지정치'와 경성부협의회」『서울학연구』ⅩⅩⅧ, 서울시립대학교 서울학연구소, 2007년.

김동명, 「이념과 현실 - 조선인과 일본인의 관료 복무 - 」, 한일관계사연구논집편찬위원회편,『일제강점기 한국인의 삶과 민족운동』, 경인문화사, 2005년.

김동명, 「일본제국주의에 대한 저항과 협력의 경계와 논리」, 이창훈 외 편,『한국근현대정치와 일본 Ⅰ』, 선인, 2010년.

김제정, 「1930년대 초반 경성지역 전기사업의 부영화 운동」『한국사론』43집. 서울대학교 인문대학 국사학과, 2000년.

동선희, 「일제하 조선인 도평의회·도회의원 연구」, 한국학중앙연구원 한국학대학원 박사학위논문, 2005년.

박이택, 「식민지기 부역의 추이와 그 제도적 특질」, 경제사학회,『경제사학』제33호, 2002년.

박찬승,「일제하 '지방자치제도'의 실상」『역사비평』통권 15호, 역사비평사, 1991년.

변은진,「식민지인의 '정치참여'가 갖는 이중성」, 변은진 외,『제국주의시기 식민지인의 '정치참여'비교』, 선인, 2007년

전성현,「일제시기 도평의회와 지역 – 경상남도평의회를 통해 본 지역의 위계관계와 지역정치」, 한일민족문제학회,『한일민족문제연구』제27호, 2014년.

지수걸,「일제하 공주지역 유지집단의 도청이전 반대운동(1930. 11~1932. 10)」『역사와 현실』제20권, 한국역사연구회, 1996년.

지수걸,「일제하의 지방통치시스템과 군 단위 '관료 – 유지체제'」,『역사와 현실』제63권, 한국역사연구회, 2007년.

한상구,「일제시기 지역주민의 집합행동과 '공공성'」역사문제연구소,『역사문제연구』제31호, 역사비평사, 2014년.

허영란,「일제시기 읍·면 협의회와 지역정치 – 1931년 읍·면제 실시를 중심으로」, 역사문제연구소,『역사문제연구』No.31, 역사비평사, 2014년.

淺野豊美,「日本帝國最後の再編 –『アジア諸民族の解放』と臺灣·朝鮮統治 – 」『硏究シリズ』第35號, 東京: 早稻田大學社會科學硏究所, 1996年.

岡本眞希子,「アジア·太平洋戰爭末期における朝鮮人·臺灣人參政權問題」『日本史硏究』401號, 東京: 日本史硏究會, 1996年.

楠精一郎,「外地參政權問題」手塚豊,『近代日本史の新硏究 Ⅸ』, 東京: 北樹出版, 1991年.

田中宏,「日本の植民地支配下における國籍關係の經緯 – 臺灣·朝鮮に

關する參政權と兵役義務をめぐって-」, 地域研究·關連諸科學編, 『紀要』第9号, 名古屋: 愛知縣立大學外國語學部, 1974年.

並木眞人, 「植民地期朝鮮人の政治参加について-解放後史との関連について」, 朝鮮史研究会, 『朝鮮史研究会論文集』 No.31, 東京: 綠蔭書房, 1993年 (「식민지 시기 조선인의 정치 참여 - 해방후사와 관련해서」, 박지향 외 엮음, 『해방전후사의 재인식』, 책세상, 2006년).

李昇燁, 「全鮮公職者大會: 1924-1930」, 『二十世紀研究』 第4号, 京都: 京都大学学術出版会, 2003年.

李東勳, 「在朝日本人社会の『自治』と『韓国併合』-京城居留民団の設立と解体を中心に」 『朝鮮史研究会論文集』 No.49, 東京: 綠蔭書房, 2011年.

山田じゅん, 「植民地朝鮮における同化政策と在朝日本人-同民会を事例として」 『朝鮮史研究会論文集』 第41集, 2003年.

Robinson, Ronald, "Non-European Foundations of European Imperialism: Sketch for a Theory of Collaborations", R. Owen and B. Sutcliffe, eds., Studies in the Theory of Imperialism. London; Longman, 1972, WM. Roger Louis ed., Imperialism: The Robinson and Gallagher Controversy. New York; New Viewpoints, 1976.

찾아보기

ㄱ

가노 90
가다 153
가미스기 335
가와기시 202
가와이 316
간량산 64
간베 153
감사전보 203
강리황 199
강명순 266, 267
강석근 197, 209
강정희 273
강창희 114
강희영 256
경기도회 13, 143
경남도회 13, 184, 223
경성부협의회 12, 73, 322
경성부회의원선거록 86
고구옥 209
고달승 189, 206, 209
고원견산 328
고윤상 249
고바야시 도우에몬 300
고이소 쿠니아키 44
고토 335
곤도 151, 153
관선 24, 35, 143
관행부역 158
광주일보 237, 243
구기성회계 332

구종근 258
국민정신총동원조선연맹 112, 214
국민학교규정 214
국민협회 26
권인수 330, 334, 341, 343
귀족원 17, 27, 36
귀족원령중개정 17
그레 310
기노시타 107
기능적 분석 6
기요미야 시로 38
기타가와 281
김경진 190, 206, 209, 272, 285
김계완 256, 262
김귀동 257
김규찬 101
김근조 266
김기영 255
김기정 252, 260
김기정 징토 시민대회 사건 252
김동근 265
김동준 193, 209
김명준 64
김민식 110
김병규 209, 271, 285
김병로 249
김병우 190, 209
김사연 100, 106, 151~153, 155, 300
김상필 246, 250
김상호 254, 256
김상홍 186
김상훈 266

김석진 95, 102
김억근 196, 209
김영곤 275
김영수 197, 209
김영재 334, 343
김영중 266
김원석 254
김위조 266, 267
김윤복 146, 153, 155
김작불 266
김장태 334, 343
김재문 196, 209
김재영 102
김정호 151~153, 155
김조민 267
김준석 326, 343
김지환 146, 153
김척두 190, 206, 207, 209
김치경 264
김치수 253
김태준 114, 155
김태집 153
김한주 259
김현국 254, 285
김현조 146, 153, 155
김흥배 111, 115
김희찬 189

ㄴ

나리마츠 미도리 300
나카무라 335
나카무라 도라노스케 27
나카지마 335
내선일체 225
노영인 190, 197

노영환 194
노재승 246, 250
노준영 188, 184, 206, 209

ㄷ

다나카 90
다나카 다케오 103
다나카 히로시 63
다니타 151, 153
다무라 263
다치이시 208
다카하시 303
다케시타 335
다케히사 281
대만의회설치운동 65
대정익찬회 80, 191
데라오 모사부로 300
도시마 151, 153
도조 히데키 45
도회 18, 77~79, 138~140, 142~144, 185, 192, 200, 211
도평의회 18, 75~78, 231~236, 272, 276, 278, 283, 289
도(평의)회 22, 119, 128, 129, 132~134, 140, 141, 157, 226~228
동화정책 168
동화주의 16

ㄹ

로야마 마사미치 59

ㅁ

마노 세이치 297
마쓰자카 히로마사 59
마츠오카 331

면협의회 18
모리 95, 151, 153, 154, 166
목순구 327, 343
목포신보 243
무단정치 23
무라가미 235
문복만 266
문화정치 75
물리력 14, 15, 226~228, 270
미나미 지로 38
미우라 쿠니오 58
민규식 107
민립대학기성회 248
민선 24, 35, 69, 75~78, 128~130, 142, 145, 194, 195, 247, 253, 262
민선의원 145
민정회 262
민족해방 14, 15
민족협동전선운동 26

ㅂ

바바 151, 153
박기환 146, 153, 155
박길호 197, 209
박노제 196, 209
박두영 106
박봉삼 255
박상요 197, 206
박상준 64
박승성 118
박영근 118, 256, 315
박영민 117
박영효 17
박이규 234, 240, 250
박제 257

박종한 265
박주명 101, 114
박준규 234, 246, 250
박준호 101
박중양 63
박중한 255, 256
박창열 147, 153
박창훈 115
박철희 231
박태규 256
박태근 255
박필병 146, 153, 155
방규환 298
배봉지 266
배봉철 267
배상갑 196, 209
배익하 273
배인환 189, 209
배홍엽 256
번견 328
변재수 147, 153, 155
보궐선거 316
보통면협의회 18
부군참사자문회 18
부락회 80
부산부회 13, 324, 326
부윤 72
부제 71
부회 18, 78~80, 119, 126, 134, 327, 328, 331~337, 339
부(협의)회 24, 69, 86, 119, 122, 123, 128, 130, 135, 136, 138~140, 157

ㅅ

사이죠 208, 335

사이토 마코토 27
사카다 208, 331
사쿠라이 효고로 112
3·1운동 26, 260
서경엽 209
서상환 264, 265
서재규 257
석진형 234
선거권 67
선거인 명부 318
선거입회인 88
설관수 190, 197, 209
성윤경 206, 207
세입출예산 72
세출입예산 150, 156, 182, 201, 205, 211~218, 221, 224
세키미즈 다케시 310
소가 90
손문기 257
손영 246, 250
송성진 146, 153, 155, 198
송종헌 64
시마 도크조 299
시미즈 210
시민대회 252
시쵸손회 80
신간회 26
신당리 토지 문제 228, 296
신문기 197, 209
신수갑 334, 343
신용문 196, 209
신전희 265~267
신체제운동 191
신현익 147, 153, 155
신현태 146, 153, 155

ㅇ

아시아·태평양전쟁 17
아키야마 90
안정원 112, 116
안정재 118
안효식 189, 196, 206, 207, 209
야마노 로조 230
야마시타 271
야마자키 이와오 57
야스다 107
야지마 304
양윤식 107
양재세 266
양재창 99, 115
어대성 334, 343
엄익준 273
엔도 류우사크 57
여경엽 189
여해 257
염원모 266
예산안 반상 사건 269
예종석 101, 311
예흥수 117
오노 로크이치로 38
오다치 시게오 59
오명진 197, 209
오무라 90, 307
오시마 료시 325
오야 335
오의상 189, 206, 207, 209
오이케 277
오인덕 189, 209
오정환 101
오카모토 151, 153
오카모토 마키코 54

오헌창 240, 250
와다 272
와타나베 시노브 310
와타나베 시로 82
요시다 151, 153
요시무라 302
우사미 가츠오 74
우시지마 쇼조 325
우에다 104, 208
우에하라 208
원덕상 153, 155
유승복 101
유진후 197, 206
유홍진 146
육군특별지원병령 38, 214
윤병현 147
윤병호 253
윤선혁 114
윤우식 100
윤치호 64, 90
윤훈 264
이갑용 189, 209
이강봉 114
이경상 189, 206, 207, 209
이곤영 253
이규복 101
이근용 330, 343
이기용 64
이노우에 299
이동선 309
이두용 116, 146, 153, 155
이모리 153
이민구 116
이범기 147, 153, 155
이보형 279
이승우 101, 300

이시모리 90
이시하라 90, 153
이영언 334, 343
이용연 279
이은우 279, 285
이의종 146, 153, 155
이익 227
이인 249
이인용 309
이장희 193, 273, 285
이재혁 240, 250
이창업 115
이케다 307
이쿠타 세자부로 304
이태규 257
이태원 265
이현각 279
이형구 189, 206, 209
이홍종 101, 117
이화련 264
임기태 196, 209
임명재 106
임석종 279
임종길 273
임한선 146, 153, 155, 198
임헌당 64
임흥순 95, 100

ㅈ

자문기관 16, 23
자문·의결기관 5
자유선거 87
자치운동 26, 32
장우식 106
장응상 186, 206, 209

장진원 189, 209
전갑봉 258
전부일 115
전선부읍회의원명감 86
전원위원회 330
전은하 146, 153, 155
정교원 106
정구영 95, 99
정내회 80
정막래 264
정상희 117
정영진 146, 153, 155
정완규 315
정인두 189, 199, 206, 209
정인주 189, 207, 209
정종락 197, 209
정진기 271
정창욱 240, 247
정태기 196
정호덕 190, 209
제국의회 17, 25
제국주의 14, 30
조광식 151~153, 155
조남경 107
조노제 209
조병상 101, 114, 146, 151~153, 155
조빈행 147, 153, 155
조선교육령 214
조선 선출 의원 17, 28
조선인 의원 총사직 사건 228, 324, 326
조선임전보국단 112
조선지방의회 24, 31
조선청년특별연성령 214
조선총독부 23
조성준 147, 153, 155
조중환 197, 209

주경문 265
주선이 264
중앙레벨의 참정제도 16
중앙참정권 24, 26, 32
중앙참정제도 17
중의원선거법 17
중의원의원 25
중의원의원선거법 34
중의원의원선거법중개정법률 17
중일전쟁 214
중추원 23
지방레벨의 참정제도 16
지방참정권 22, 24
지방행정기관 4, 22
지방행정기관의 의결기관 22
지역정치 21
지역주민 21
지원병제도 37
지정면협의회 18
징병제 20, 37

ㅊ

차상호 114
참정권 15, 16, 20
참정권청원운동 32
창씨개명 195
천일호 258
최남기 256
최백순 117
최봉선 264
최연무 279
최우홍 273
최유리 48
최익수 197, 209
최재엽 147, 153, 155

최지환 196
최천 255
최철용 257
최학기 256
추밀원 25, 56
추천선거 69, 191
추천장 89, 113
충남도회 12

ㅋ

쿠스노기 세이치로 44
키노시타 신 60

ㅌ

탁동조 190, 196, 206, 209
태응선 106
통역 미부자 156

ㅍ

평양부 126
프로여성동맹 264
피선거권 15

ㅎ

하마다 151, 153
하수 93
하준석 186, 206, 207, 209
하호룡 196, 209
한만희 90, 151~155, 300
한상룡 63, 151~153, 155
허기엽 189, 254
허만채 189, 209
허병 64

허헌 249
현준호 239
협력 14, 36, 295
협조 295
협화회계 332
호별방문 89
홍순권 324
홍우신 197, 209
홍필구 100
황국신민서사 제정 214
황순주 189, 196, 206, 207, 209
황우천 147, 153, 155
회유 14, 20
회의록 143
후지무라 쥬스케 300
후지이 91
후지하라 286
후쿠시마 후쿠노스케 297
히즈카 151, 153

지배와 협력

일본제국주의와
식민지 조선에서의 정치참여

초판 1쇄 인쇄 2018년 8월 19일
초판 1쇄 발행 2018년 8월 29일

지 은 이   김동명
펴 낸 이   주혜숙

펴 낸 곳   역사공간
등   록   2003년 7월 22일 제6-510호
주   소   03996 서울특별시 마포구 월드컵로100 4층
전   화   070-7825-9900~8, 02-725-8806
팩   스   02-725-8801
전자우편   jhs8807@hanmail.net

ISBN   979-11-5707-166-1 93910

- 책값은 뒤표지에 있습니다. 잘못된 책은 바꾸어 드립니다.
- 이 도서의 국립중앙도서관 출판예정도서목록(CIP)은 서지정보유통지원시스템 홈페이지
  (http://seoji.nl.go.kr)와 국가자료공동목록시스템(http://www.nl.go.kr/kolisnet)에서
  이용하실 수 있습니다.(CIP제어번호: CIP2018030208)